Abby Ellsworth | Peggy Altman

Massage Anatomie

Die richtigen Techniken, um Verspannungen zu lösen

Bibliografische Information der Deutschen Nationalbibliothek
Die Deutsche Nationalbibliothek verzeichnet diese Publikation in der Deutschen Nationalbibliografie. Detaillierte bibliografische Daten sind im Internet über https://dnb.de abrufbar.

Für Fragen und Anregungen
info@m-vg.de

Wichtige Hinweise

Dieses Buch ist für Lernzwecke gedacht. Es stellt keinen Ersatz für eine individuelle medizinische Beratung dar und sollte auch nicht als solcher benutzt werden. Wenn Sie medizinischen Rat einholen wollen, konsultieren Sie bitte einen qualifizierten Arzt. Der Verlag und die Autorinnen haften für keine nachteiligen Auswirkungen, die in einem direkten oder indirekten Zusammenhang mit den Informationen stehen, die in diesem Buch enthalten sind.
Ausschließlich zum Zweck der besseren Lesbarkeit wurde auf eine genderspezifische Schreibweise sowie eine Mehrfachbezeichnung verzichtet. Alle personenbezogenen Bezeichnungen sind somit geschlechtsneutral zu verstehen.

10. Auflage 2026

Türkenstraße 89
80799 München
Tel.: 089 651285-0

Die amerikanische Originalausgabe erschien 2010 bei Thunder Bay Press, ein Imprint der Baker & Taylor Publishing Group, unter dem Titel *Massage Anatomy. A Comprehensive Guide*

Übersetzung: Dr. Kimiko Leibnitz
Redaktion: Julia Kaumeier
Umschlaggestaltung: Pamela Machleidt
Satz: satz & repro Grieb, München
Druck: Balto Print UAB, Litauen
Printed in the EU

ISBN Print 978-3-86883-393-5
ISBN E-Book (EPUB, Mobi) 978-3-86413-391-6

Weitere Informationen zum Verlag finden Sie unter
www.rivaverlag.de
Beachten Sie auch unsere weiteren Verlage unter www.m-vg.de

Abby Ellsworth | Peggy Altman

Massage Anatomie

Die richtigen Techniken, um Verspannungen zu lösen

riva

INHALT

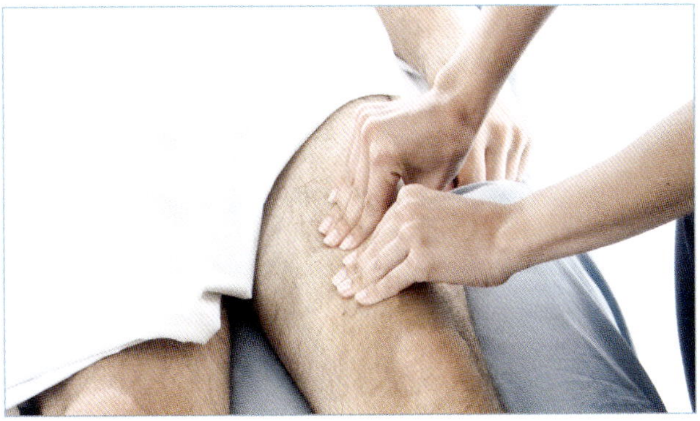

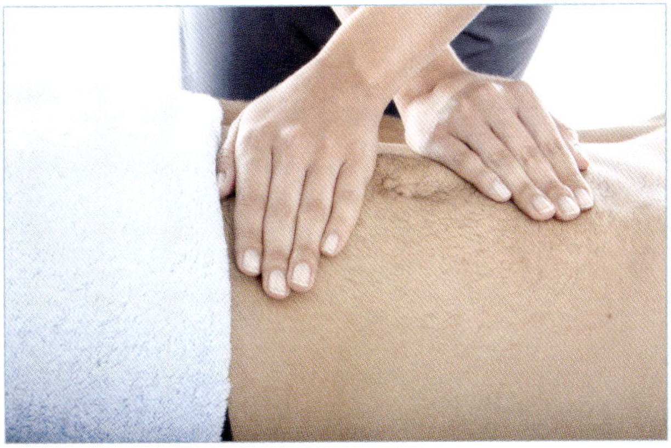

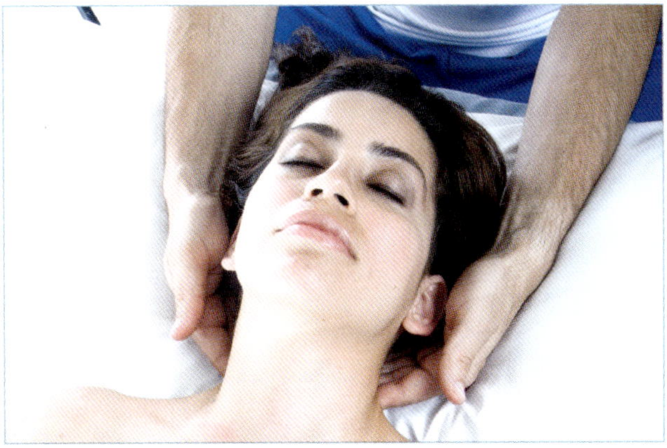

EINLEITUNG

Wer jemals selbst eine professionelle Massage erhalten hat, weiß, wie wohltuend und heilsam das ist. Regelmäßig eine Massagepraxis aufzusuchen ist allerdings mit einem nicht unerheblichen Zeit- und Kostenaufwand verbunden. Mit diesem Buch möchten wir Ihnen deshalb das Know-how vermitteln, das nötig ist, um zu Hause eine fachgerechte Massage durchzuführen.

Dieser detaillierte Ratgeber enthält alles, was Sie wissen müssen, um sprichwörtlich selbst »Hand anlegen« zu können. Bei der hier vorgestellten Methode handelt es sich um eine sogenannte klassische oder schwedische Massage, in der Streichungen, Knetungen und »Friktionen« (mehr dazu später) verwendet werden, um alle relevanten Muskelgruppen zu lockern und zu entspannen. Darüber hinaus lässt sich mit diesen Grundgriffen auch die Beweglichkeit von Gelenken verbessern, Stress abbauen und die Durchblutung anregen.

Massage-Anatomie bietet Ihnen außerdem ein Höchstmaß an Flexibilität. Falls die Zeit einmal nicht

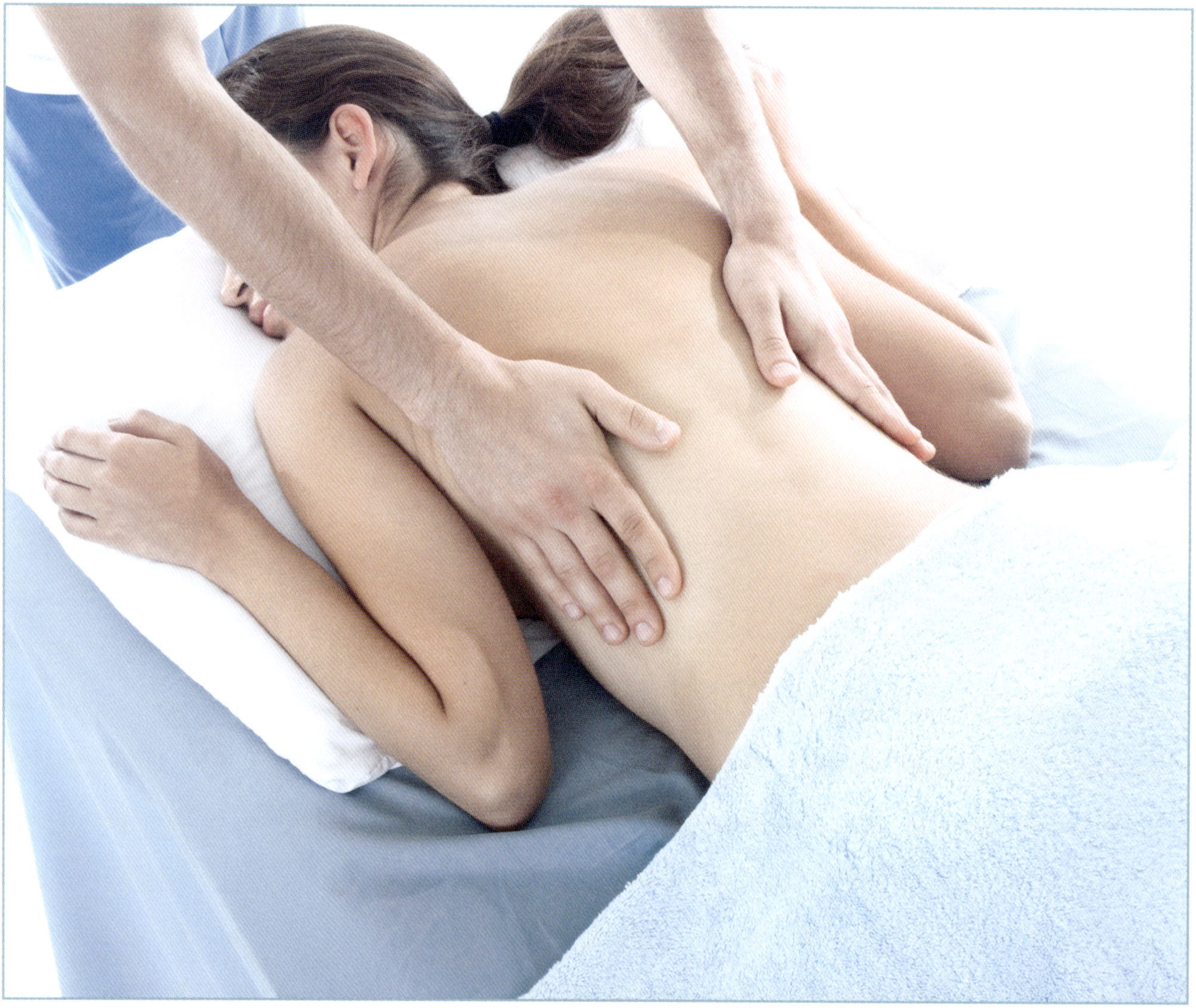

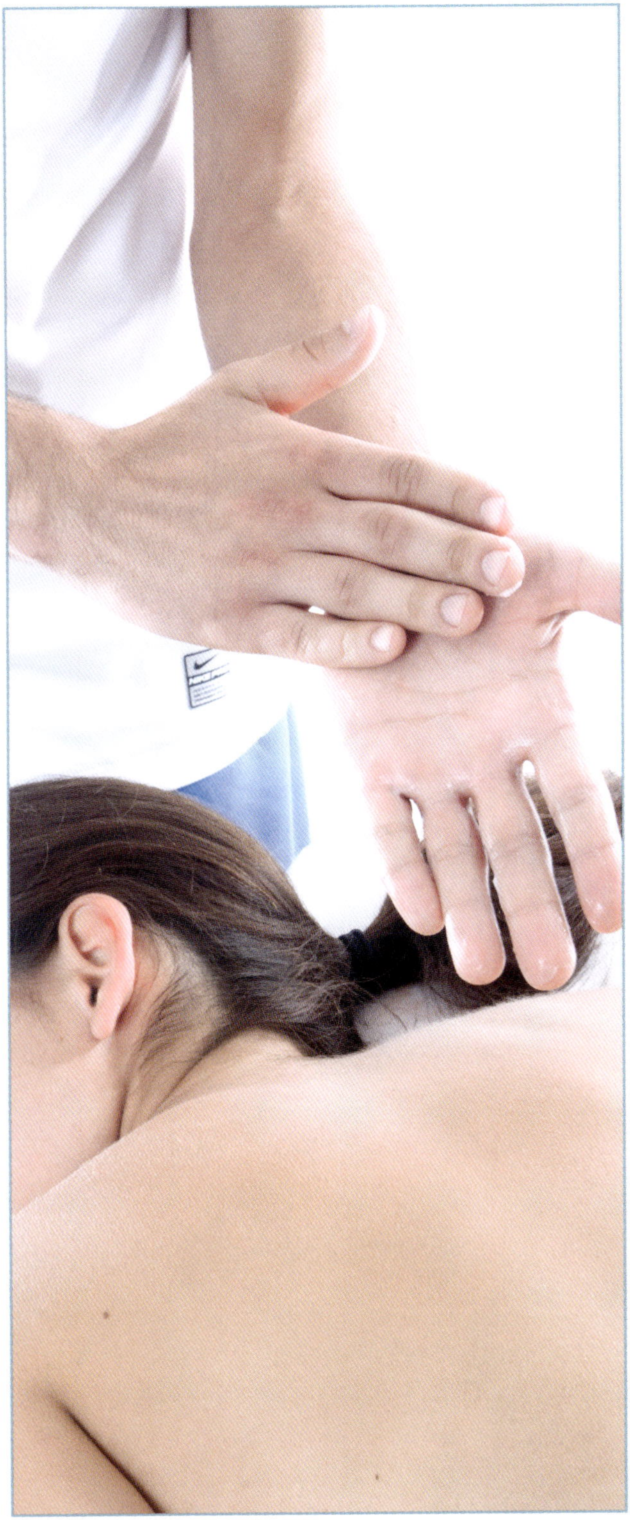

HIER HILFT MASSAGE

Von innerer Unruhe bis Spannungskopfschmerzen: Es ist erwiesen, dass Massagen eine Vielzahl von gesundheitlichen Problemen lindern helfen. Hier nur eine kleine Auswahl. (Beachten Sie jedoch bitte, dass bei einigen Krankheiten die Massage einem Fachmann überlassen werden sollte, und lassen Sie sich entsprechend von Ihrem Arzt beraten.)

- Allergien
- Asthma
- Bronchitis
- Chronische Rückenschmerzen
- Depressive Verstimmungen
- Fibromyalgie
- Gelenkschmerzen (aufgrund von Entzündungen oder Verschleiß)
- Innere Unruhe und Stress
- Karpaltunnelsyndrom
- Kreuzschmerzen
- Schlafstörungen
- Schulterschmerzen
- Sinusitis (Nebenhöhlenentzündung)
- Spannungskopfschmerzen
- Sportverletzungen

für eine Ganzkörpermassage reicht, wählen Sie einfach einige der vorgestellten Techniken aus und verkürzen so die Gesamtdauer der Massage. Wenn Ihr Partner nach einem anstrengenden Arbeitstag nach Hause kommt, können Sie ihn (oder sie) mithilfe der Anleitung in diesem Buch beispielsweise mit einer entspannenden Fußmassage verwöhnen. Falls einmal ein Freund unter Spannungskopfschmerzen leidet, hilft eine gezielte Kopf- und Nackenmassage.

Massage-Anatomie setzt keine Vorkenntnisse voraus. Wir beginnen mit den handwerklichen Grundlagen der Massage. Dann erfahren Sie etwas darüber,

wie man zu Hause eine entsprechende Räumlichkeit einrichtet, welche Gegenstände dort vorhanden sein sollten, wie man eine angenehme Atmosphäre schafft und sogar welche Öle sich am besten eignen. Anschließend richten wir unser Augenmerk auf die Massage selbst. Wir beginnen mit dem Rücken und arbeiten uns dann über die Beine, Füße, den Bauch und die Brust immer weiter nach oben vor, bis wir schließlich mit einer entspannenden Gesichts- und Kopfmassage abschließen, die der eines professionellen Masseurs in nichts nachsteht.

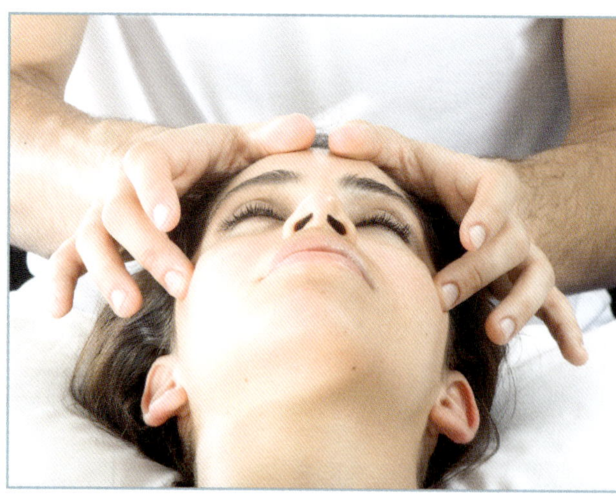

Zu jedem dieser Lernschritte gibt es ausführlich beschriftete anatomische Illustrationen, die nicht nur die zu behandelnden Muskeln abbilden, sondern auch diejenigen Knochen, auf die Sie bei der Massage unbedingt achten sollten. Mit »Vorsicht« betitelte Kästen weisen Sie auf besonders wichtige Informationen hin, zum Beispiel in welchen Fällen Sie einen bestimmten Körperteil nicht massieren dürfen. In den »Massage-Tipps« gehen wir näher auf spezielle Techniken ein.

Am Ende des Buchs haben wir verschiedene Massage-Programme für Sie zusammengestellt, aber auch Vorschläge für kürzere Massagen, wenn die Zeit für eine Ganzkörpermassage nicht reicht. Außerdem finden Sie dort ein Glossar der am häufigsten verwendeten Fachbegriffe.

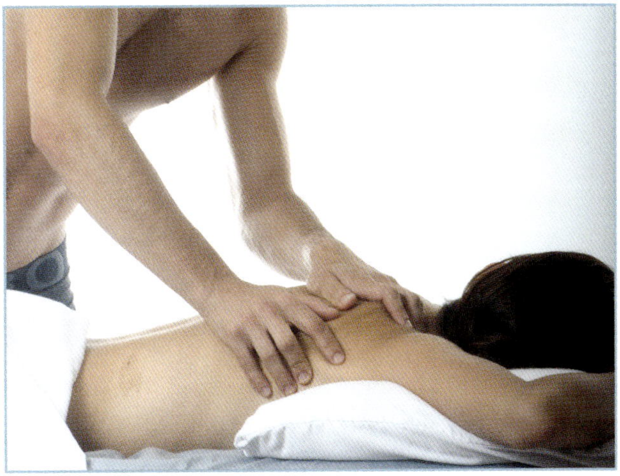

GRUNDLAGEN

Die wichtigste Voraussetzung für eine gelungene Massage ist eine ruhige und entspannende Atmosphäre. Wählen Sie also Ort und Zeit für die Massage so, dass Sie möglichst nicht von spielenden Kindern, Haustieren oder dem Fernsehgerät gestört werden.

Ziehen Sie außerdem die Vorhänge zu, und regeln Sie das Licht herunter. Wenn Sie mögen, können Sie auch einige Kerzen anzünden. Falls Sie für die Massage bereits ein Duftöl verwenden, eignen sich herkömmliche, duftlose Kerzen am besten. Denn wenn sich verschiedene Düfte im Raum überlagern, könnte dies Ihren Partner irritieren und möglicherweise sogar eine allergische Reaktion auslösen. Dasselbe gilt natürlich auch für Sie: Vermeiden Sie intensives Parfüm oder Rasierwasser. Für den Fall, dass die zu massierende Person eine Vorliebe für bestimmte Duftkerzen oder sogar Räucherstäbchen hat, können Sie dies natürlich jederzeit berücksichtigen. Die Raumtemperatur sollte angenehm sein, da man bei der Massage naturgemäß weitgehend unbekleidet ist (von einem Handtuch oder Laken abgesehen).

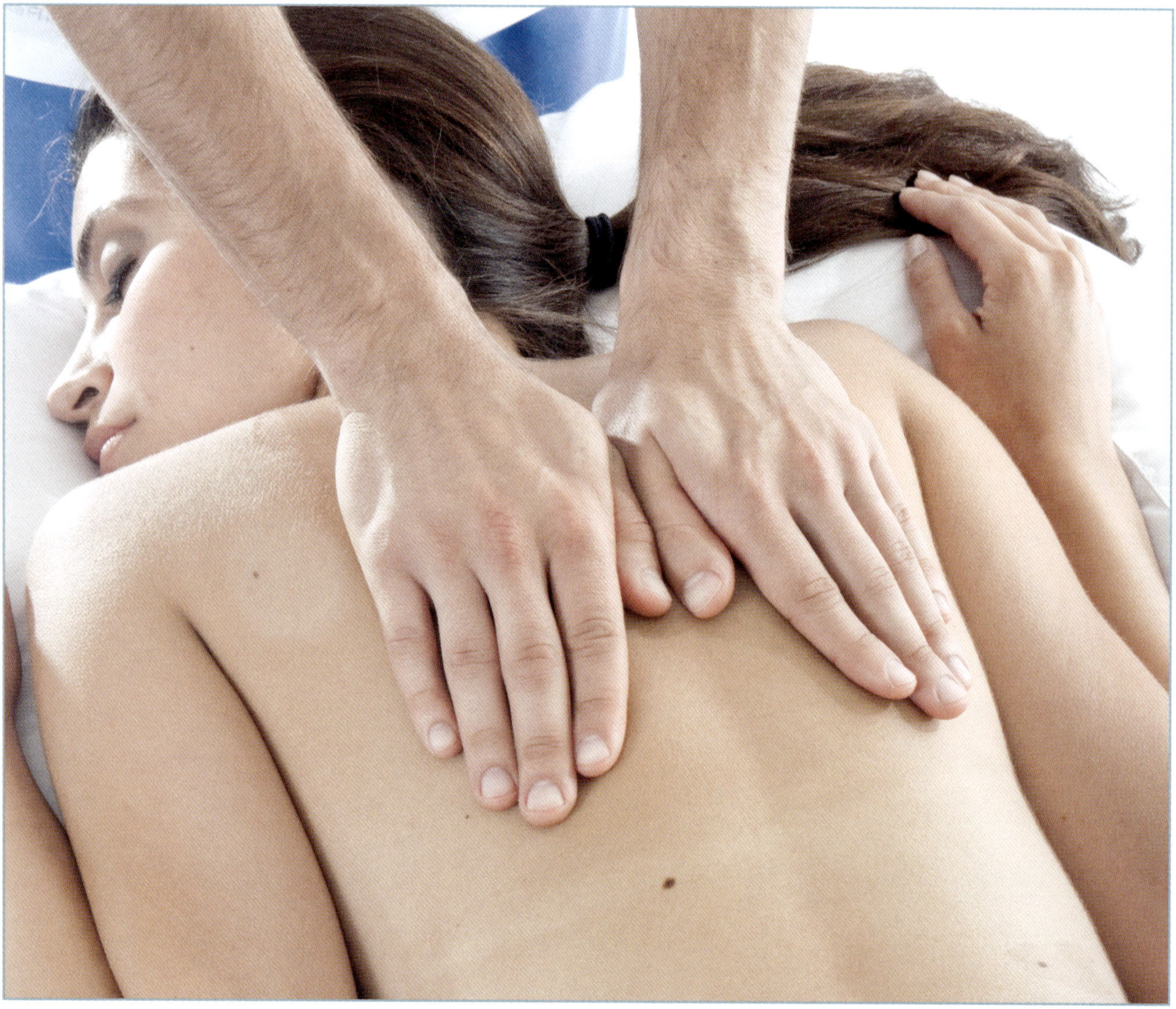

VORBEREITUNG DER LIEGE

Neben den Hilfsmitteln, mit denen Sie eine angenehme Atmosphäre schaffen, benötigen Sie auch noch einige andere Dinge, bevor Sie mit dem Massieren beginnen können. Abgesehen von einer passenden Liege (oder einer anderen stabilen Unterlage) sind mindestens zwei Laken vonnöten: eines, um die Liegefläche zu schützen, und eines, um die zu massierende Person zuzudecken. Baumwolltücher sind besonders gut geeignet, aber verwenden Sie am besten preisgünstige Stücke, denn der eine oder andere Tropfen Öl wird sicher darauf landen. Und noch ein Tipp: Greifen Sie zu gemusterten Tüchern, da Flecken auf einfarbigen Stoffen stärker auffallen.

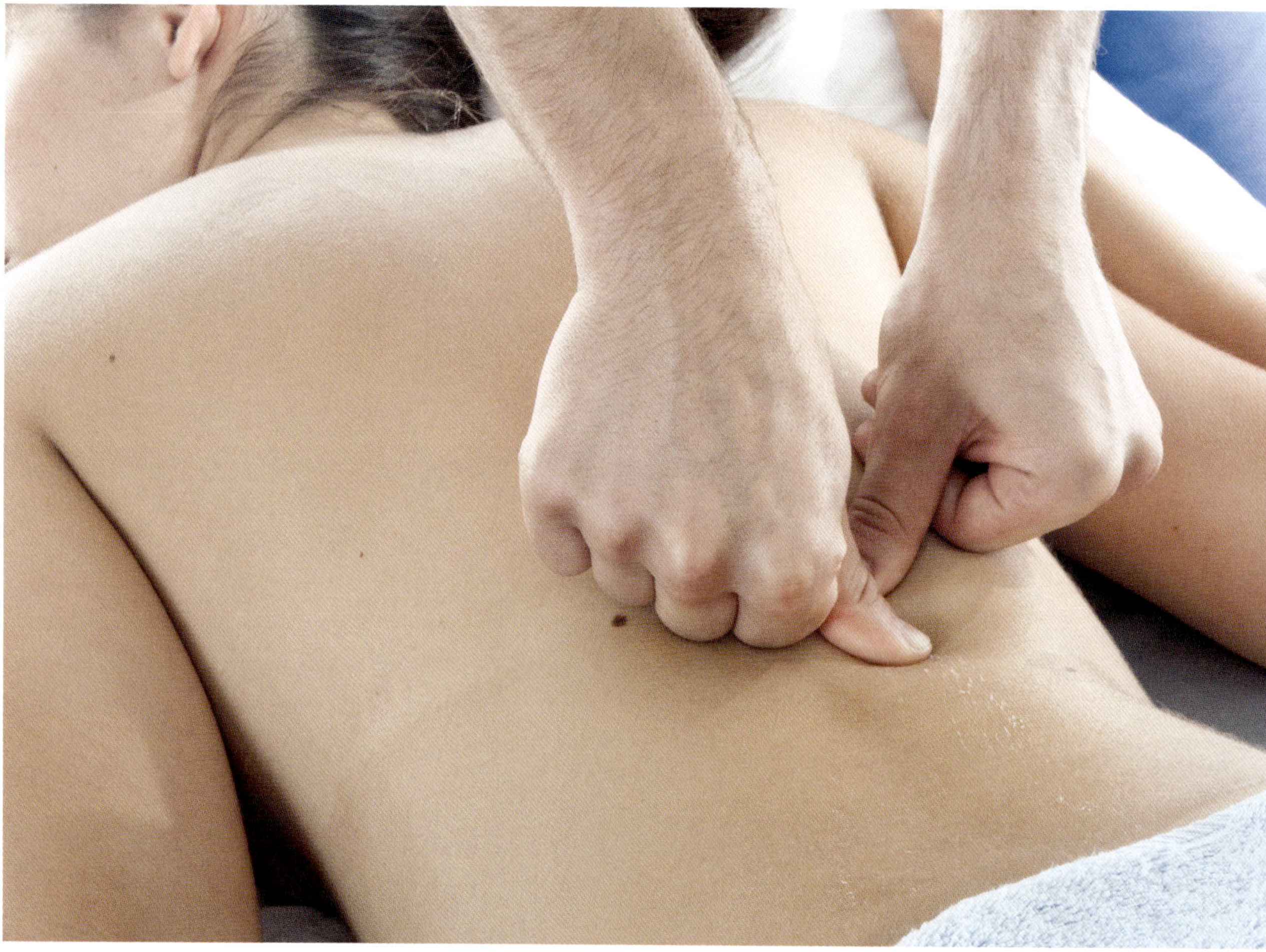

Die Verwendung von Massageöl ist unabdingbar, denn nur so können Ihre Hände geschmeidig über die Haut Ihres Partners gleiten. Zu den beliebtesten Massageölen zählen Mandelöl (auf das Sie im Fall einer Nussallergie allerdings verzichten sollten), Aprikosenkern- sowie Jojobaöl (Letzteres ist eigentlich ein flüssiges Wachs). Ebenfalls wichtig ist, dass Sie jederzeit problemlos auf das Öl zugreifen können.

Welche Kleidung Sie beim Massieren tragen, spielt eigentlich keine Rolle, allerdings können lange Ärmel in Kontakt mit dem Öl kommen und dabei unvermeidlich Flecken davontragen, oder sie kitzeln Ihren Partner und lenken ihn so von der Massage ab. Sie sollten also grundsätzlich kurzärmeligen Oberteilen den Vorzug geben.

Bei der Wahl einer geeigneten Liegefläche gilt es ebenfalls einige Dinge zu berücksichtigen. Grundsätzlich sollte die Massage für beide Beteiligten gleichermaßen angenehm sein. Für den Masseur bedeutet dies in erster Linie, dass der Partner auf einer geeigneten Höhe vor ihm liegt, die sich wie folgt ermitteln lässt: Nehmen Sie einen aufrechten Stand ein, und lassen Sie die Arme seitlich an Ihrem Körper herabhängen. Ballen Sie die Hände nun zu Fäusten, und überprüfen Sie, wo sich Ihre Fingergrundgelenke befinden. Auf dieser Höhe sollte sich die Liegefläche befinden. Ist sie zu hoch oder zu niedrig, laufen Sie Gefahr, eine Haltung einzunehmen, die zu Verspannungen und Schmerzen führen kann.

DIE BEDEUTUNG DER MUSKELFASERRICHTUNG

Muskelfasern verlaufen stets in eine Richtung, wodurch sich ähnlich wie bei Holz eine bestimmte »Maserung« ergibt. Im Rahmen dieses Buches werden wir Sie immer wieder darauf hinweisen, ob Sie einen bestimmten Muskel mit oder gegen seine Faserrichtung massieren sollen. Das Massieren gegen den Faserverlauf dient in einigen Fällen dazu, Narbengewebe zu reduzieren und die Beweglichkeit der entsprechenden Körperstelle zu erhöhen.

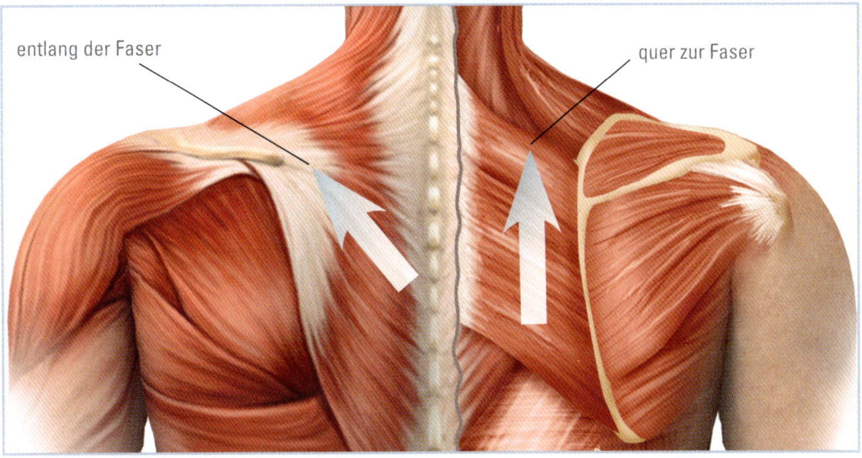

Für die Massage zu Hause sollten Sie unbedingt einige Grundregeln beachten, denn für ein echtes Wellness-Erlebnis kommt es ganz wesentlich darauf an, dass sich beide Parteien gleichermaßen wohlfühlen. Bevor Sie anfangen, sollten Sie deshalb die zu massierende Person darum bitten, Ihnen umgehend mitzuteilen, falls ihr etwas unangenehm ist. Wichtig ist auch, dass Sie sich beim Massieren nicht verspannen, etwa weil Ihr Partner nicht optimal vor Ihnen liegt. Achten Sie deshalb immer auf eine Haltung, in der Sie die Körperpartie, die Sie gerade bearbeiten, gut erreichen.

Eine Massage sollte niemals schmerzhaft sein! Verzichten Sie also auf bestimmte Griffe oder Techniken, sofern diese Schmerzen verursachen.

Bei der Massage steht der Körperkontakt im Mittelpunkt. Sie sollten daher versuchen, Ihren Partner stets mit mindestens einer Hand zu berühren. Einige Menschen empfinden es als sehr unangenehm, wenn während der Massage plötzlich der Körperkontakt zum Masseur abbricht. Darauf sollten Sie unbedingt achten – vor allem bei den Übergängen von einem Körperteil zum nächsten. Sie werden überrascht sein, wie aufmerksam Sie sein müssen!

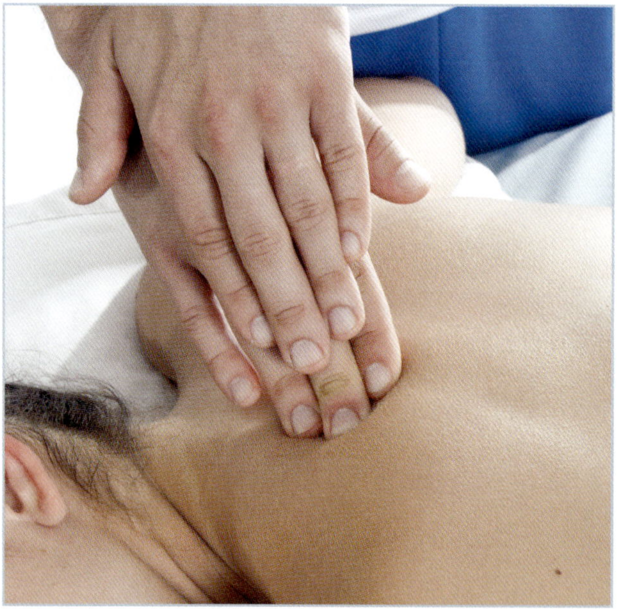

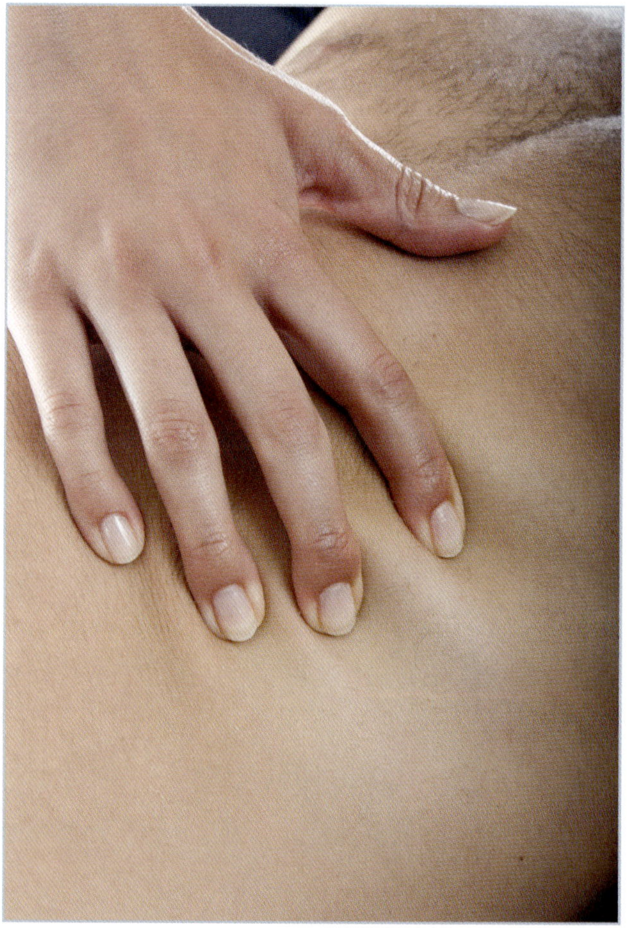

MASSAGE-GRUNDREGELN

- Beide Beteiligten sollten sich stets wohlfühlen.
- Bitten Sie Ihren Partner darum, Sie sofort zu informieren, wenn er sich unwohlfühlt oder ihm zu warm oder kalt ist.
- Eine Massage sollte nie schmerzhaft sein; falls doch, massieren Sie bitte nicht weiter.
- Üben Sie niemals Druck auf die Wirbelsäule aus, und sparen Sie sie bei der Massage aus.
- Wenn Ihr Partner sehr kitzlig ist, sollten Sie die Geschwindigkeit reduzieren und etwas fester kneten oder streichen.
- Ziehen Sie Ihre Hände nicht plötzlich weg. Versuchen Sie stets, mit mindestens einer Hand Körperkontakt zu halten.

DIE WAHL DER LIEGEFLÄCHE

Die Höhe der Unterlage ist vor allem für die massierende Person von Bedeutung. Ist die Liege zu hoch oder zu niedrig, riskiert man leicht eine Überlastung der eigenen Muskeln und Gelenke.

Die auf Seite 12 angegebenen Richtlinien für die Höhe eignen sich für eine klassische Massage, bei der durchschnittlich viel Druck ausgeübt wird. Wenn Ihre Massage etwas sanfter ausfallen soll, können Sie auch eine höhere Liege verwenden; für eine kraftvolle Massage hingegen kann die Unterlage etwas niedriger sein.

Jemanden auf einem Bett zu massieren ist durchaus akzeptabel, solange der Massierte seinen Rücken flach halten kann und nicht bäuchlings einsinkt. Eine harte Matratze oder ein Futon eignen sich am besten; weiche Matratzen dagegen bieten nicht genügend Halt.

WISSENSWERTES ÜBER MASSAGEÖLE

Verwenden Sie bei der Massage ein Öl, das Ihre Hände geschmeidig über die Haut gleiten lässt. Im Notfall können Sie auch herkömmliche Körperlotionen verwenden; diese sind in der Regel jedoch nicht besonders gleitfähig, sodass Sie vermutlich größere Mengen davon auftragen müssen.

Grundsätzlich eignet sich fast jedes pflanzliche Öl, jedoch sollte man auch die olfaktorische Komponente nicht vernachlässigen: Wenn Sie also nicht möchten, dass Ihr Partner nach der Massage wie ein Salat duftet, dann sollten Sie auf Olivenöl verzichten und sich lieber für ein spezielles Massageöl entscheiden. Das kostet zwar etwas mehr, auf lange Sicht werden Sie es aber sparsamer dosieren können als herkömmliche Öle, die zähflüssiger sind und sich nicht so gut verteilen lassen.

Nach der Massage sollten Sie auf eine zügige Reinigung der Laken achten. Je schneller dies geschieht, desto leichter lassen sich eventuell entstandene Ölflecken wieder herauswaschen. Und ein letzter wichtiger Hinweis: Stellen Sie Kerzen und andere Feuerquellen in ausreichendem Sicherheitsabstand zu Öl und Laken auf.

Es gibt einige Körperteile, die nicht massiert werden dürfen, und zwar normalerweise deshalb, weil sich dort Blutgefäße, Nerven oder Organe dicht unter der Hautoberfläche befinden. Diese nachfolgend »Gefahrenzonen« genannten Bereiche sollten Sie bei der heimischen Massage also aussparen.

Zu den Gefahrenzonen des Körpers zählen beispielsweise Augenhöhlen, Wirbelsäule, Hals, das untere Ende des Brustbeins (Schwertfortsatz), die weiche Partie zwischen der untersten Rippe und dem Hüftknochen, das Knie und der Ellennerv, der entlang der gesamten Arminnenseite verläuft.

In den folgenden Kapiteln werden wir Sie sowohl im Haupttext als auch in den mit »Vorsicht« überschriebenen Kästen auf die Gefahrenzonen hinweisen.

Ebenso sollten Menschen mit bestimmten Vorbelastungen oder körperlichen Beeinträchtigungen generell nicht zu Hause massiert werden. Schwangere zum Beispiel sollten sich stets in die Hände eines ausgebildeten Masseurs begeben; dasselbe gilt für Personen, die an fortgeschrittener Osteoporose leiden.

Wenn Sie das Gefühl haben, dass Sie sich eine Erkältung oder Grippe zugezogen haben, sollten Sie nicht zuletzt wegen einer möglichen Ansteckungsgefahr ebenfalls darauf verzichten, zu massieren oder massiert zu werden. Jemand, der an Krampfadern leidet, kann zwar massiert werden, die betroffenen Körperstellen sollten dabei jedoch ausgespart werden.

GEGENANZEIGEN

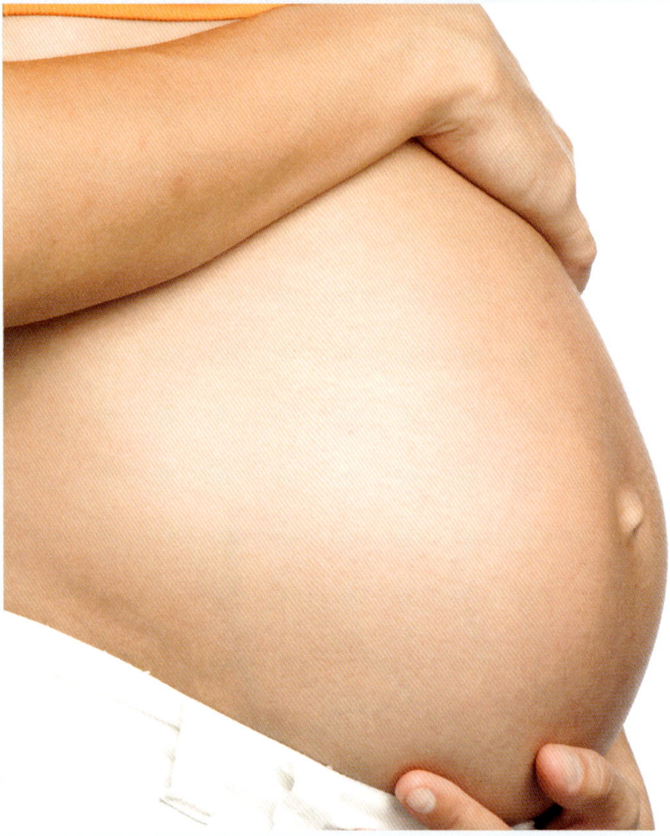

- Schwangere sollten einen professionellen Masseur aufsuchen und sich nicht zu Hause massieren lassen. Menschen, die an einer der folgenden gesundheitlichen Einschränkungen leiden, sollten ebenfalls von einer Massage Abstand nehmen. Falls Sie chronisch krank sind oder sich diesbezüglich nicht sicher sind, fragen Sie bitte vor einer Massage Ihren Arzt.
- Erkältung oder Grippe
- Fieber
- Fortgeschrittene Osteoporose. Gegen eine sanfte Massage ist in leichten Fällen aber nichts einzuwenden.
- Frische oder noch nicht ausgeheilte Verletzungen (sparen Sie die betroffene Stelle aus)
- Hautausschläge oder Blasen (sparen Sie die betroffenen Stellen aus). Manche Ausschläge oder Infektionen (wie Fußpilz) können durch eine Massage auf andere Körperbereiche übertragen werden.
- Knochenbrüche (sparen Sie die betroffene Stelle aus)
- Krampfadern
- Krebs

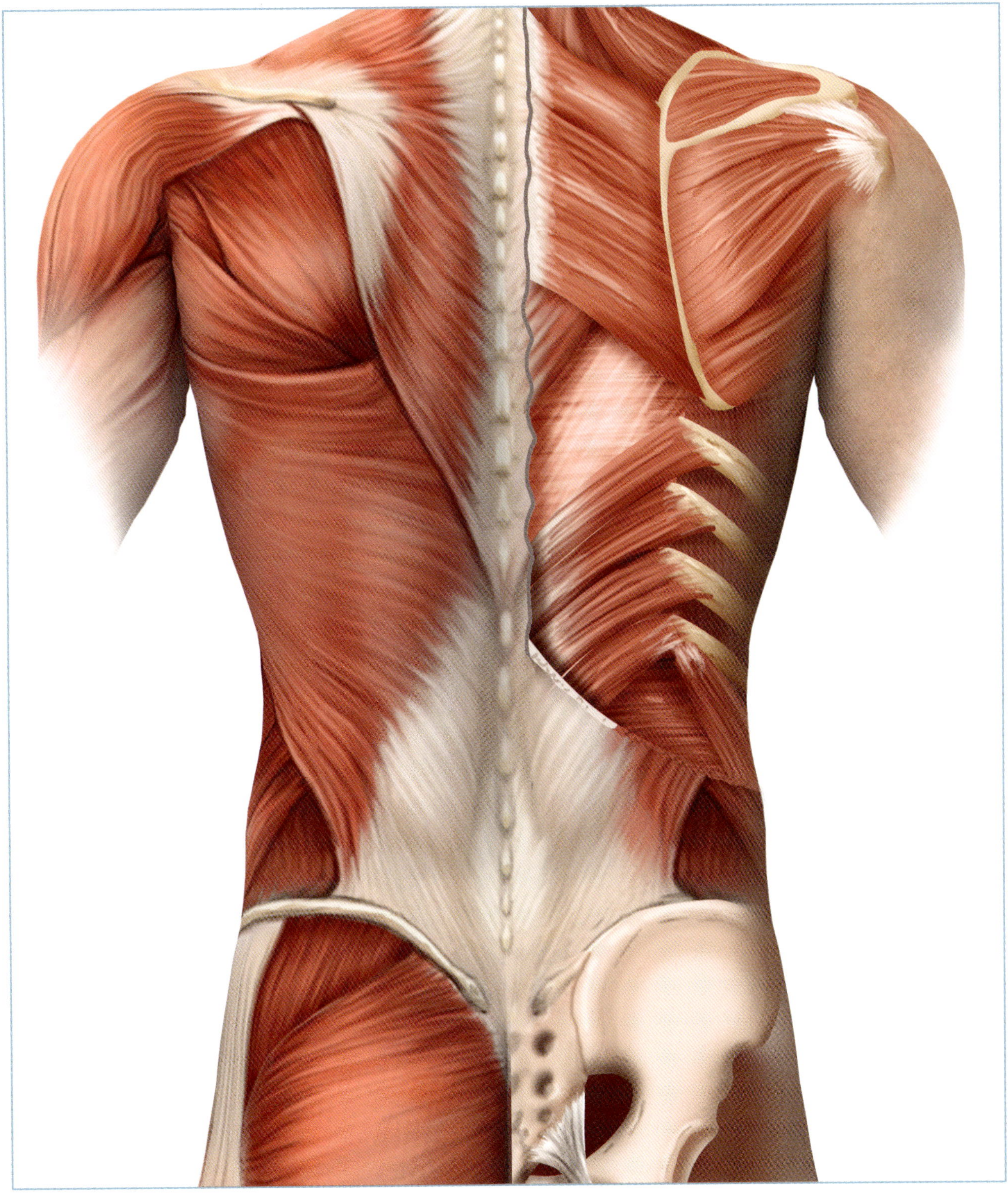

1 OBERKÖRPER: DER RÜCKEN

Wir beginnen unsere Ganzkörpermassage am Rücken. Falls Ihre letzte Massage darin bestand, dass Sie jemanden ein paar Mal herzhaft in die Schultern gekniffen haben (oder gekniffen wurden), stellen Sie sich schon einmal auf eine ebenso lehrreiche wie angenehme Überraschung ein. Als Einstieg empfehlen wir die sogenannte Effleurage – großzügige, streichende Berührungen, mit denen Sie den gesamten Rücken bedecken. Danach arbeiten Sie sich langsam zu den Hüften vor.

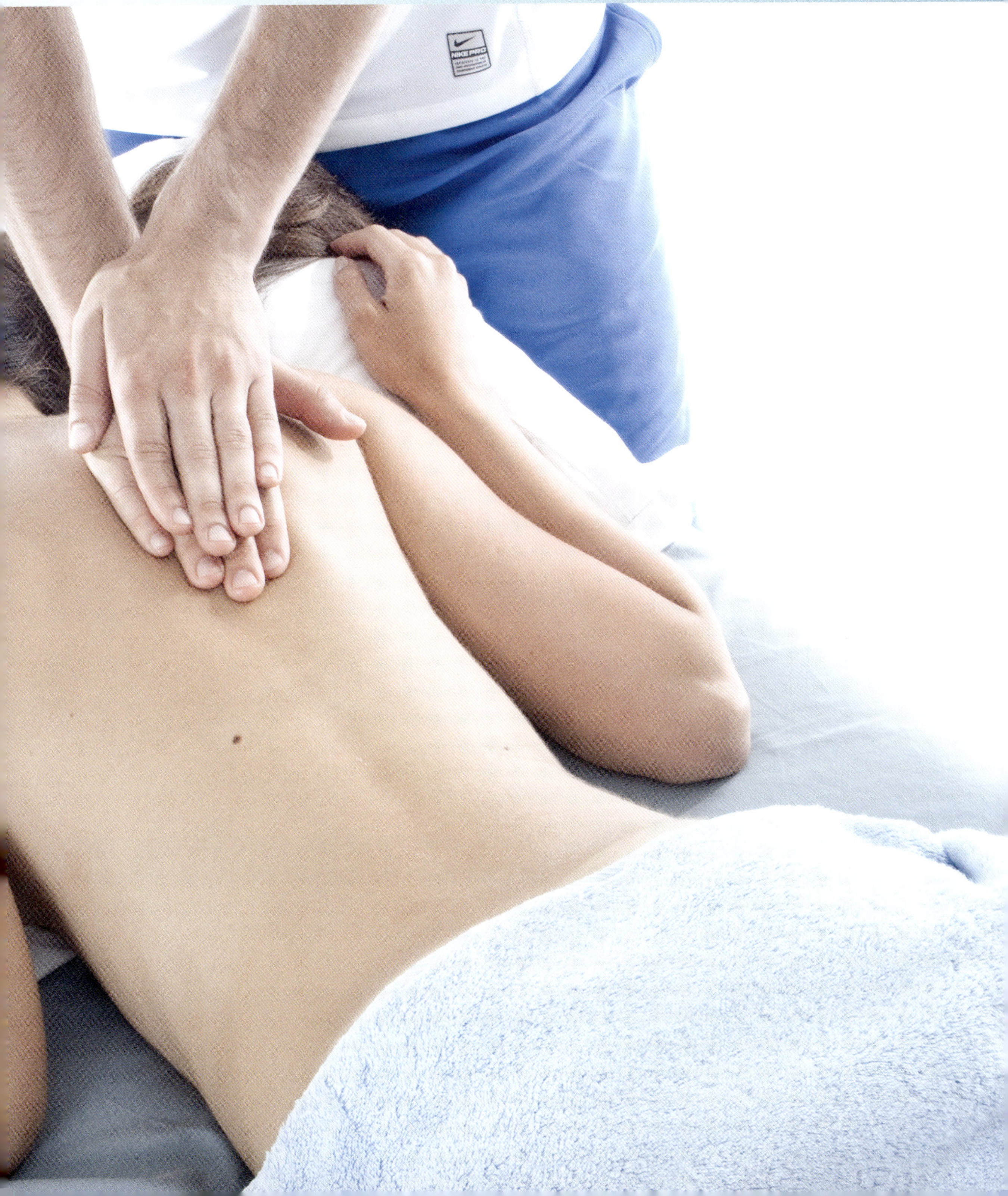

DER RÜCKEN

Der arme, viel geplagte Rücken! Was muss er nicht alles aushalten: Stress, eine schlechte Körperhaltung, das Ziehen und Heben von Koffern und anderen schweren Gegenständen, Autofahren, hohe Absätze ... aber auch das Gehen in Flip-Flops – kein Wunder also, dass unser Rücken so häufig schmerzt. Dieser Teil der Massage hilft uns dabei zu entspannen, die Seele baumeln zu lassen, und lindert den Schmerz.

Ein Warnung an dieser Stelle: Die Wirbelsäule ist eine Gefahrenzone; auf sie darf niemals direkter Druck ausgeübt werden.

VORSICHT

VERZICHTEN SIE AUF EINE RÜCKENMASSAGE, WENN SIE ODER IHR PARTNER

- an akuten Rückenbeschwerden leiden.
- stechende Schmerzen im Rücken verspüren.

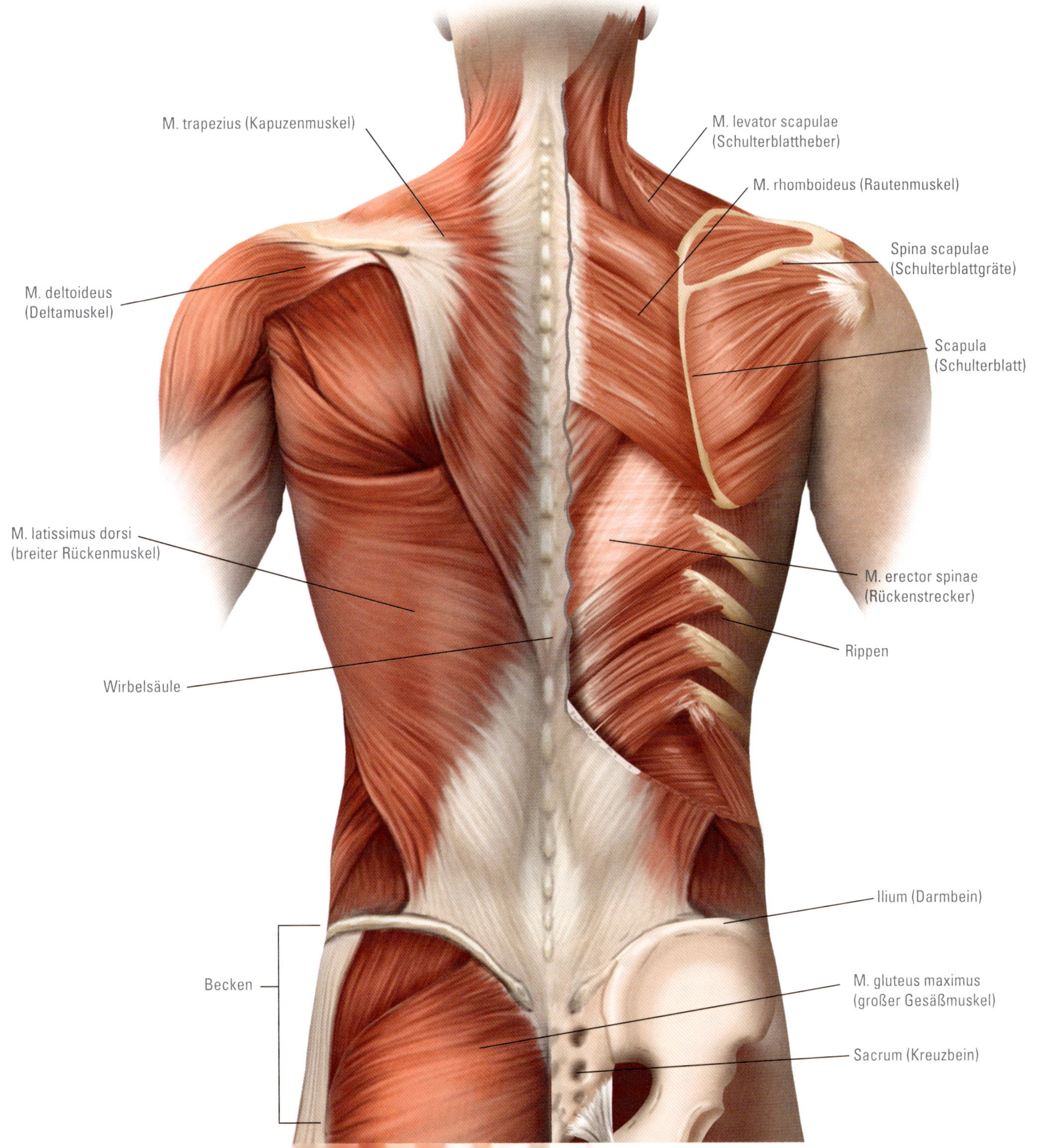
M. trapezius (Kapuzenmuskel)
M. levator scapulae
(Schulterblattheber)
M. rhomboideus (Rautenmuskel)
Spina scapulae
(Schulterblattgräte)
M. deltoideus
(Deltamuskel)
Scapula
(Schulterblatt)
M. latissimus dorsi
(breiter Rückenmuskel)
M. erector spinae
(Rückenstrecker)
Rippen
Wirbelsäule
Ilium (Darmbein)
Becken
M. gluteus maximus
(großer Gesäßmuskel)
Sacrum (Kreuzbein)

Eine Massage beginnt immer mit der Effleurage, zu Deutsch »flüchtige Berührung«, die die Haut erwärmen und die Durchblutung anregen soll.

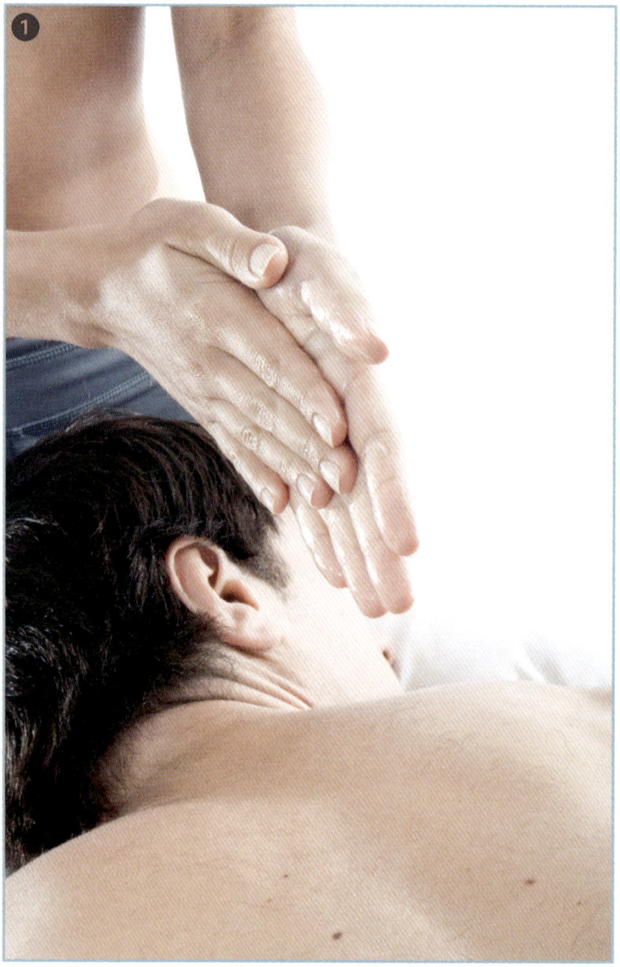

❶ Stellen Sie sich ans Kopfende der Massageliege, sodass Sie oberhalb der Schulterpartie Ihres Partners stehen. Nehmen Sie etwas Öl, und verreiben Sie es zwischen den Händen, um es anzuwärmen. Legen Sie beide Hände behutsam auf den Rücken.

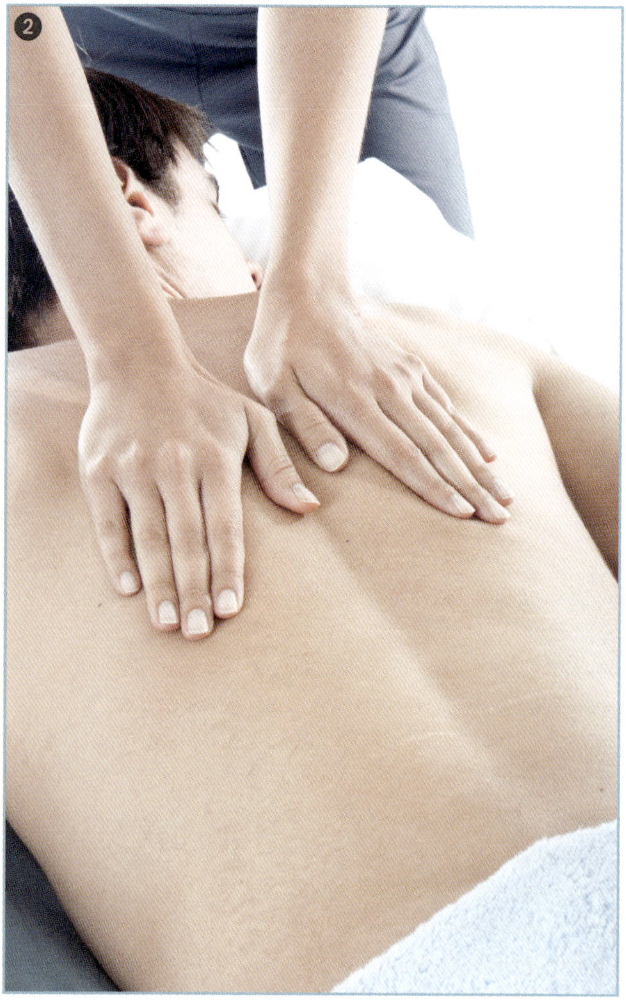

❷ Die Handflächen ruhen links und rechts der Wirbelsäule auf den Schulterblättern, die Finger zeigen fächerförmig nach außen. Achten Sie darauf, dass Ihre Hände möglichst flach auf dem Rücken liegen.

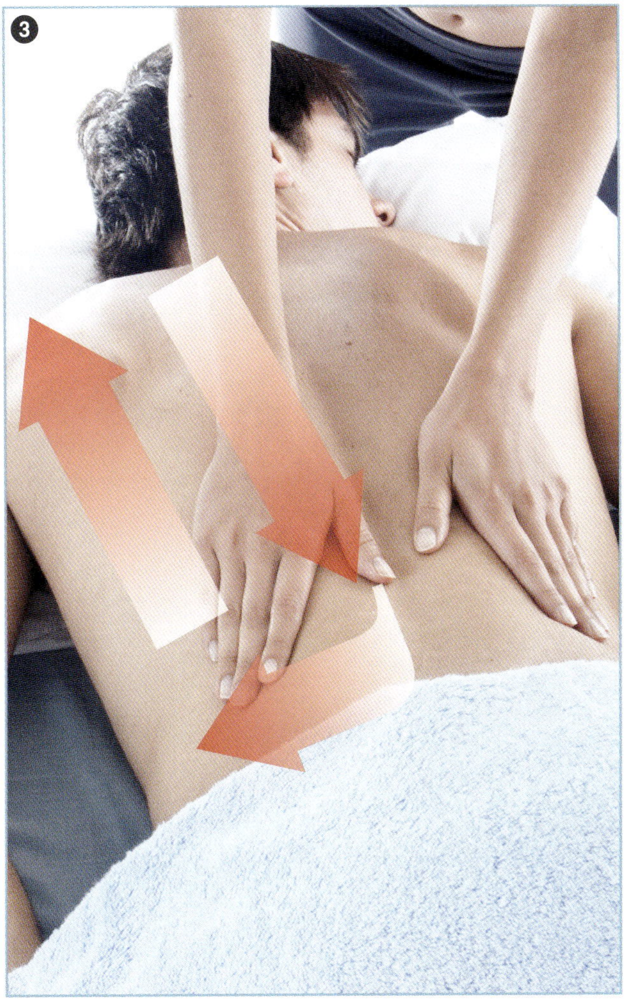

3 Gleiten Sie nun mit den Händen von den Schulterblättern hinab bis zum Kreuzbein, von dort hinunter zu den Hüften und dann – in einer einzigen fließenden Bewegung – seitlich am Körper wieder hinauf zu den Schultern. Bewegen Sie Ihre Hände dabei gleichzeitig in dieselbe oder in die entgegengesetzte Richtung.

ACHTEN SIE AUF IHRE HÄNDE

Beim Massieren sollten Sie darauf achten, dass Ihre Arme und Hände in einem möglichst flachen Winkel zueinander stehen. Wenn Sie senkrecht nach unten drücken, belastet dies Ihre Handgelenke und Schultern zu stark.

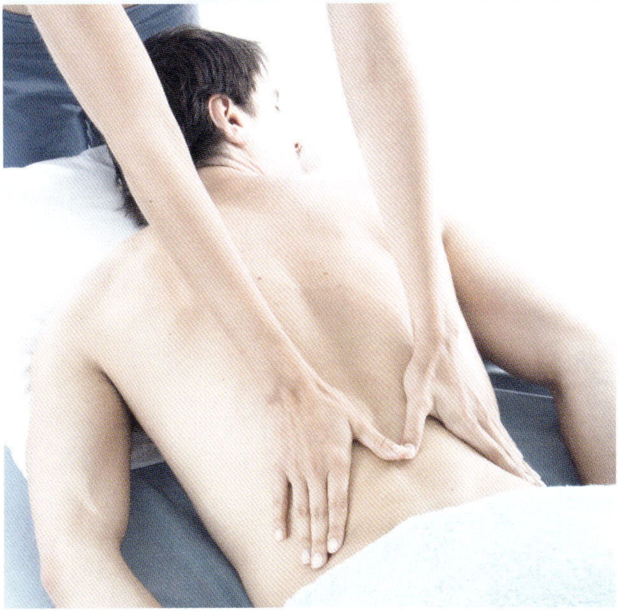

VORSICHT

Die Wirbelsäule ist eine Gefahrenzone – üben Sie niemals direkten Druck auf sie aus.

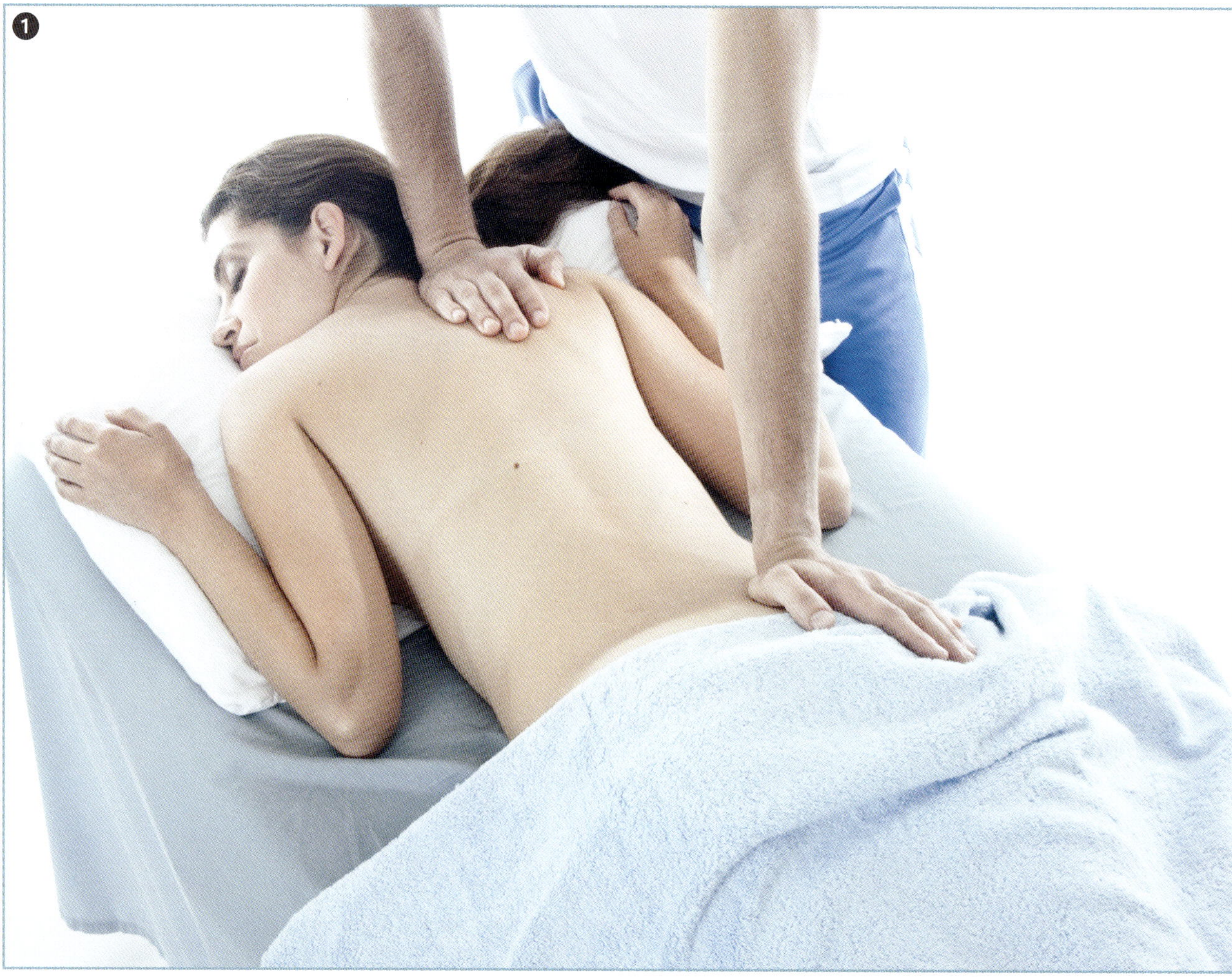

❶ Nach dieser Aufwärmphase platzieren Sie eine Hand auf dem rechten Schulterblatt des Partners, und legen Sie den Ballen der anderen Hand auf das Darmbein. Versuchen Sie nun, diese Seite des Rückens behutsam zu dehnen, indem Sie Ihre Hände auseinanderziehen. Auf der anderen Seite wiederholen.

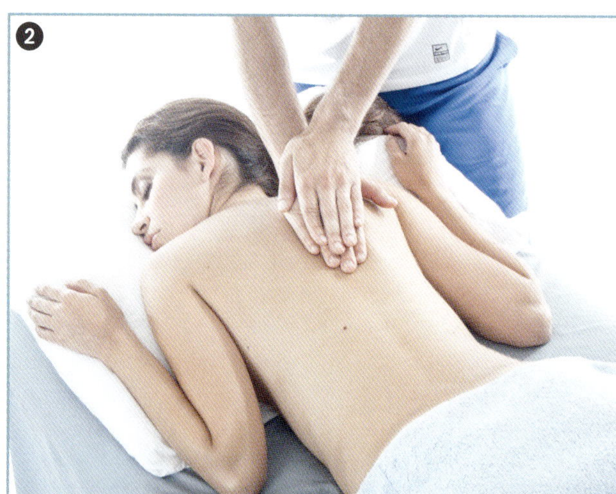

❷–❹ Anschließend legen Sie beide Hände übereinander und lassen sie mit sanftem Druck von der Schulter zum Kreuzbein gleiten. Wiederholen Sie diese Bewegung auf der anderen Seite der Wirbelsäule.

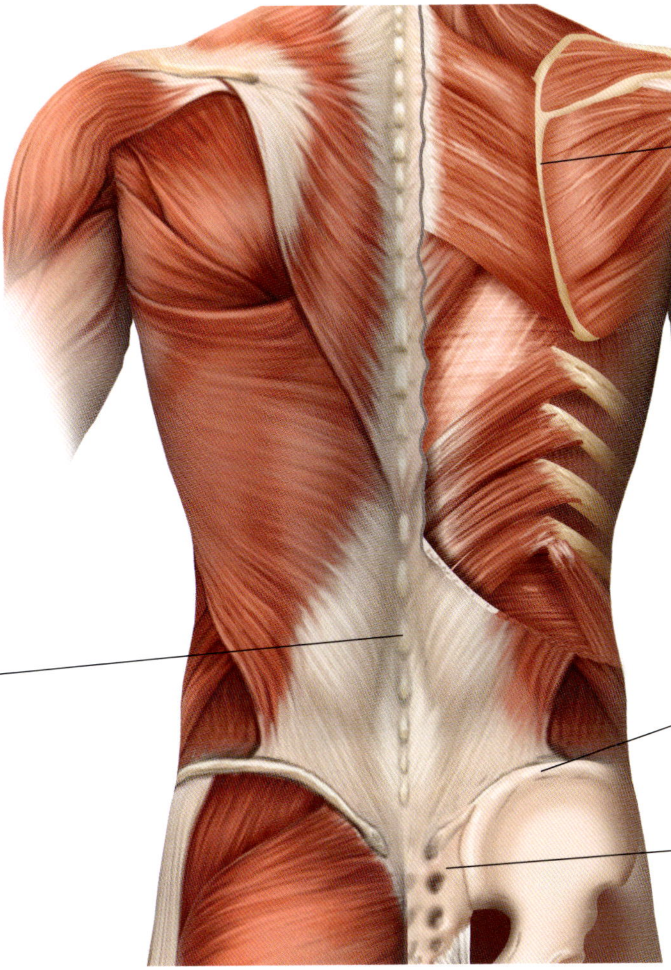
Scapula (Schulterblatt)
Wirbelsäule
Ilium (Darmbein)
Sacrum (Kreuzbein)

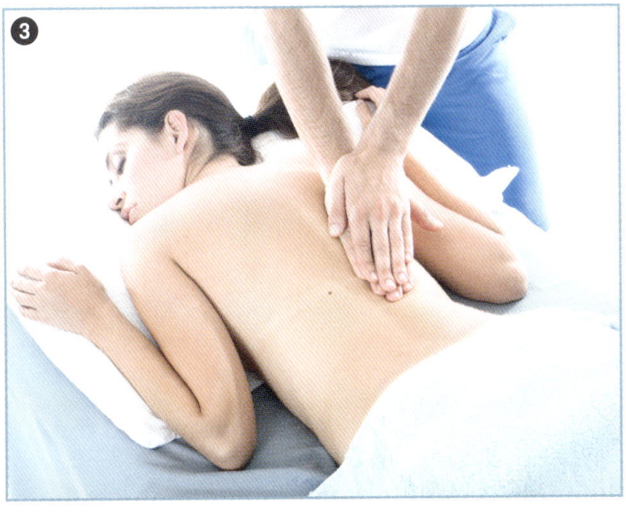
3

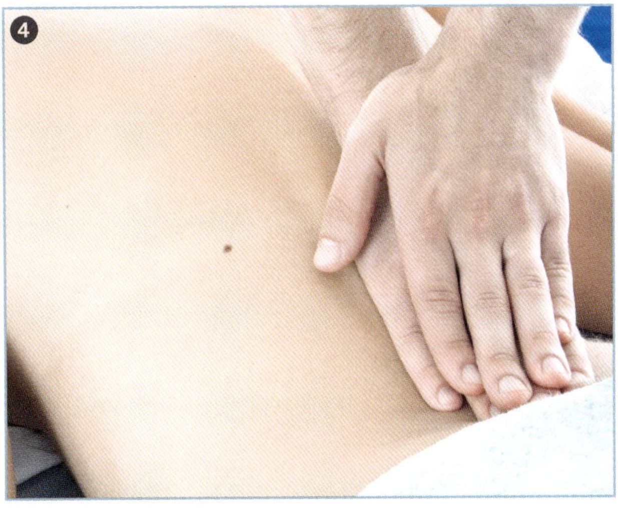
4

❶–❸ Je größer die Auflagefläche, desto angenehmer die Massage. Legen Sie deshalb die Innenseite Ihres Unterarms auf den oberen Rücken Ihres Partners. Das Handgelenk bleibt entspannt; achten Sie darauf, dass Sie sich in der Schulter nicht verkrampfen. Streichen und gleiten Sie den Rücken entlang. Sobald Sie die Taille erreichen, lassen Sie den Unterarm sanft vom Rücken gleiten.

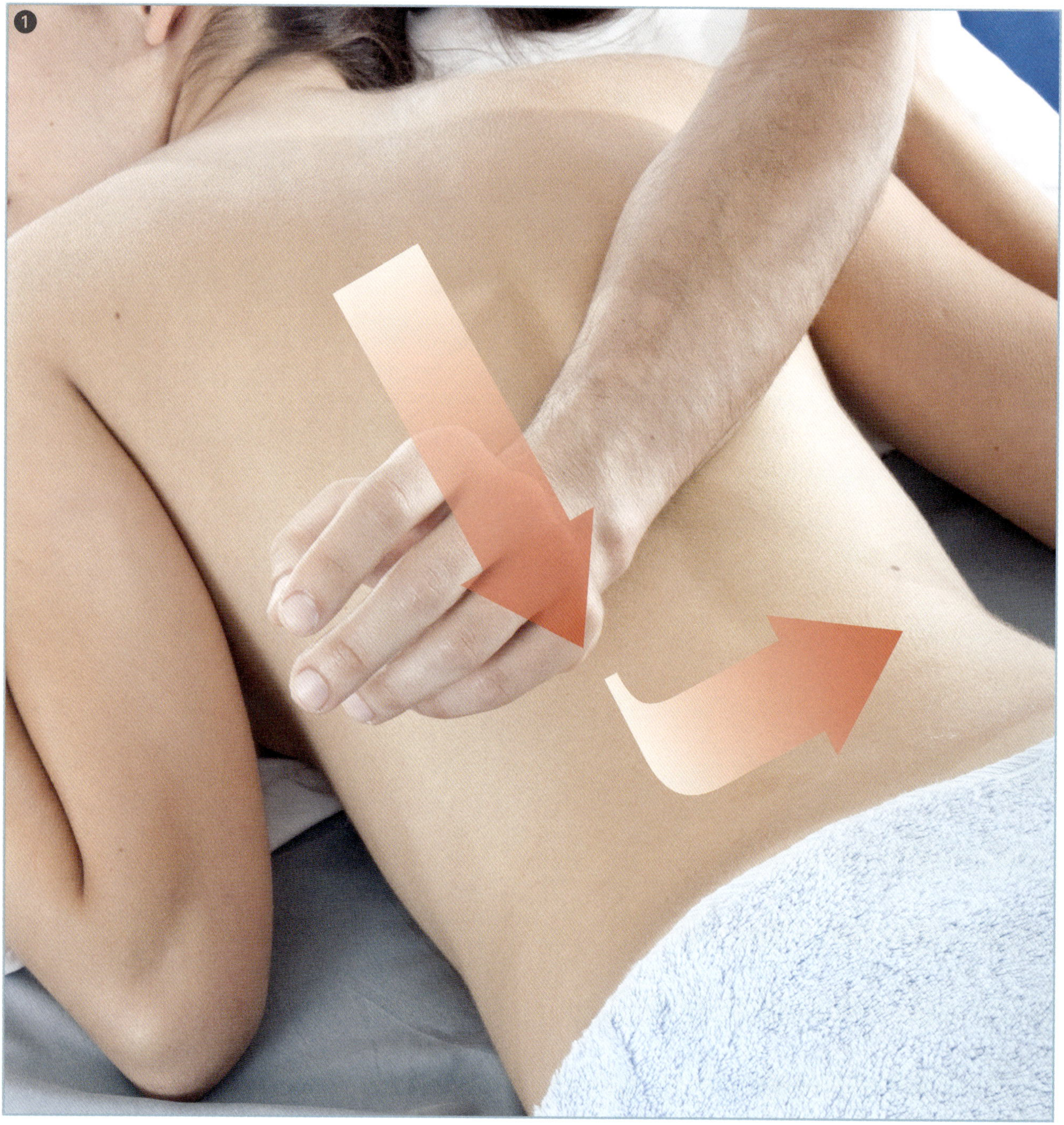

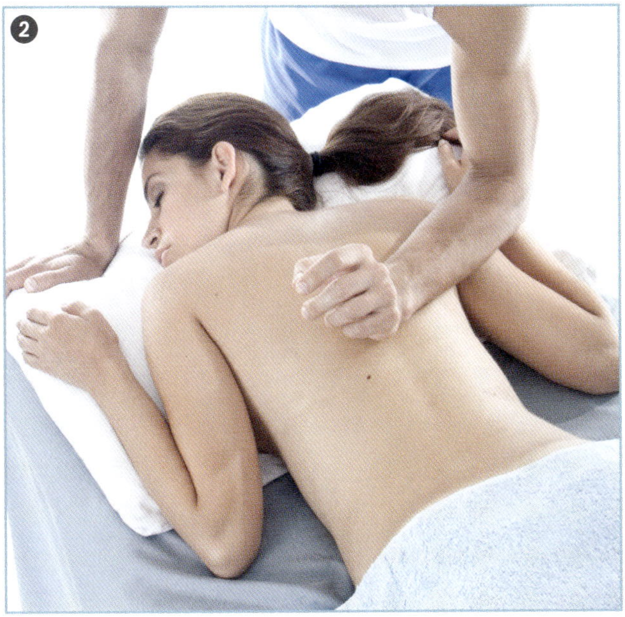
2

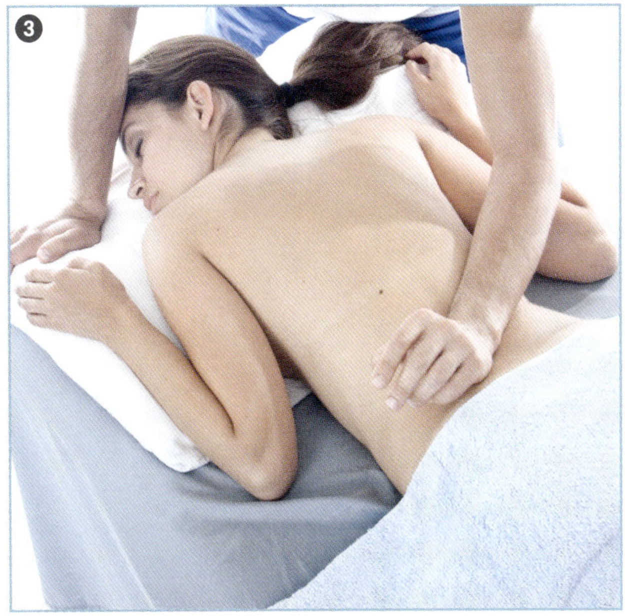
3

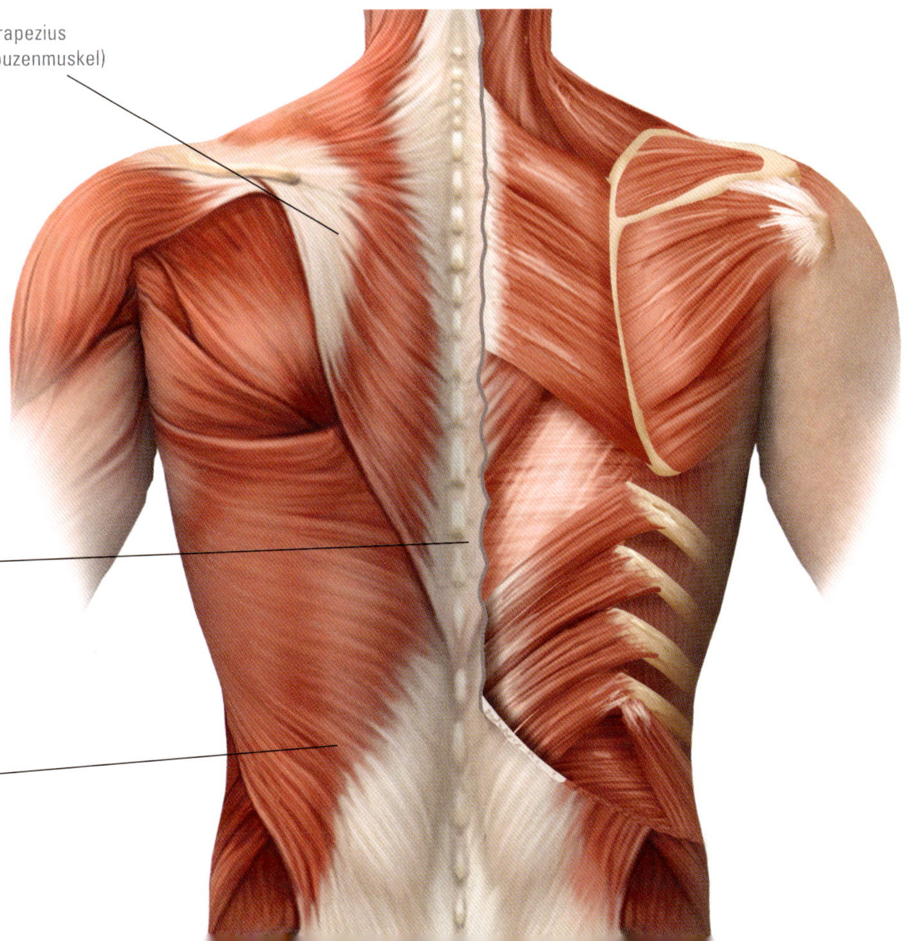
M. trapezius
(Kapuzenmuskel)
Wirbelsäule
M. latissimus dorsi
(breiter Rückenmuskel)

Für die nächsten beiden Massagegriffe stellen Sie sich neben den Partner. Greifen Sie quer über seinen Rücken, und positionieren Sie Ihre übereinandergelegten Hände seitlich am Brustkorb.

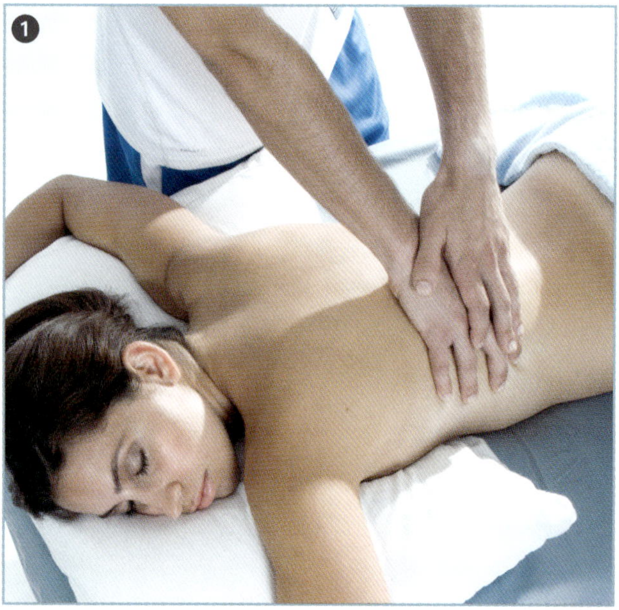

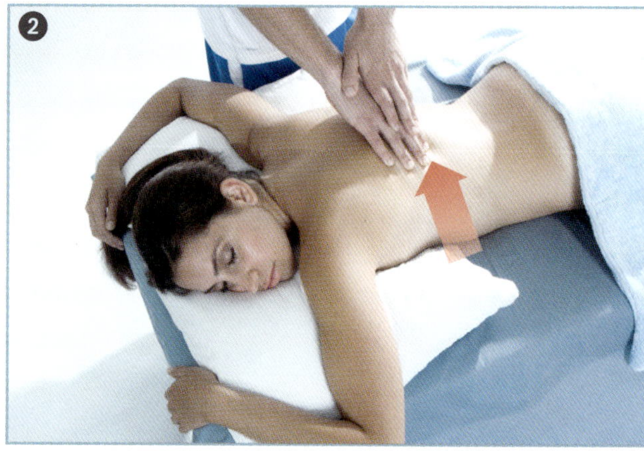

❶–❷ Ziehen Sie zunächst die flache Hand sachte, aber bestimmt in Richtung Wirbelsäule. Wiederholen Sie diese Bewegung einige Male. Formen Sie anschließend mit der unten liegenden Hand eine »Kralle«, erfühlen Sie mit den Fingerspitzen die Rippenzwischenräume und ziehen Sie die Hände mit sanftem Druck nach oben, als wollten Sie mit einem Rechen Laub zusammenkehren. Wiederholen Sie diese Bewegung mehrmals auf beiden Seiten.

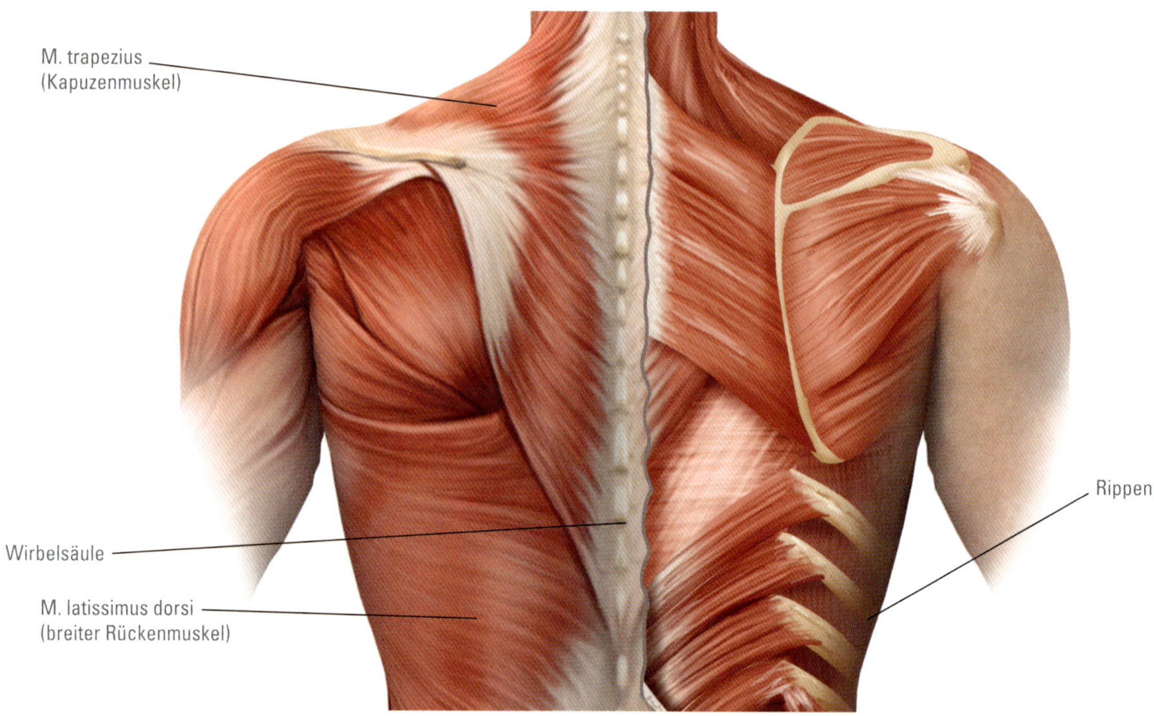

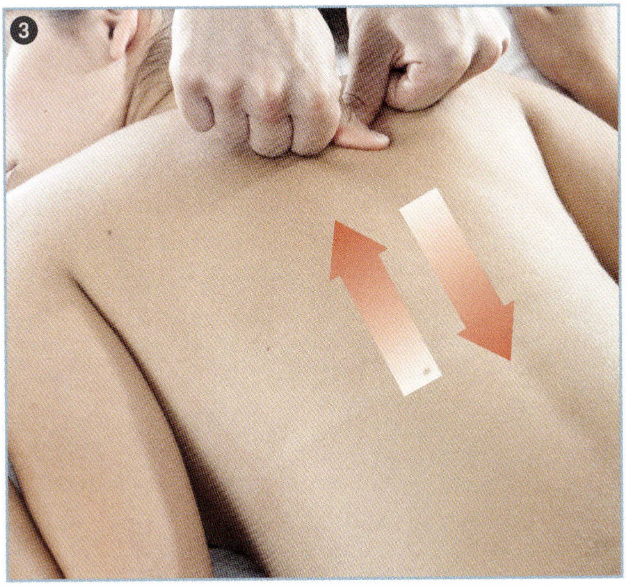

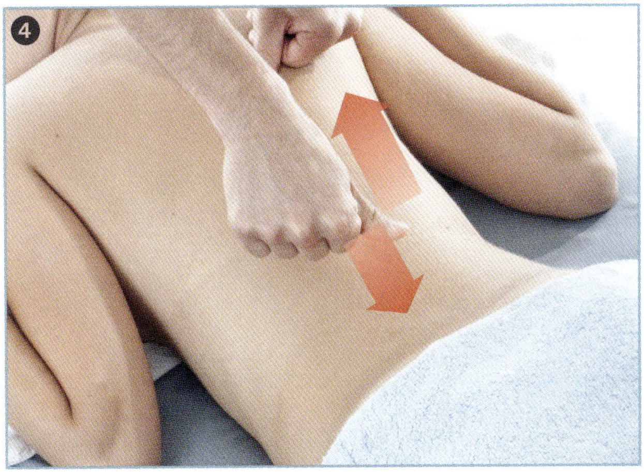

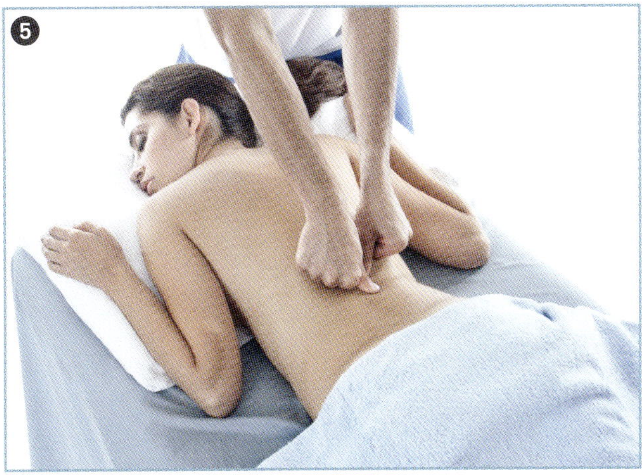

3–5 Stellen Sie sich wieder ans Kopfende, und platzieren Sie beide Daumen einige Zentimeter rechts oder links der Wirbelsäule Ihres Partners. Lassen Sie die Daumen nun mit sanftem Druck den Rücken hinabgleiten und wieder zurück, also immer quer zur Faser des Kapuzen- und des breiten Rückenmuskels. Damit lassen sich Verspannungen in diesem Bereich gewissermaßen »glatt streichen«.

Sie können die Daumen entweder zusammen in dieselbe Richtung bewegen oder gegenläufig zueinander. Wiederholen Sie diese Bewegung mehrmals auf beiden Seiten des Rückens.

GEBEN SIE DEN DAUMEN HALT

Damit Ihre Daumen nicht unnötig belastet werden, sollten Sie sie – wie hier dargestellt – mit den übrigen Fingern stützen.

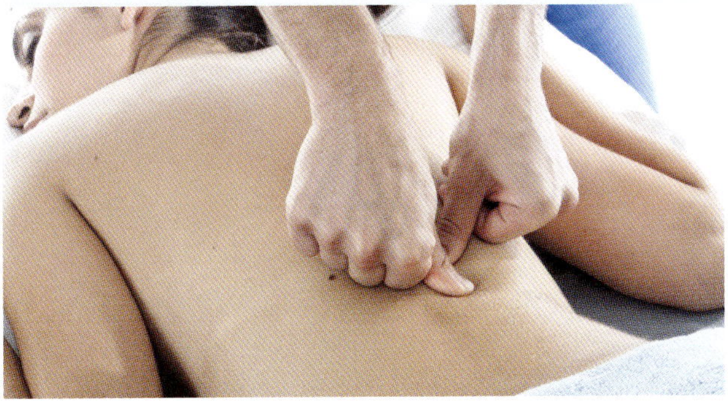

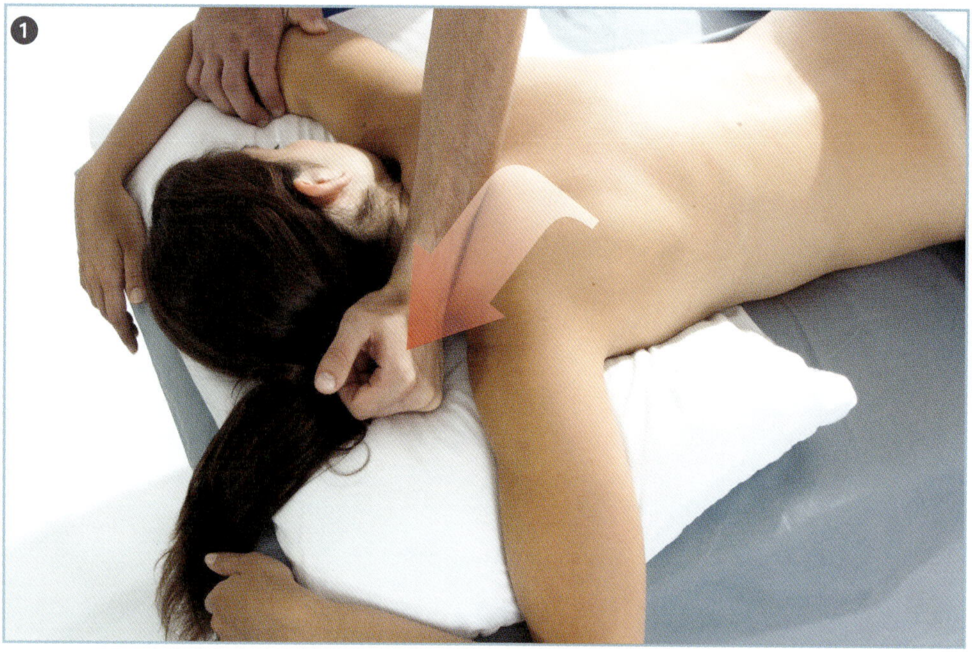

❶ Fahren Sie mit der Innenseite des Unterarms über die Schulterrückseite, in Richtung Kopf. Steigern Sie dabei während der Bewegung langsam den Druck. Auf der anderen Seite wiederholen.

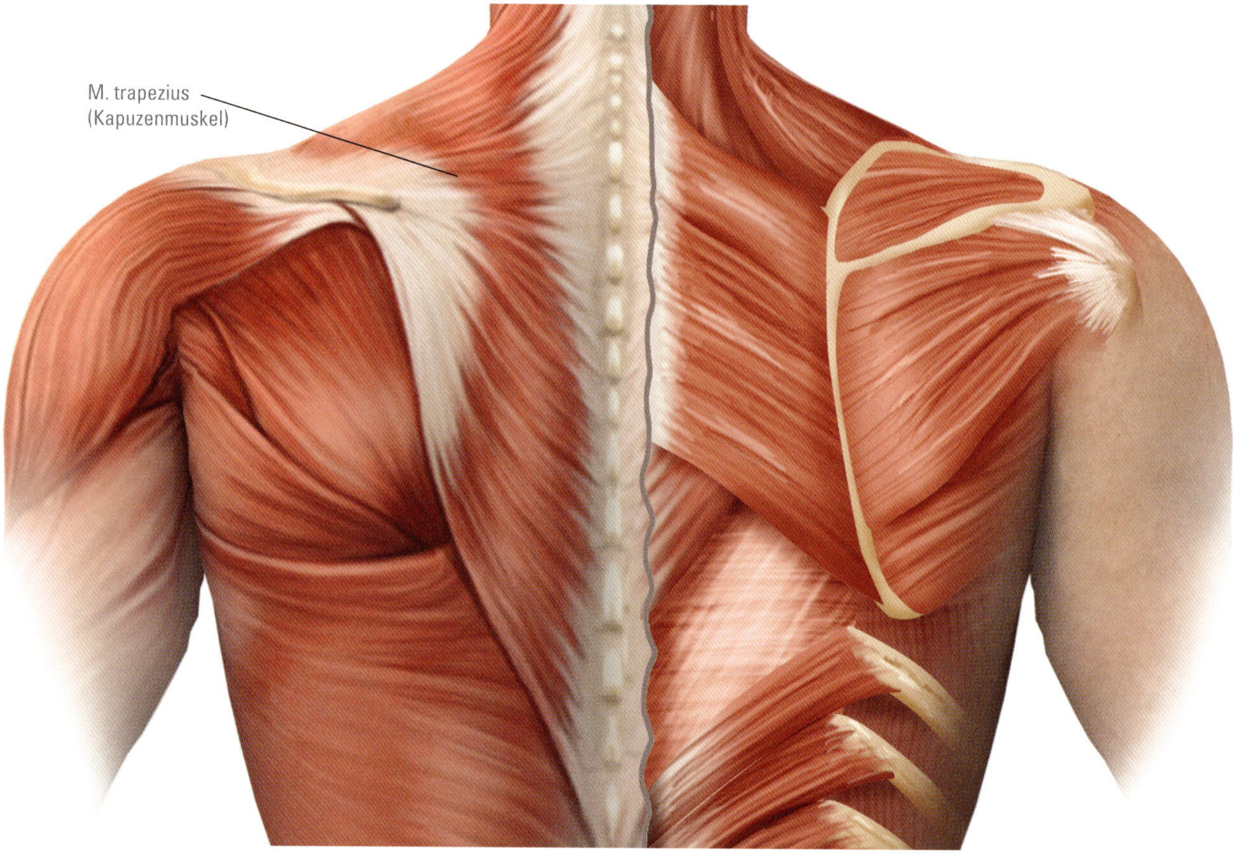

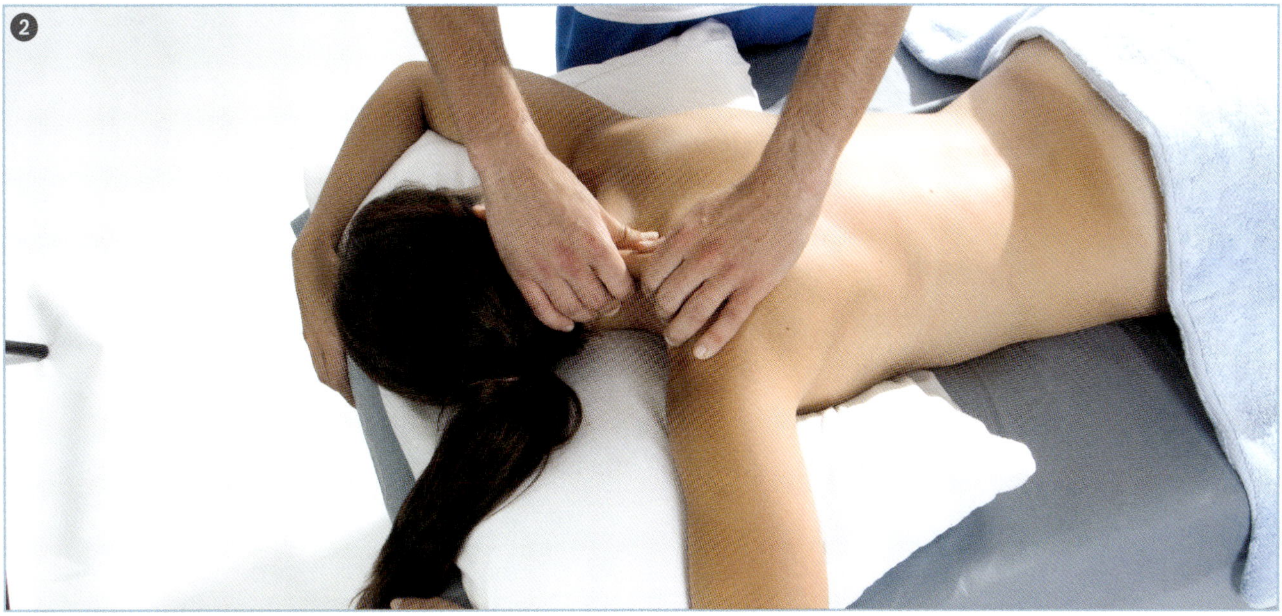

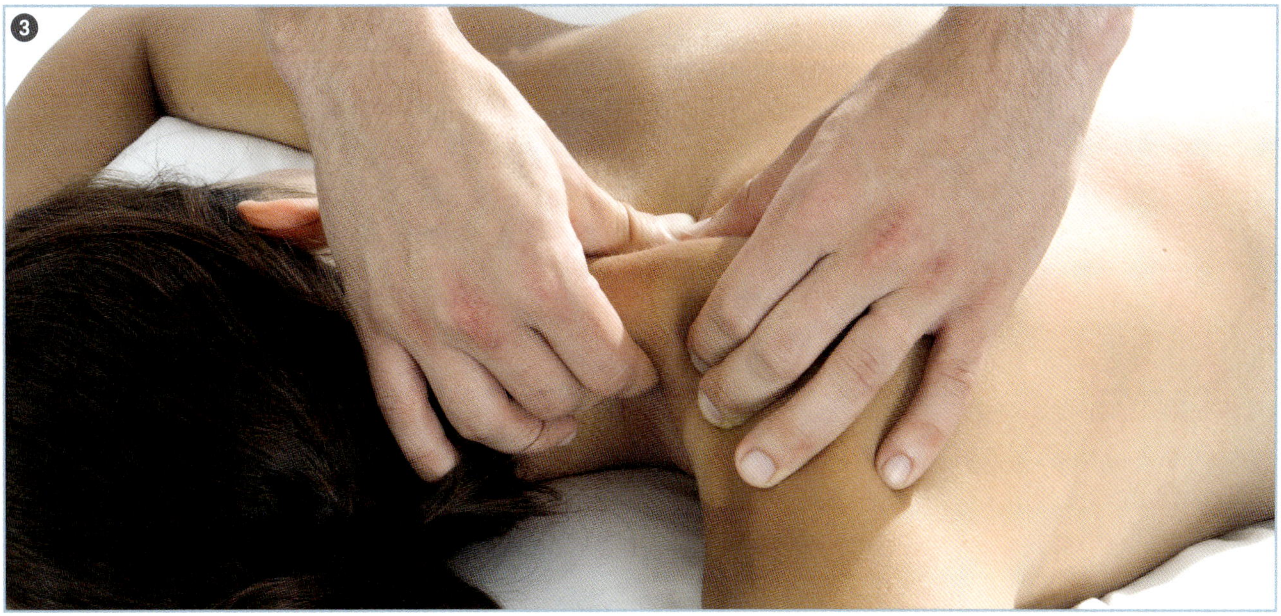

❷–❸ Anschließend walken Sie den Kapuzenmuskel mit beiden Händen gleichzeitig, bevor Sie dazu übergehen, die Hände abwechselnd einzusetzen, als würden Sie einen Teig kneten.

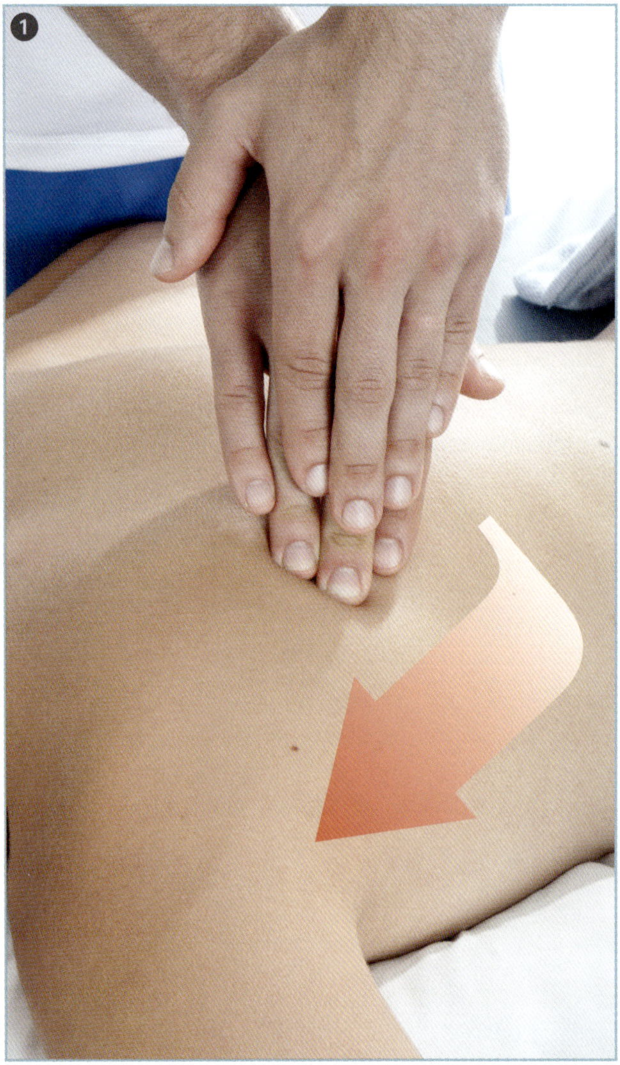

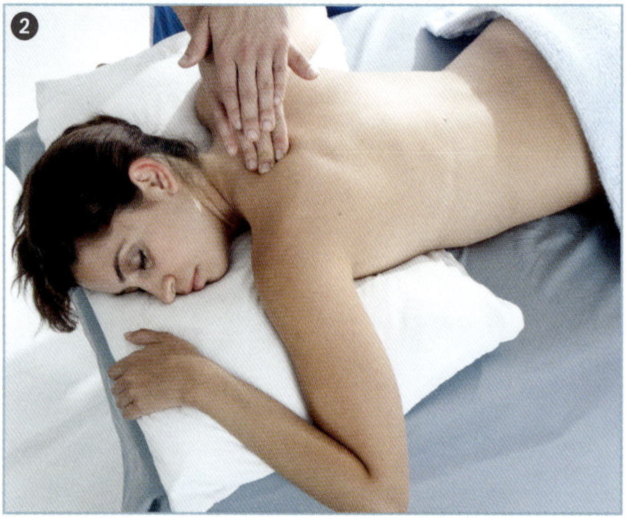

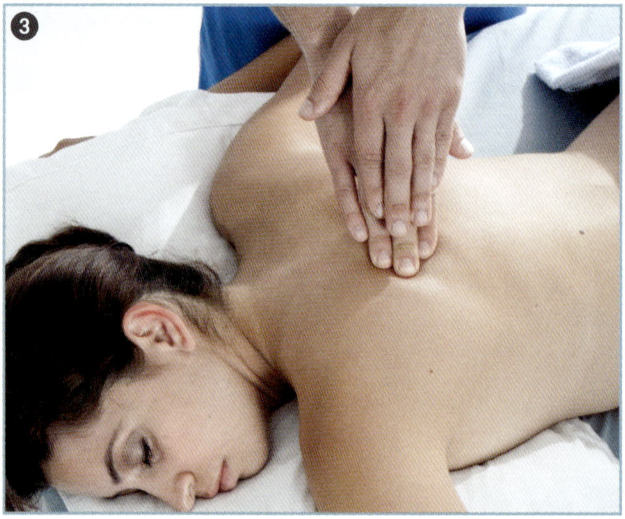

❶–❸ Als Nächstes setzen Sie Ihre Fingerspitzen auf das Schulterblatt und bewegen diese in kleinen kreisförmigen Bewegungen um dessen Rand herum. Und zwar stets von innen nach außen. Legen Sie dabei beide Hände übereinander, sodass Ihre Finger sich gegenseitig stabilisieren und nicht überlastet werden.

VORSICHT

Seien Sie immer behutsam – und sehr sanft –, wenn Sie die Nackenpartie massieren. Entlang dem Hals verlaufen viele Nerven und Blutgefäße.

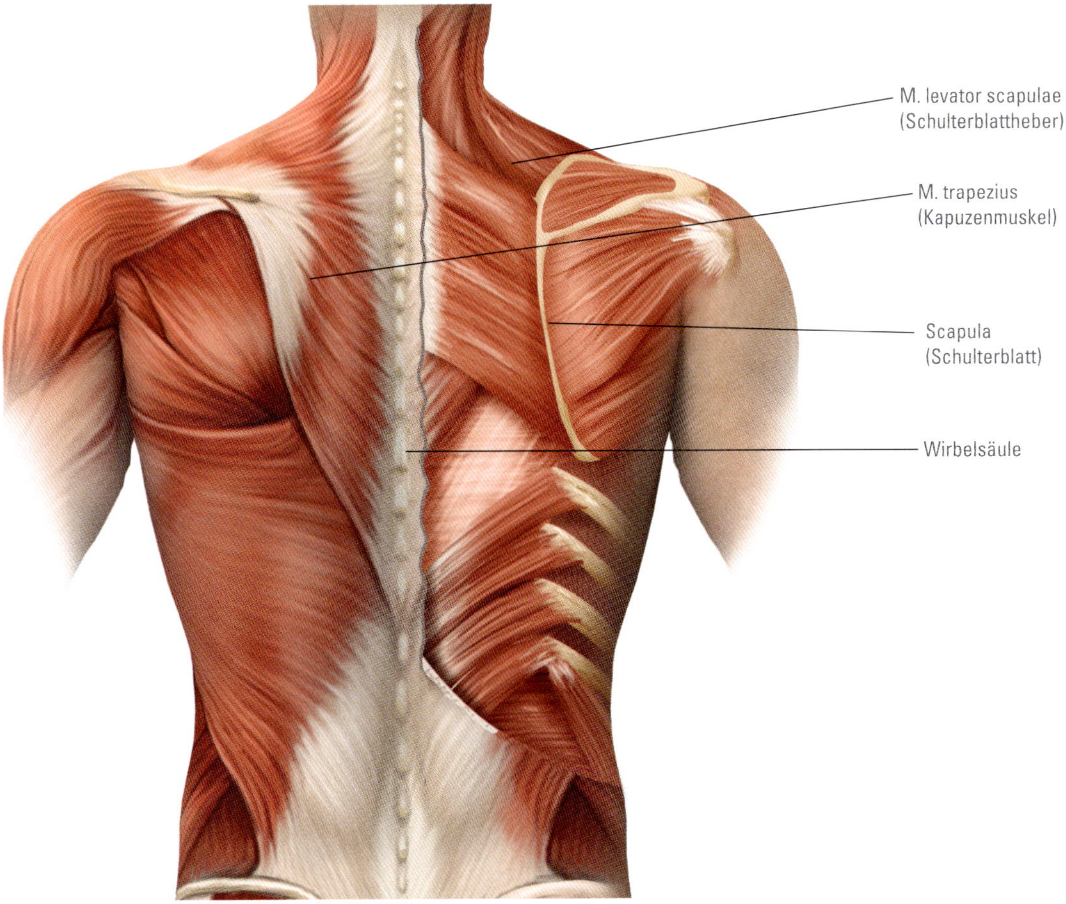

❹ Der Schulterblattheber ist der Muskel, der das Schulterblatt in Richtung Ohren hebt. Er liegt seitlich und hinten am Nacken unter dem Kapuzenmuskel.

Weil bei den meisten Menschen die Schulterblattheber überbeansprucht sind – hervorgerufen durch langes Sitzen, Autofahren oder durch das Tragen schwerer Handtaschen –, wird eine Massage dieser Muskeln in der Regel als sehr angenehm empfunden. Zu diesem Zweck legt man die Hände übereinander und bewegt sie mit festem und zugleich sachtem Druck sowohl in kleinen Kreisen als auch vor und zurück.

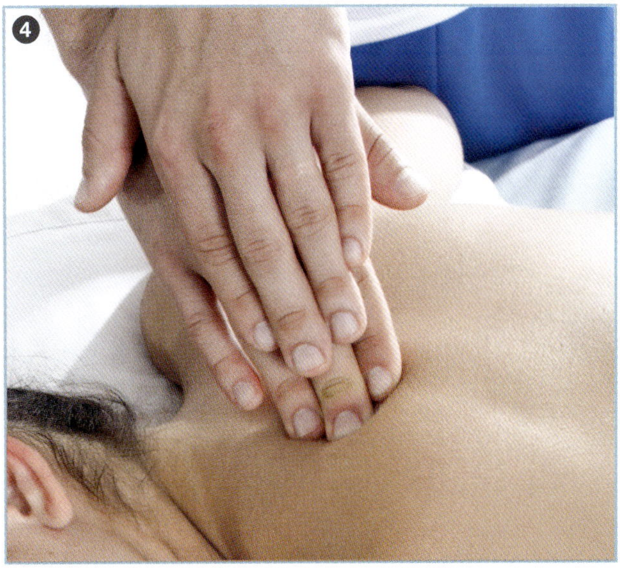

❶–❸ Die Schulterblattgräte ist eine Knochenleiste, die quer über das Schulterblatt verläuft. Im Folgenden geht es nun darum, auch die kleinen Muskelstränge rund um diese Struktur gezielt zu bearbeiten.

Legen Sie Daumen und Finger einer Hand jeweils seitlich an die Schulterblattgräte, und fahren Sie sie mit der Hand entlang. Lassen Sie sofort die andere Hand folgen, gleich darauf wieder die erste und so weiter, sodass eine fließende Bewegung entsteht. Auf beiden Schulterblättern mehrmals wiederholen.

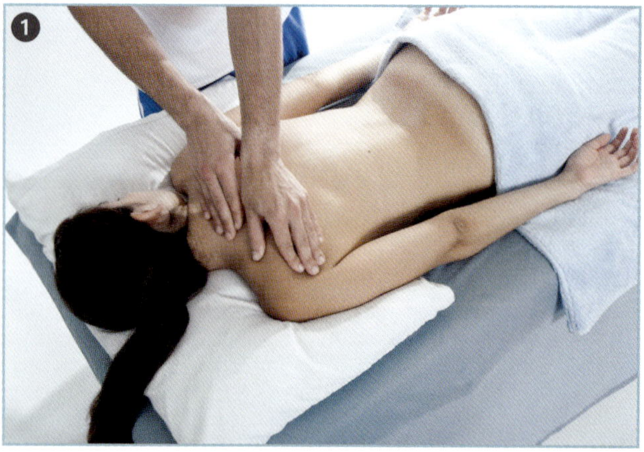

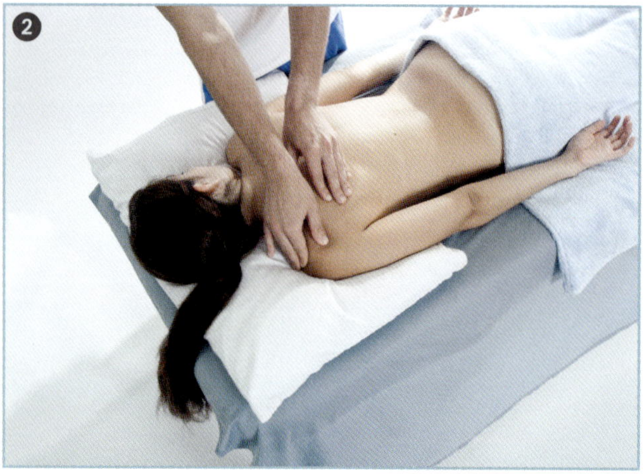

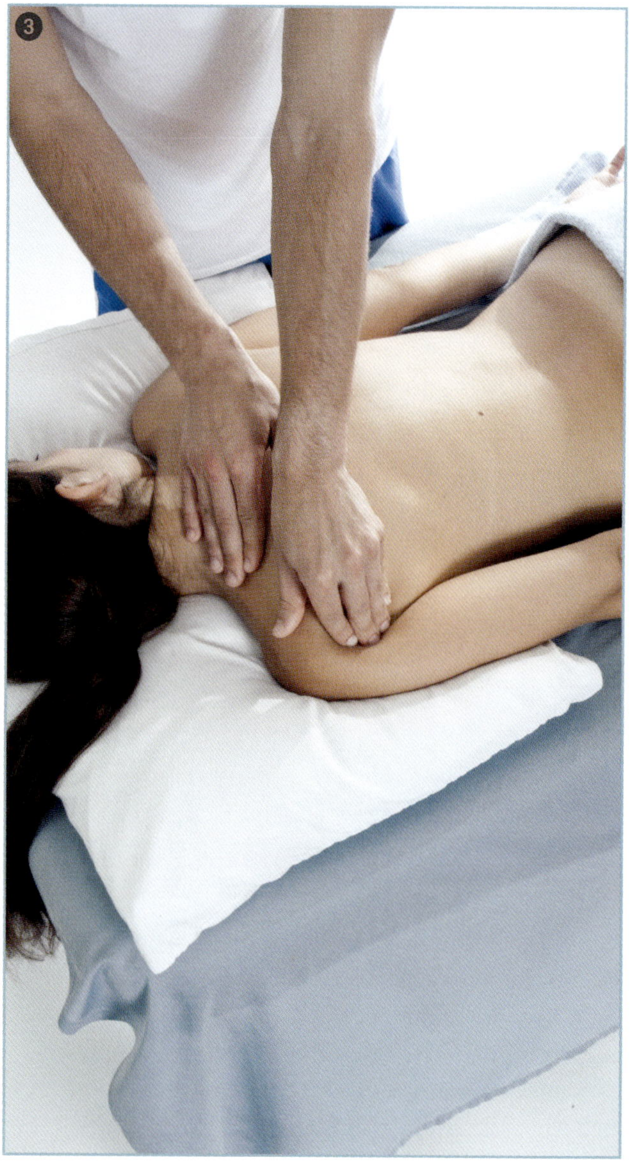

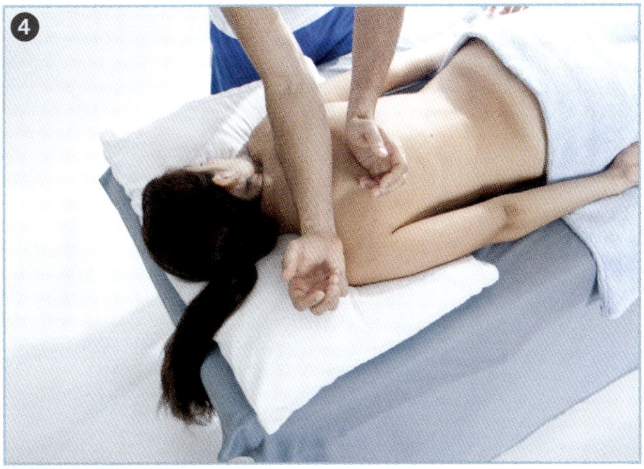

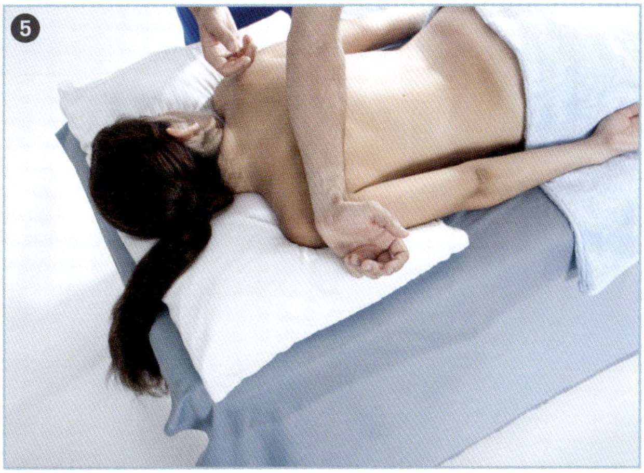

❹–❺ Anschließend fahren Sie mehrmals mit den Innenseiten Ihrer Unterarme ober- bzw. unterhalb der Schulterblattgräte entlang; dabei können Sie die Arme abwechselnd oder synchron bewegen.

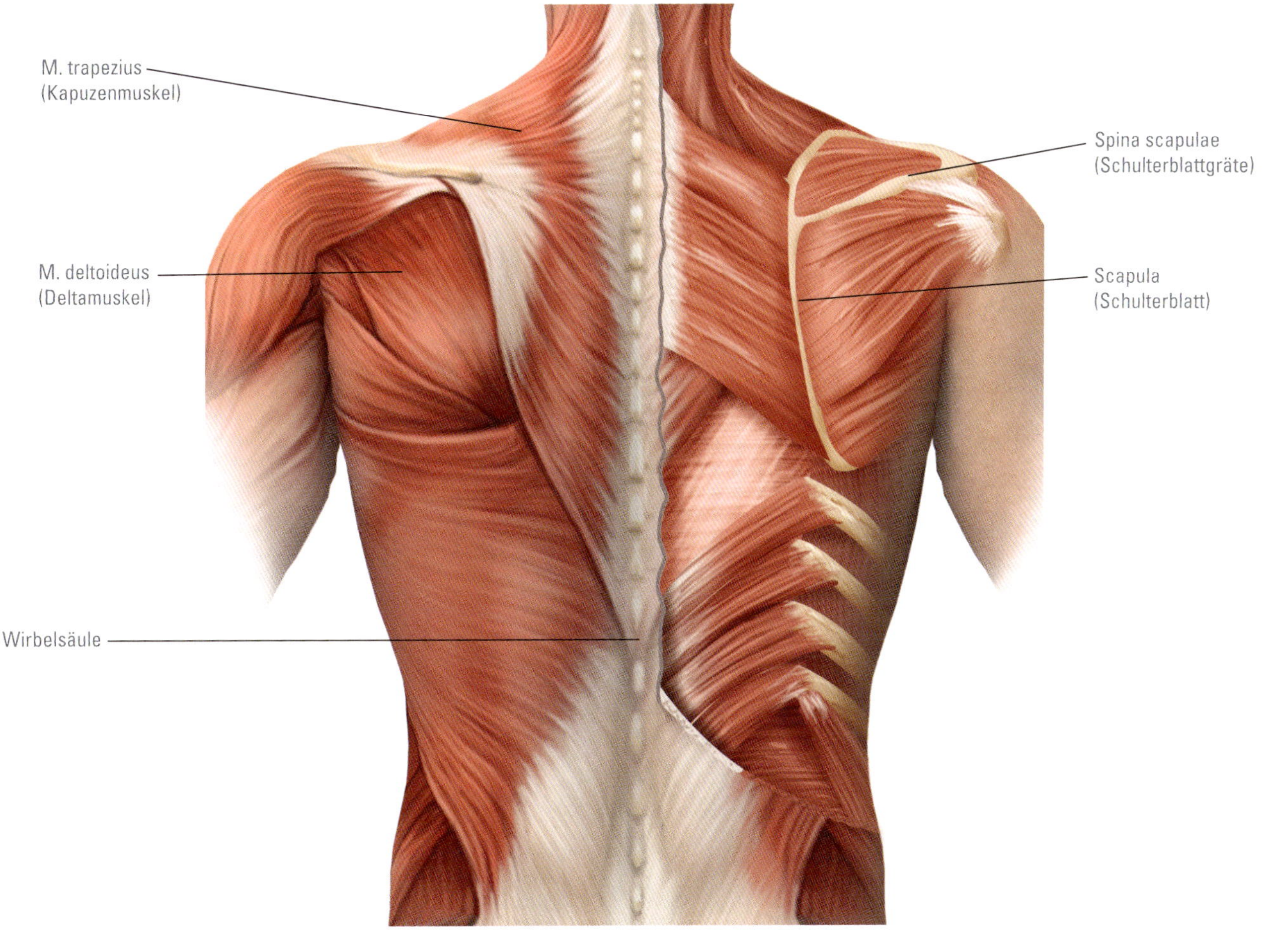

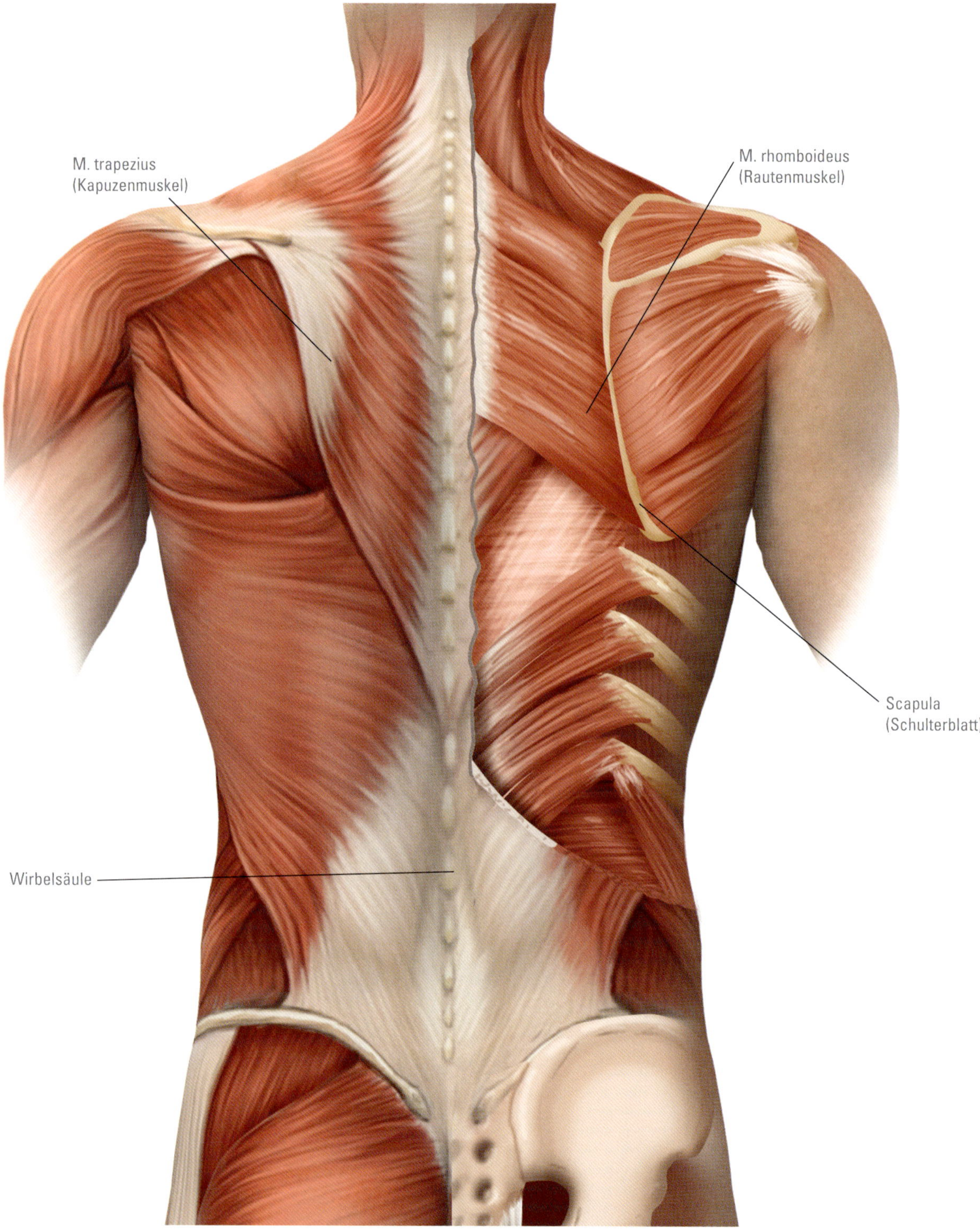
M. trapezius
(Kapuzenmuskel)
M. rhomboideus
(Rautenmuskel)
Scapula
(Schulterblatt)
Wirbelsäule

❶–❷ Massieren Sie nun den Rautenmuskel, also den Muskel, der unter dem Trapezius liegt und das Schulterblatt mit der Wirbelsäule verbindet. Legen Sie hierfür beide Hände übereinander, drücken Sie Ihre Fingerspitzen unmittelbar neben der Wirbelsäule ein wenig in den Muskel hinein, und führen Sie dabei zuerst kleine Vor- und Rückwärtsbewegungen aus, bevor Sie dazu übergehen, kleine Kreise zu machen.

FRIKTION QUER ZUR FASER

Bei dieser Massagetechnik wird ein Muskel gegen seinen Faserverlauf bearbeitet. Dies bewirkt eine schnellere Entspannung und Heilung des Muskelgewebes als die Massage mit der Faserrichtung. Gerade bei einem häufig überlasteten Muskel wie dem Rautenmuskel kann diese Technik schnell Linderung verschaffen.

❶

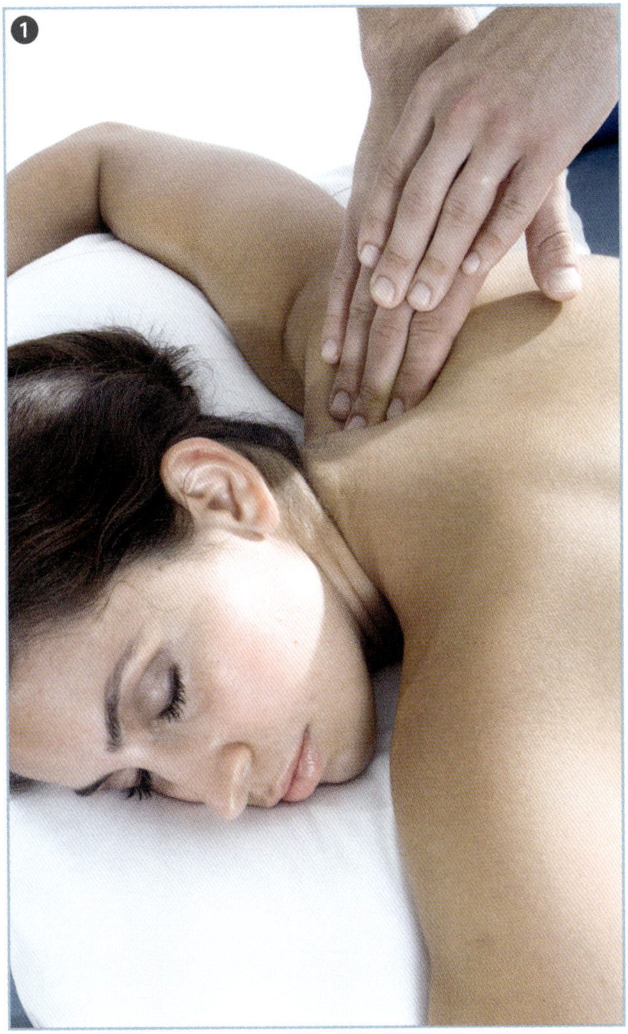

❷

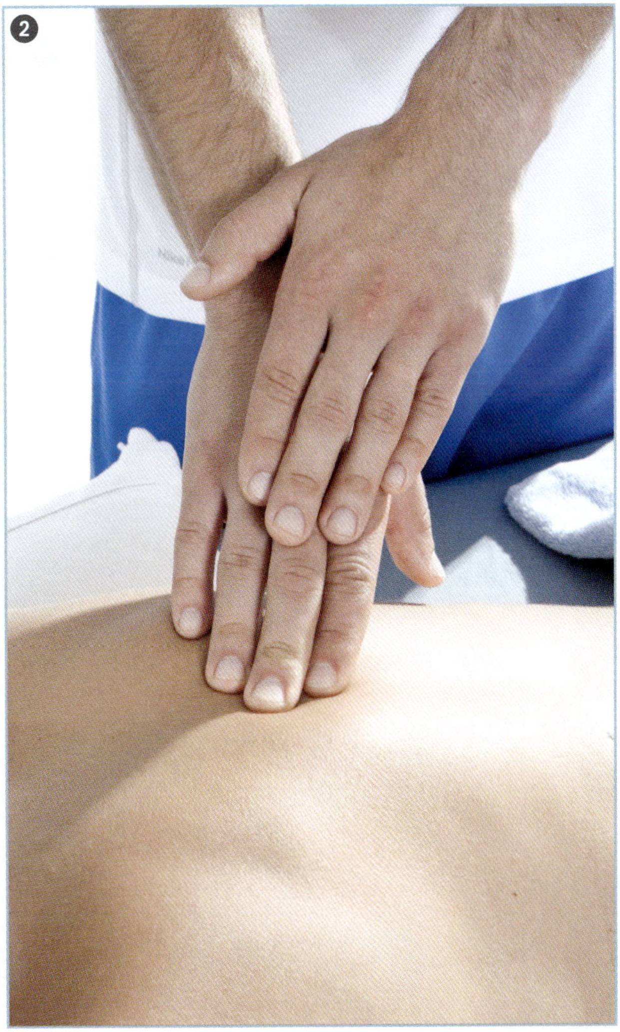

DER UNTERE RÜCKEN

Als Nächstes wenden wir uns dem unteren Rücken zu. Vergessen Sie nicht: Um den Übergang von einem Körperteil zum anderen möglichst nahtlos zu gestalten, ist es wichtig, den Körperkontakt niemals abreißen zu lassen.

❶–❷ Den Übergang leiten Sie ein, indem Sie wie dargestellt beide Arme auf den Rücken des Partners legen. Die Handgelenke bleiben entspannt. Achten Sie darauf, dass beide Arme vollständig Kontakt zum Rücken haben. Und mit dieser »großen Hand« fahren Sie nun den Rücken entlang in Richtung Gesäß.

❶

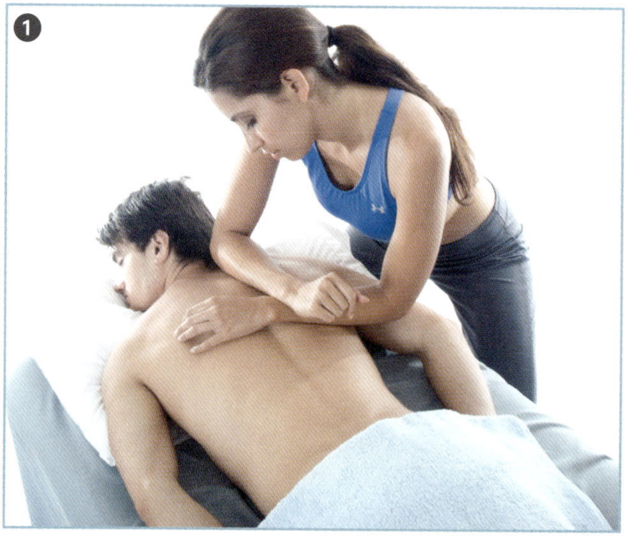

VORSICHT

Die weiche Partie zwischen der letzten Rippe und der Hüfte darf nicht massiert werden. Hier befinden sich die Nieren, dies ist also eine Gefahrenzone.

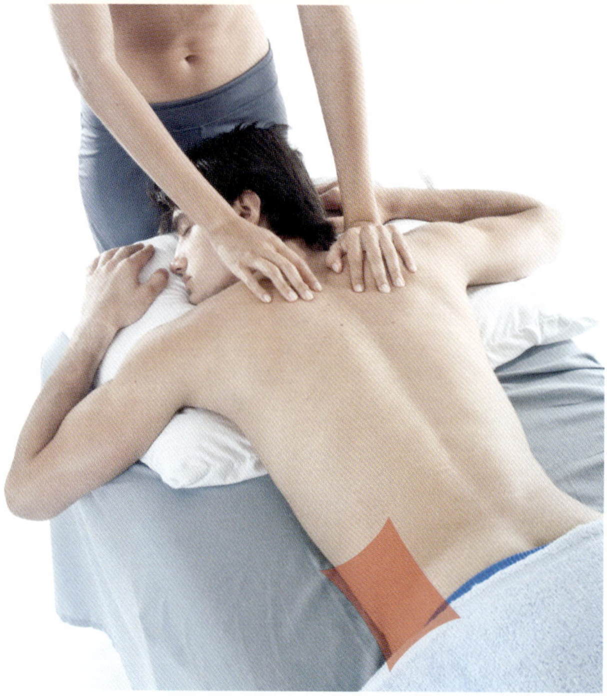

❷

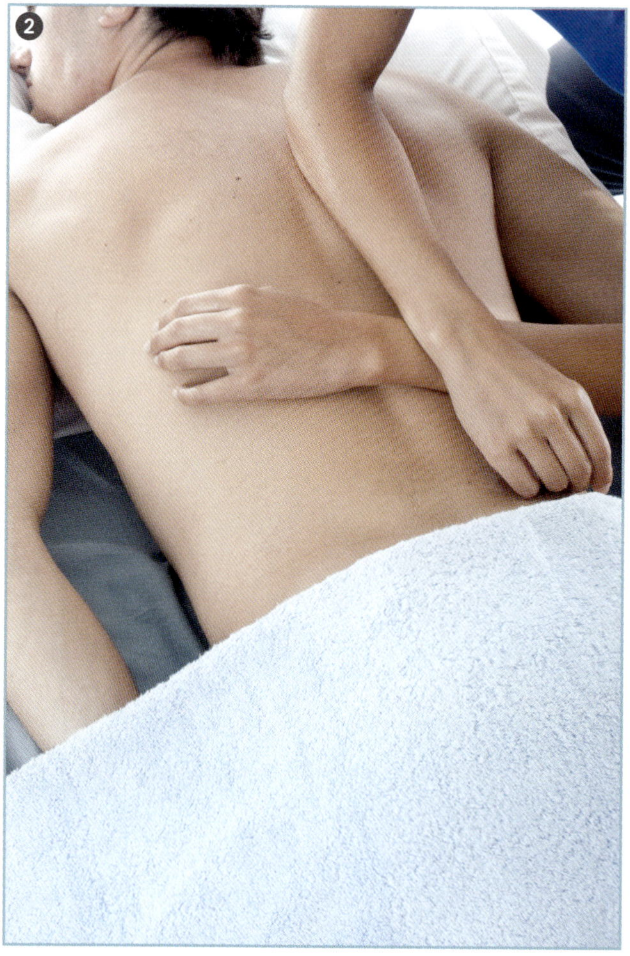

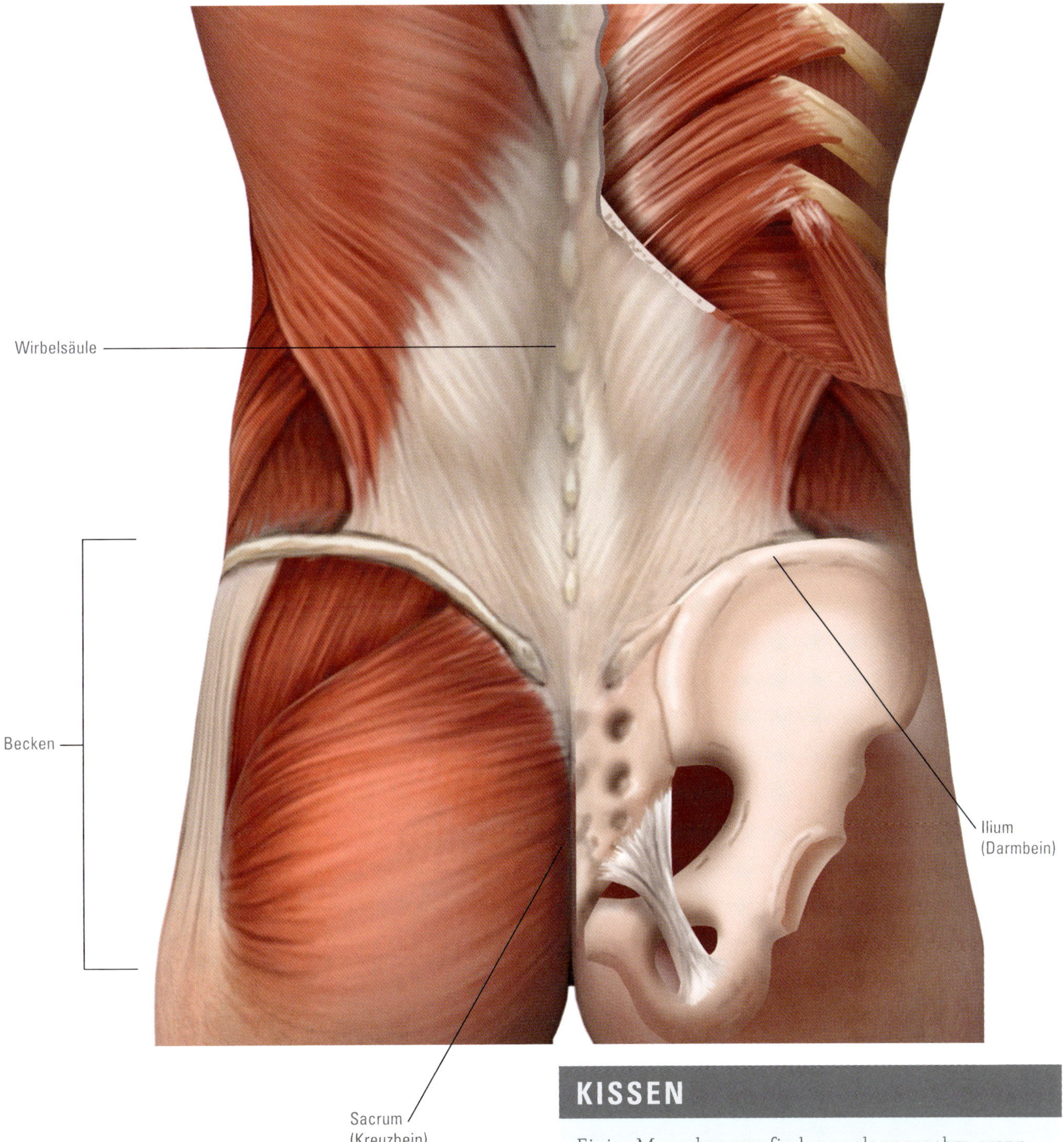

KISSEN

Einige Menschen empfinden es als angenehm, wenn ein flaches Kissen während der Massage ihr Becken stützt. Dies gilt vor allem dann, wenn die untere Rückenpartie massiert wird.

❶ Beim nächsten Massagegriff steht das Sacrum im Mittelpunkt. Dabei handelt es sich um das Kreuzbein, also den dreieckigen Knochen am unteren Ende der Wirbelsäule. Für die folgende Technik legen Sie die Hände übereinander und drücken mit den Fingerspitzen punktuell direkt neben das Sacrum; fahren Sie auf diese Weise die Konturen des gesamten Kreuzbeins nach.

Während Sie Druck aufbauen, vollführen Sie idealerweise mit Ihren Fingern leichte Vor- und Rückwärtsbewegungen – oder kleine Kreise. Abgesehen von den Fingerspitzen können Sie auch Ihre Knöchel, Handflächen oder die Daumenballen einsetzen.

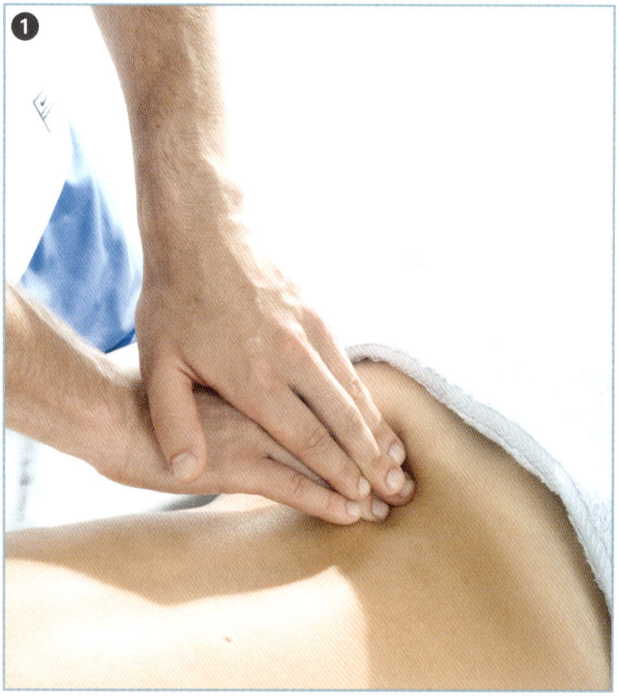

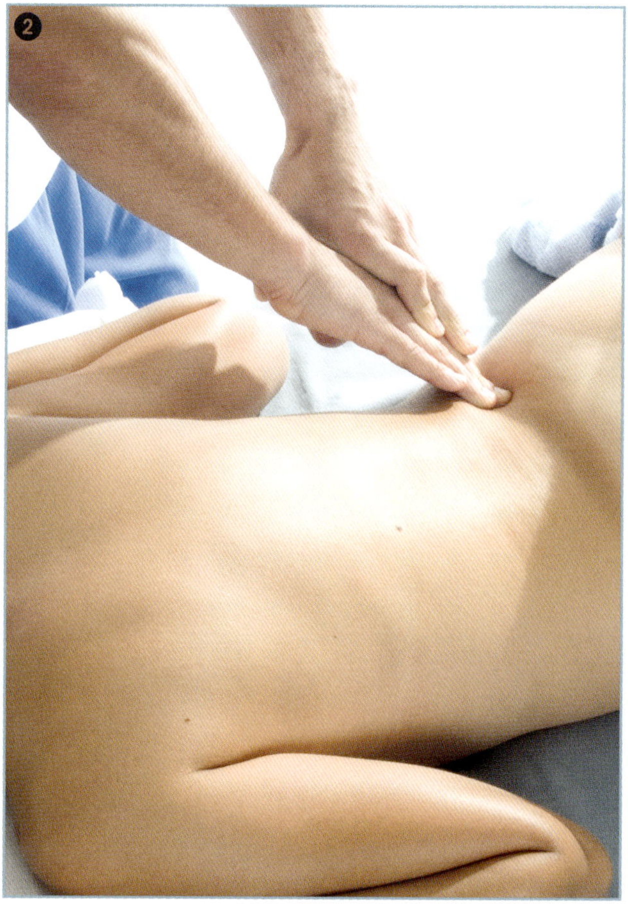

❷ Fahren Sie als Nächstes mit den Fingerspitzen am Darmbeinkamm entlang. Am Übergang zwischen Darm- und Kreuzbein setzen viele Muskeln an; eine Massage dieser Ansatzstellen kommt dem gesamten Muskel zugute.

VORSICHT

In der Traditionellen Chinesischen Medizin glaubt man, dass Streichbewegungen über das Kreuzbein einen Energiestrom nach unten auslösen. Deshalb wird diese Technik bei (potenziell) Schwangeren nicht angewandt. Vermeiden Sie das Streichen des Kreuzbeins in jedem Fall auch dann, wenn Ihr Partner unter Ischias- oder Bandscheibenproblemen leidet.

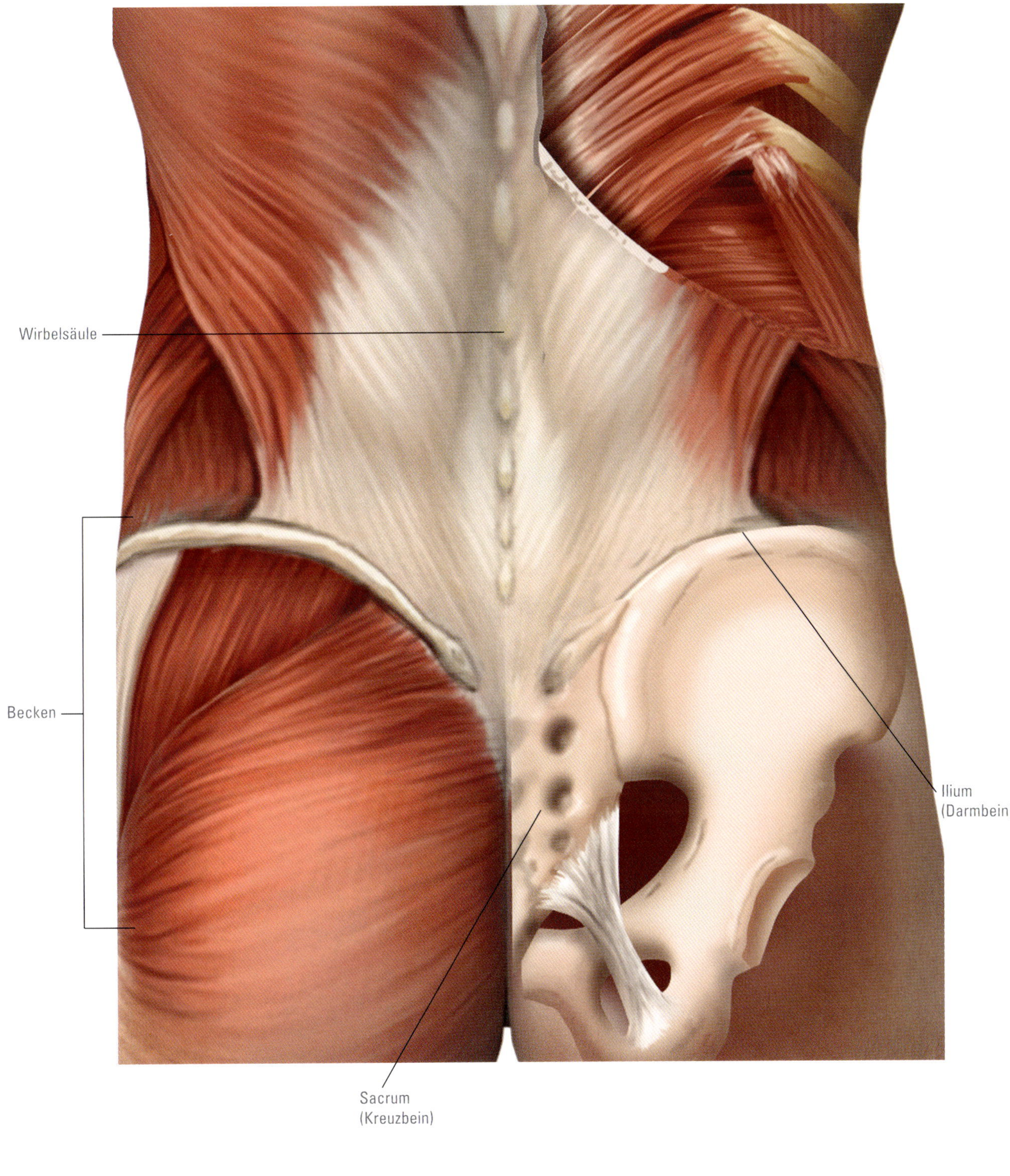
Wirbelsäule
Becken
Ilium
(Darmbein)
Sacrum
(Kreuzbein)

② UNTERKÖRPER: DIE RÜCKS

Kommen wir nun also zum Gesäß und den Beinen. Es kann allerdings gut sein, dass die Massage an diesen Stellen kitzelt. In diesem Fall raten wir Ihnen, Ihre Bewegungen ein wenig langsamer, dafür aber intensiver zu gestalten. Besonders in den Kniekehlen müssen Sie aber wieder Vorsicht walten lassen.

Wir beenden diesen Abschnitt mit einer entspannenden Fußmassage, bevor es mit der Körpervorderseite weitergeht.

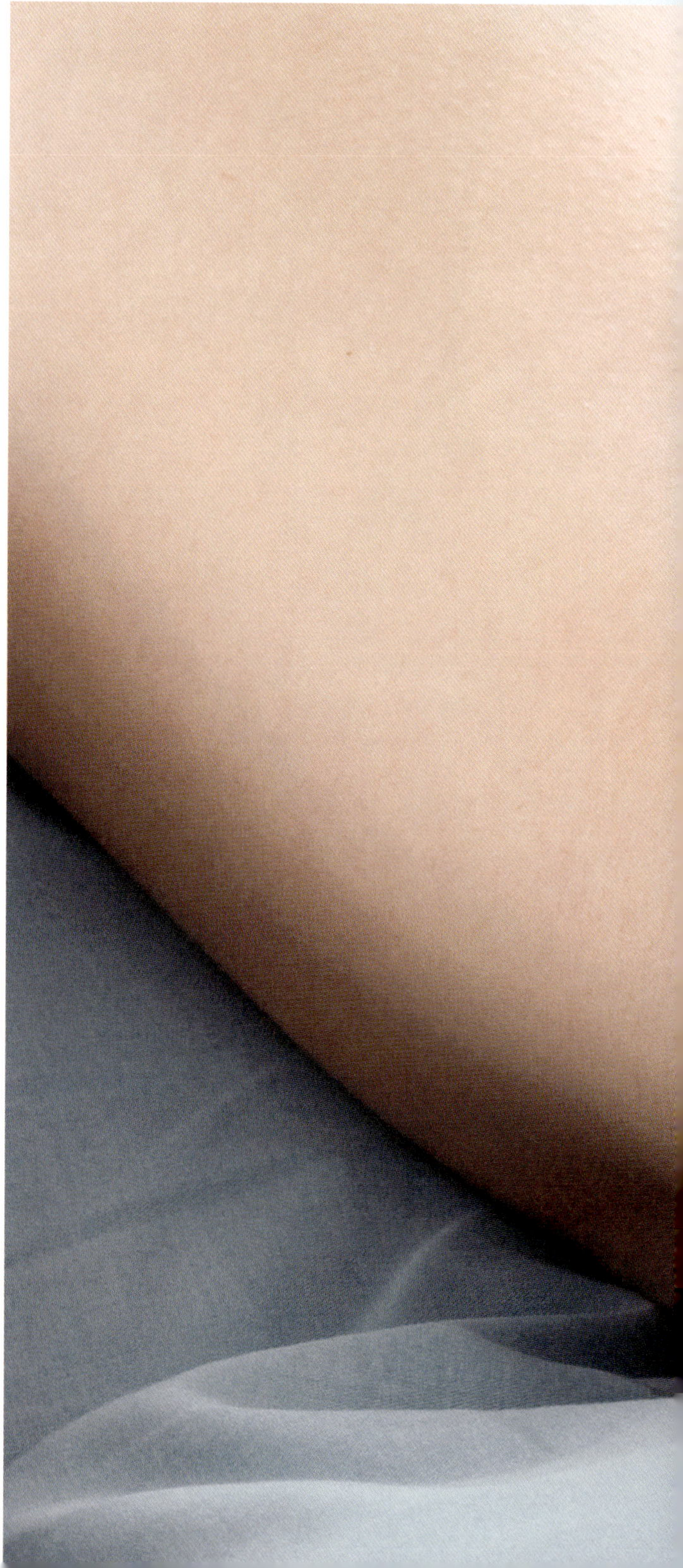

TE

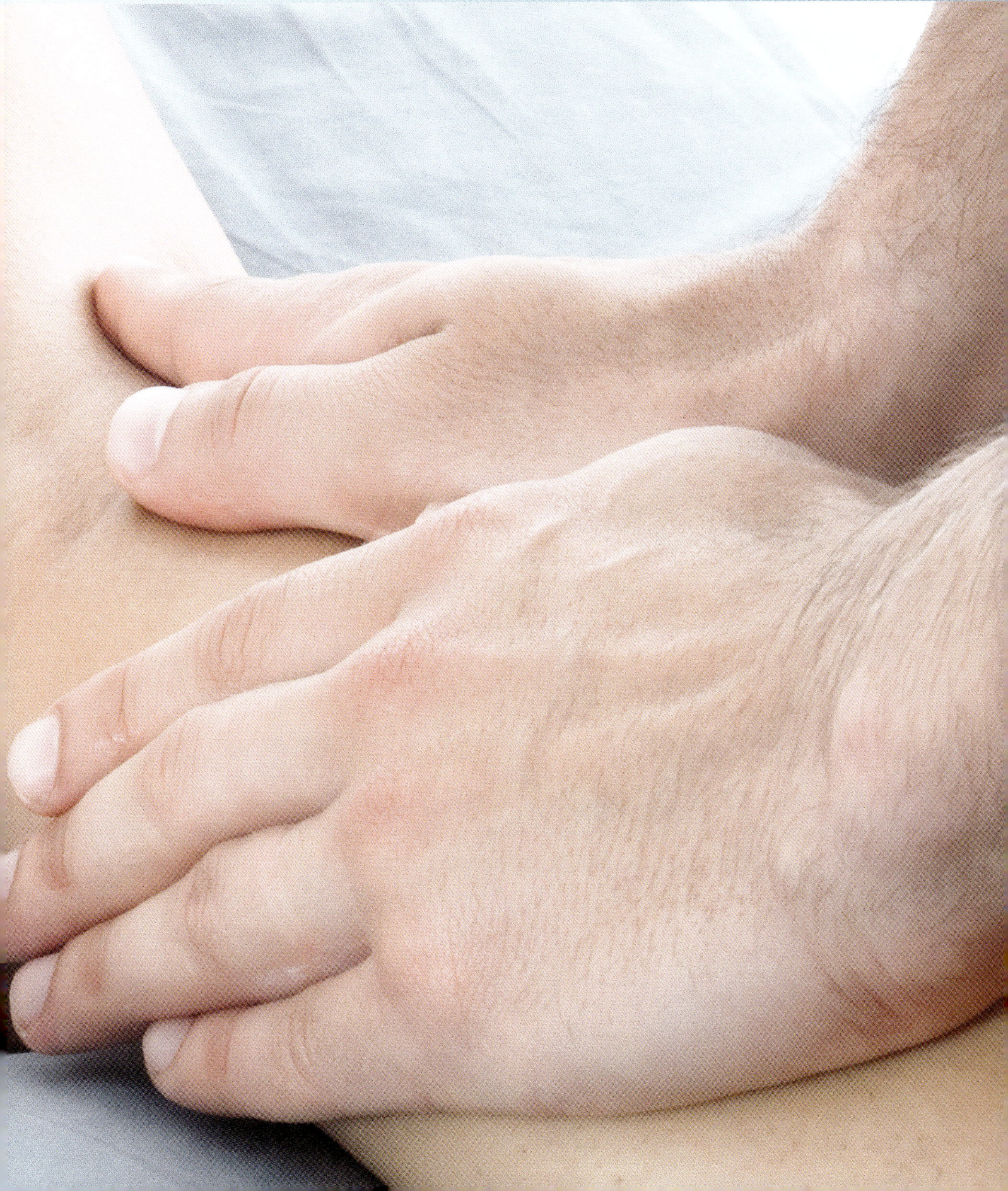

DAS GESÄSS

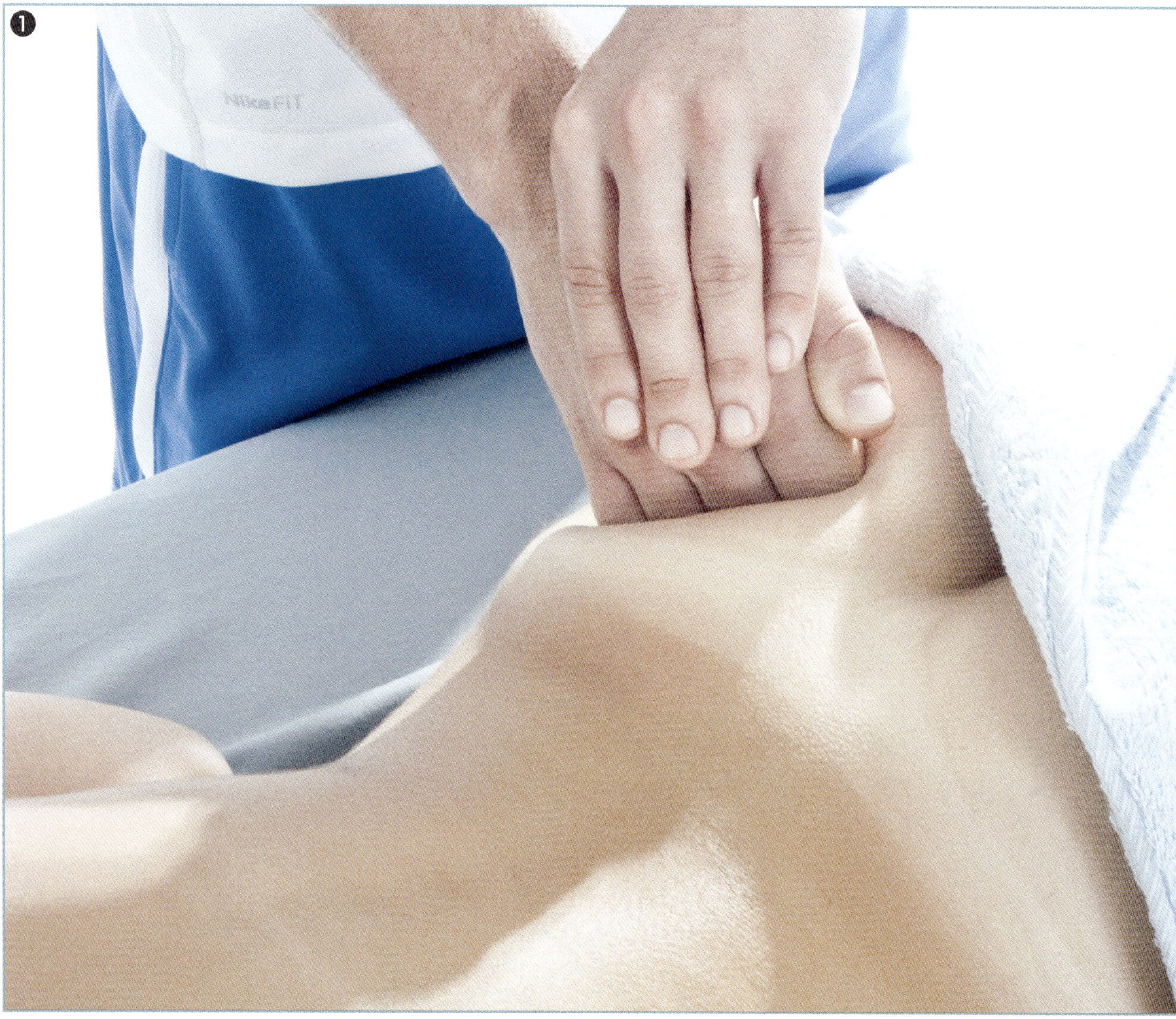

Die Gesäßmuskeln gehören zu den größten Muskeln in unserem Körper. Verspannungen in diesem Bereich können leicht zu Schmerzen im unteren Rücken führen. Mit den nachfolgenden Techniken lassen sich diese Muskeln jedoch effektiv lockern.

❶ Beginnen Sie, indem Sie eine Faust ballen und diese mit den Knöcheln voran zwischen dem Trochanter major (großer Rollhügel) und dem Hüftknochen positionieren. (Hier setzen mehrere Muskeln an, die von einer Stimulation profitieren.) Unterstützen Sie nun die zur Faust geballte Hand mit der zweiten Hand, und drücken Sie die Faust langsam in diesen Bereich.

MASSAGE-TIPPS

Wenn Sie auf einem gesunden Knochen eine Erhebung ertasten, dann ist dies vermutlich eine Stelle, an der ein Muskel oder eine Sehne ansetzt – grundsätzlich ein guter Ausgangspunkt.

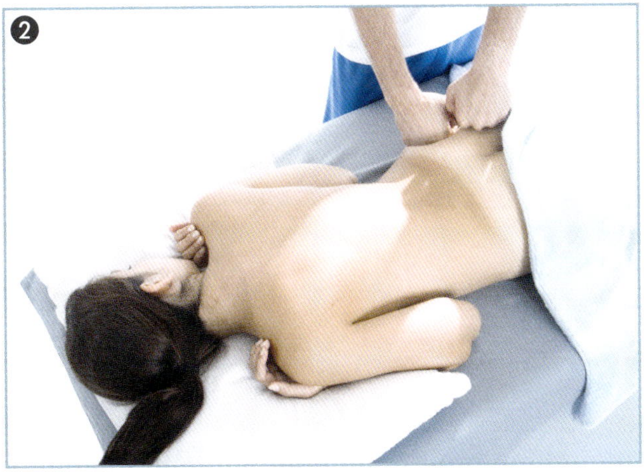

❷ Als Nächstes ballen Sie beide Hände zu Fäusten und pressen sie abwechselnd sanft ins Gesäß, wobei Sie wieder auf fließende Übergänge achten.

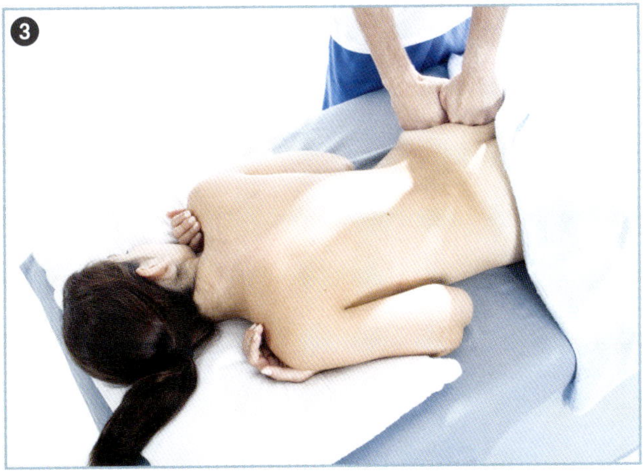

❸ Gehen Sie nun über zu leichten Drehbewegungen, als wollten Sie Ihre Fäuste in den Muskel »hineinbohren«. Dabei spielt es keine Rolle, ob Sie beide Fäuste in dieselbe Richtung oder entgegengesetzt zueinander bewegen. Im weiteren Verlauf können Sie die Gesäßmuskeln aber auch mit den Handflächen oder den Fingerspitzen massieren, das sorgt für etwas mehr Abwechslung.

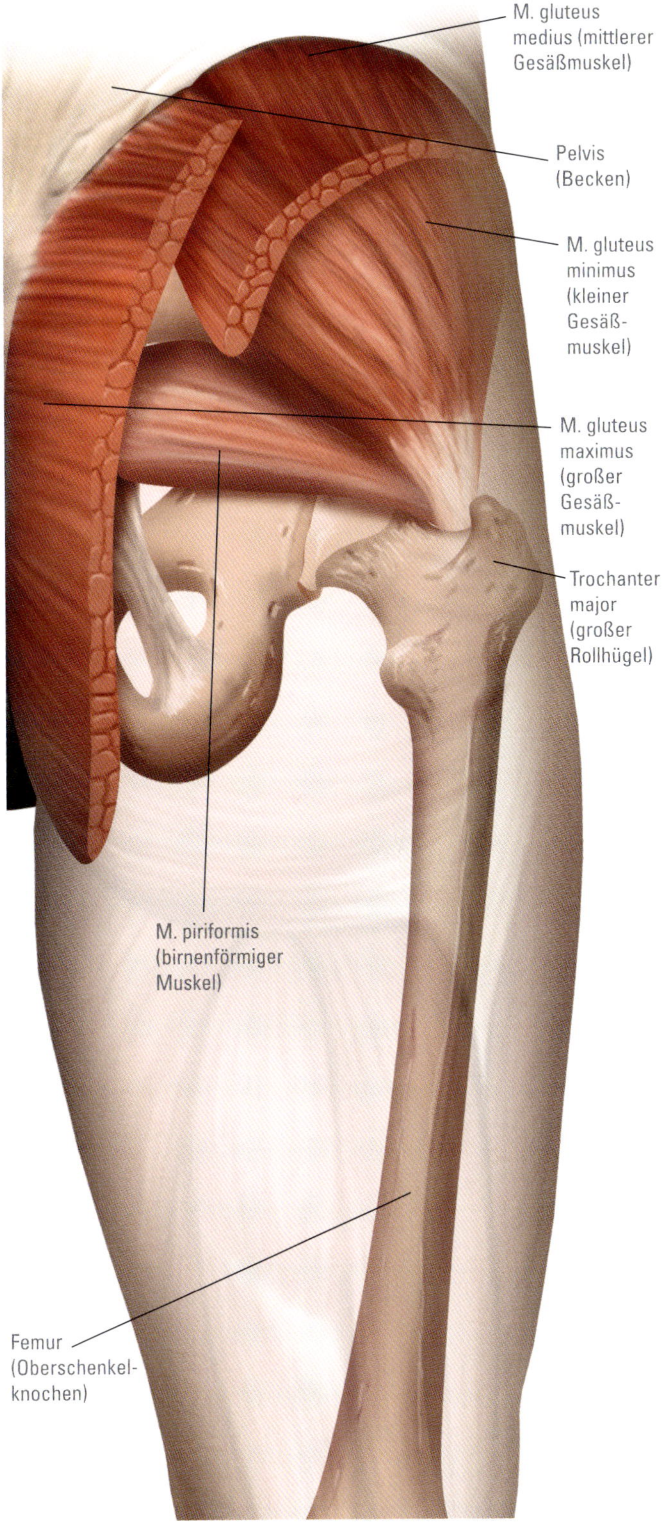

DIE BEINE

Im nächsten Abschnitt der Massage widmen wir uns einem neuen Körperteil – den Beinen. Hier beginnen wir wieder mit der Effleurage.

Eine wichtige Grundregel lautet, dass man die Beine immer getrennt voneinander bearbeitet, das heißt: Massieren Sie zuerst ein Bein (samt Fuß) komplett fertig, bevor Sie mit dem anderen beginnen.

Bevor Sie Ihre Hände erneut mit Öl benetzen, nehmen Sie sich bitte einen Augenblick Zeit, und bedecken Sie den Rücken Ihres Partners mit einem Handtuch, damit ihm in der Zwischenzeit nicht kalt wird.

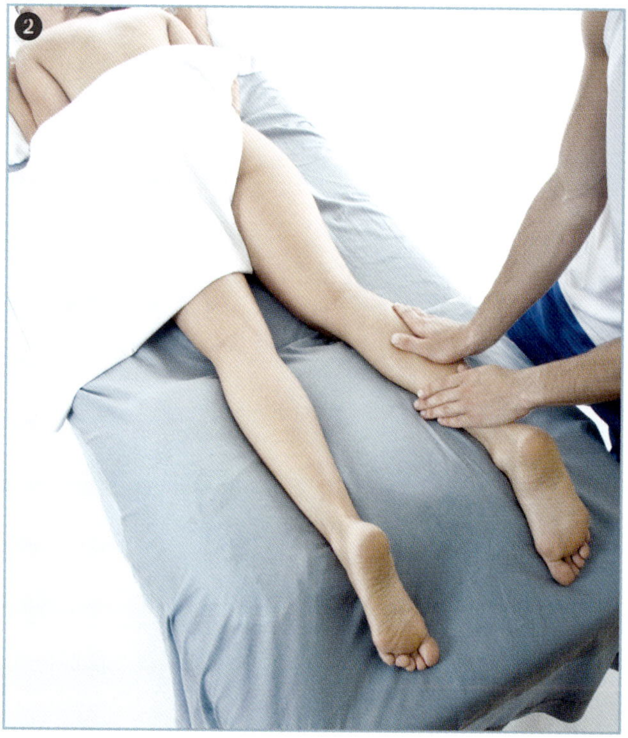

❶–❺ Stellen Sie sich in der Nähe seiner Füße auf, und erwärmen Sie Hände und Öl. Beginnen Sie an den Knöcheln, und streichen Sie nach oben, um die Durchblutung anzuregen. Beginnen Sie sachte, und üben Sie allmählich etwas mehr Druck aus.

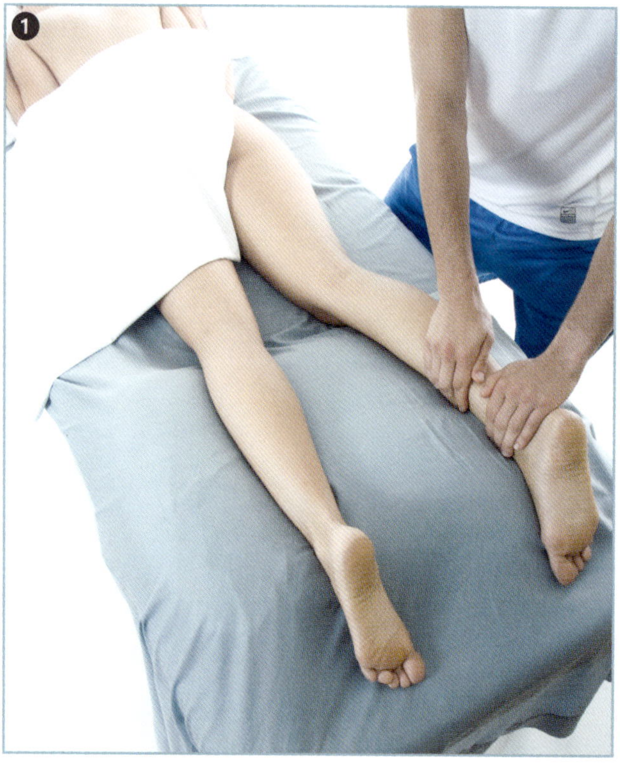

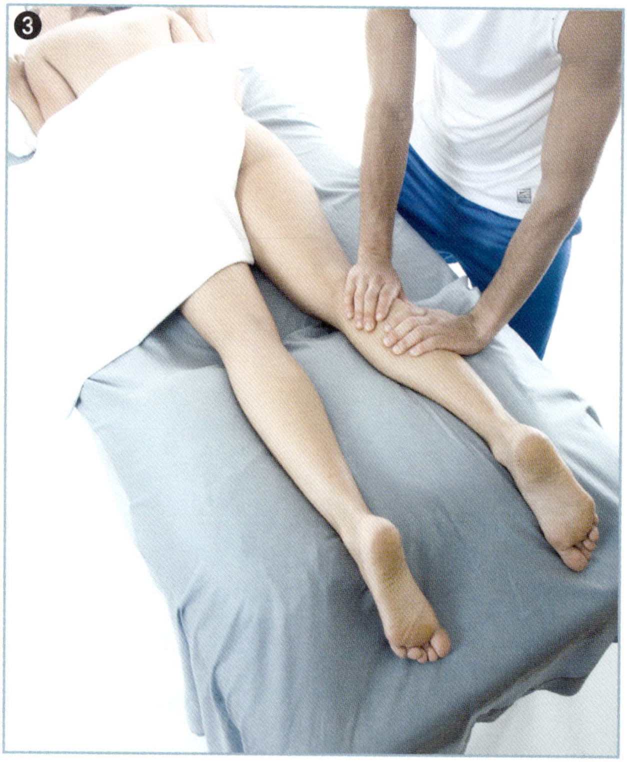

4

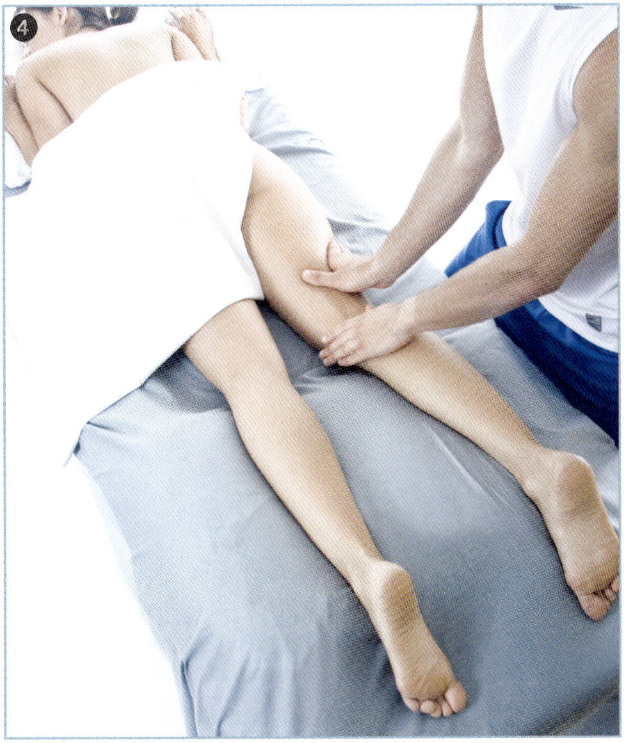

5

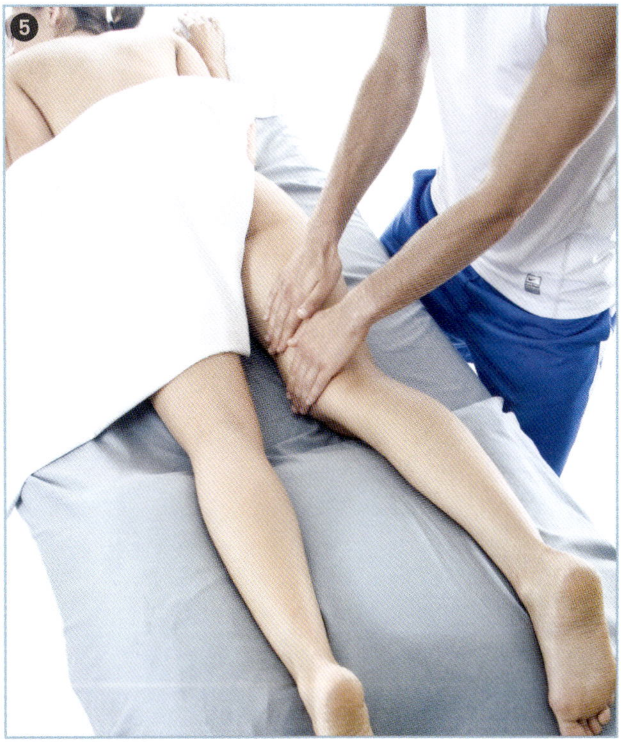

6 Wenn Sie den Oberschenkel erreichen, sollten Sie darauf achten, den großen Rollhügel auszusparen, so wie Sie es bereits bei der Massage der Gesäßmuskeln getan haben.

6

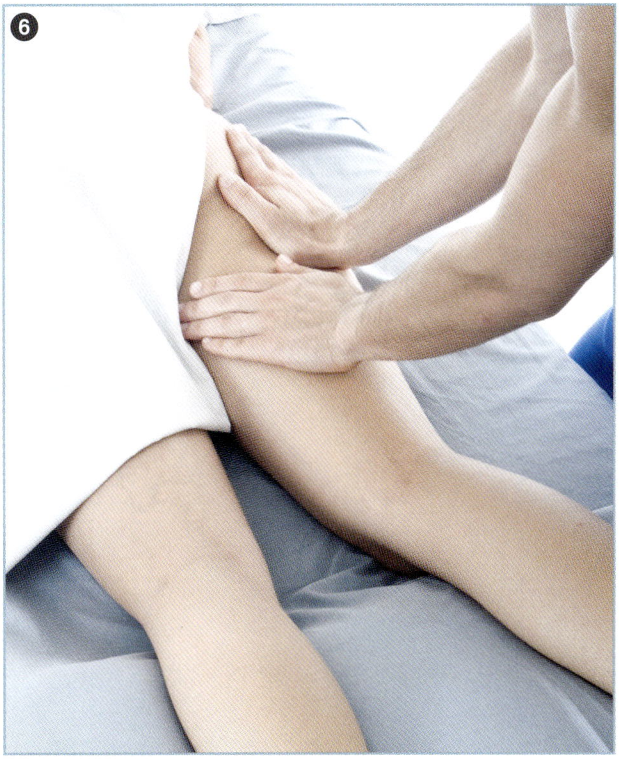

VORSICHT

- Die Oberschenkelinnenseite ist eine Gefahrenzone, durch die viele Nervenbahnen und Blutgefäße verlaufen. Üben Sie daher nur sehr leichten Druck auf diesen Bereich aus.
- Die Kniekehle ist ebenfalls eine Stelle, die besonderer Aufmerksamkeit bedarf. Es ist nicht nötig, diese Partie auszusparen, allerdings ist hier besondere Vorsicht geboten. Drücken Sie also auch hier nur sehr leicht auf.
- Massieren Sie die Beine nicht, wenn die betreffende Person unter Krampfadern leidet.
- Massieren Sie die Beine nicht, wenn die betreffende Person kürzlich einen längeren Flug unternommen hat und Schmerzen in den unteren Gliedmaßen verspürt. Sie könnte an einer tiefen Venenthrombose leiden.

❶–❸ Legen Sie nun beide Hände quer über eines der beiden Sprunggelenke, und drehen Sie sie vor und zurück, als würden Sie ein Handtuch auswringen – also gegenläufig zueinander. Beginnen Sie am Sprunggelenk, und arbeiten Sie sich nach oben vor.

❶

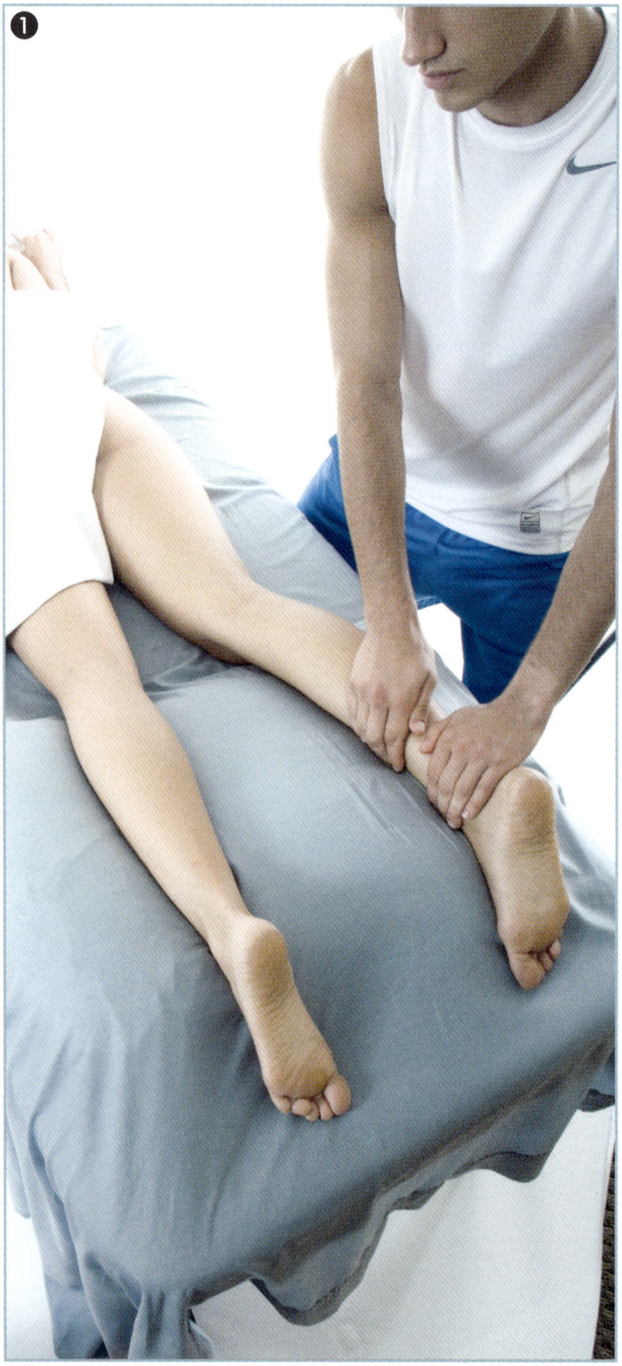

❷

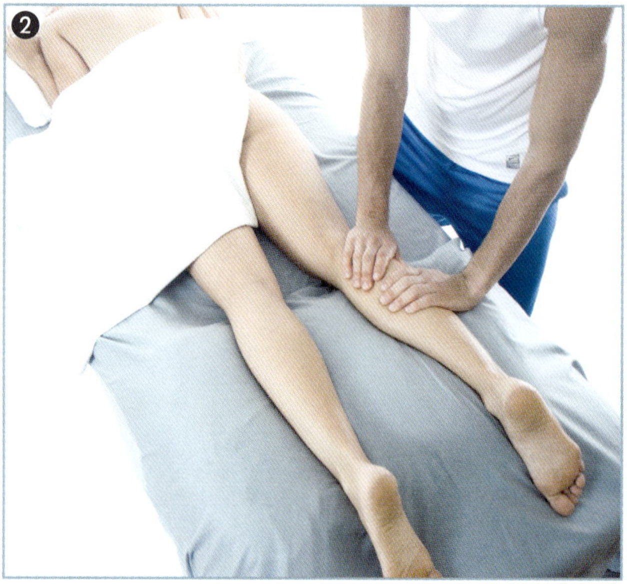

❸

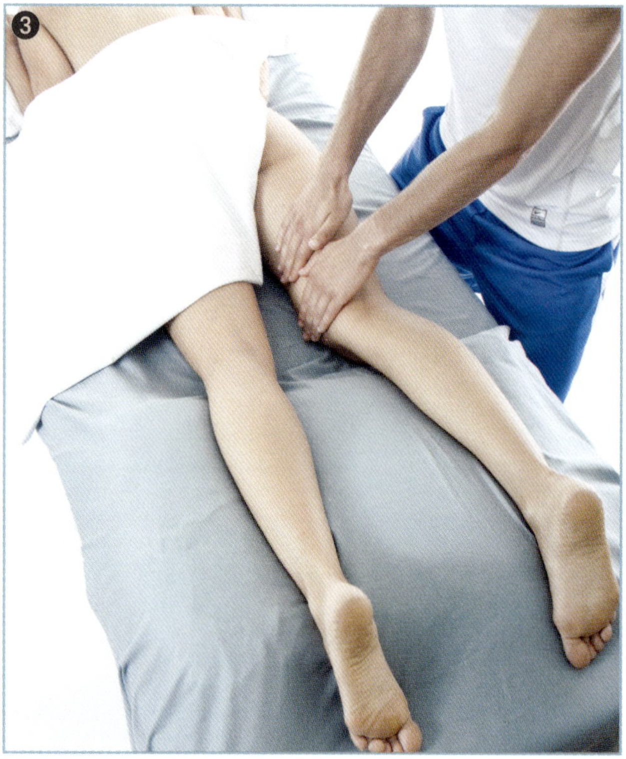

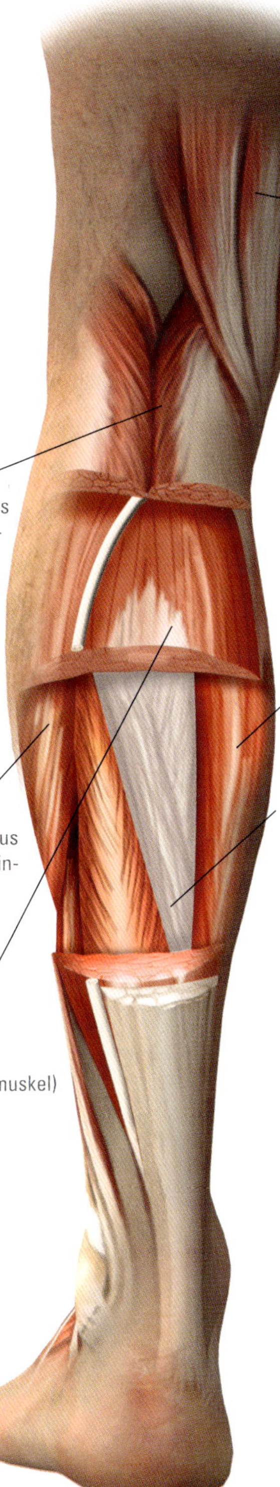
M. biceps femoris (zweiköpfiger Schenkelmuskel)
M. gastrocnemius (Zwillingswadenmuskel)
M. flexor digitorum longus (langer Zehenbeuger)
M. flexor hallucis longus (langer Großzehenbeuger)
M. peroneus longus (langer Wadenbeinmuskel)
M. soleus (Schollenmuskel)

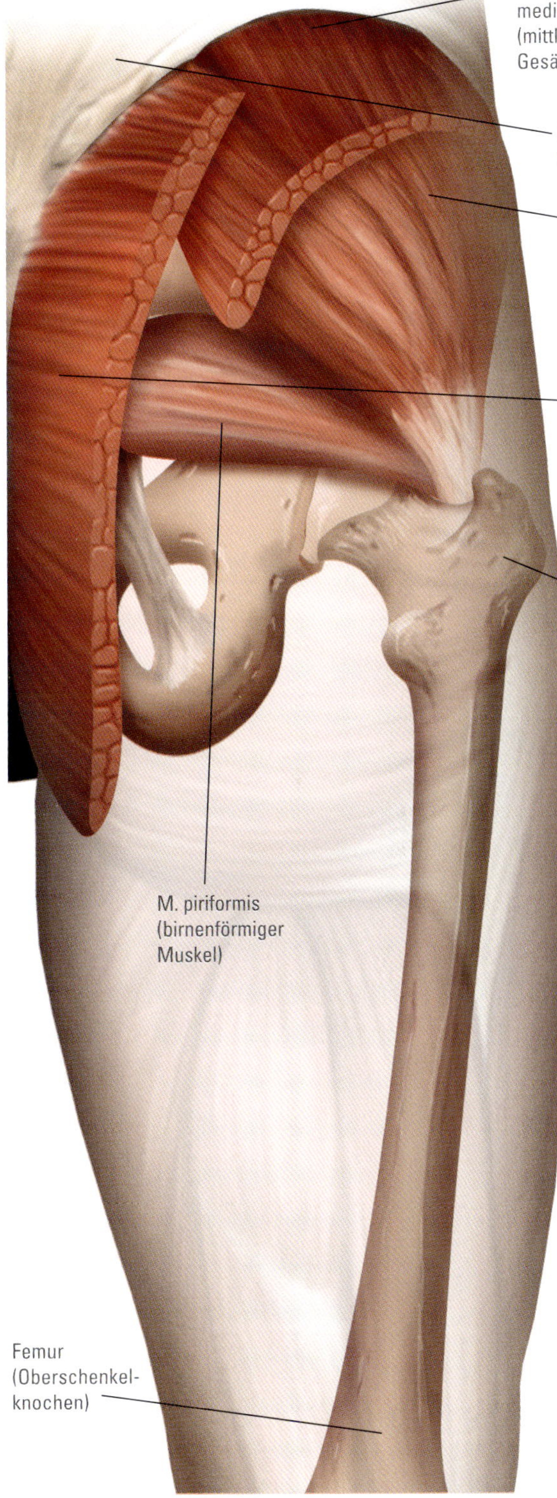
M. gluteus medius (mittlerer Gesäßmuskel)
Pelvis (Becken)
M. gluteus minimus (kleiner Gesäßmuskel)
M. gluteus maximus (großer Gesäßmuskel)
Trochanter major (großer Rollhügel)
M. piriformis (birnenförmiger Muskel)
Femur (Oberschenkelknochen)

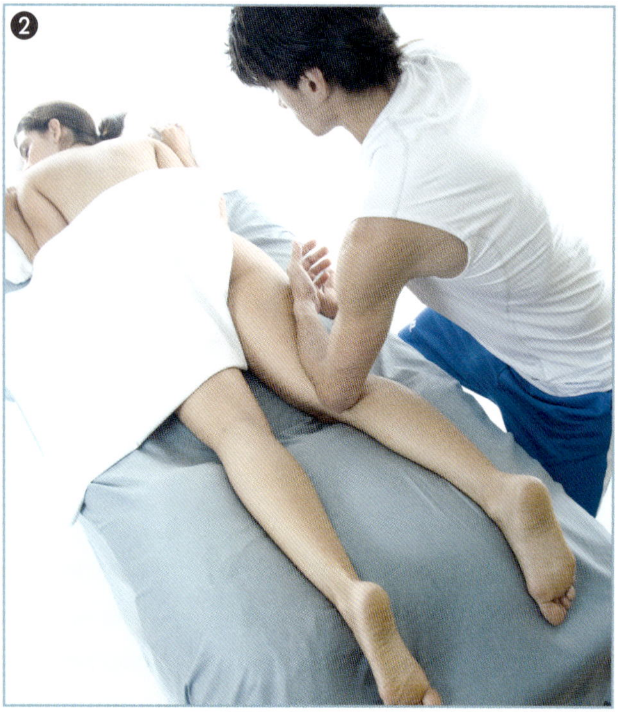

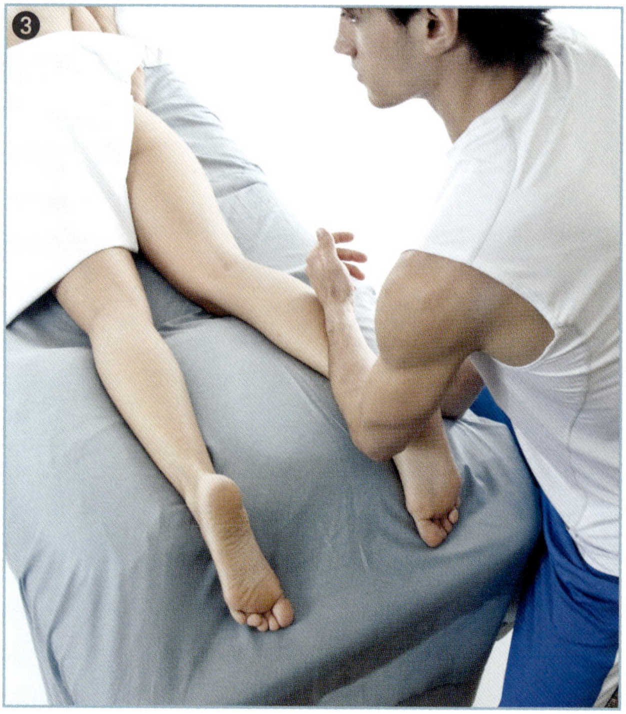

❶–❸ Führen Sie anschließend mit der weichen Innenseite Ihres Unterarms druckvolle Bewegungen aus, um die einzelnen Muskeln des Beins zu lockern. Diese Technik funktioniert am Oberschenkel besonders gut, aber auch die Unterschenkel lassen sich damit bearbeiten. Sofern man behutsam vorgeht, kann man auf diese Weise sowohl die innere als auch die äußere Seite der Waden massieren.

❹ Wenn Sie wieder am Oberschenkel angelangt sind, bearbeiten Sie nun auch die kleinen Muskeln rund um den großen Rollhügel mit Ihrem Unterarm.

❹

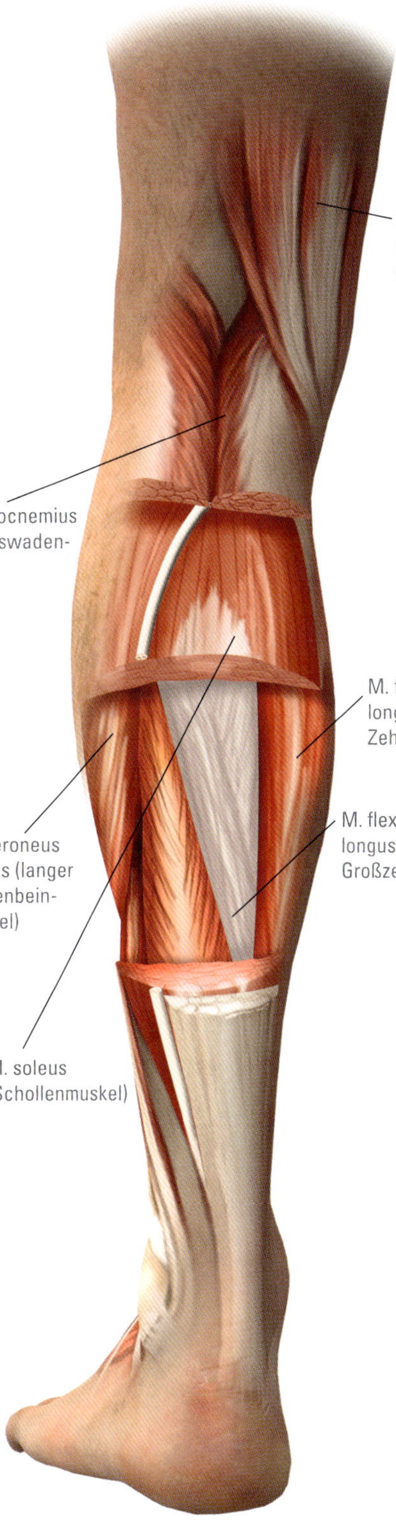

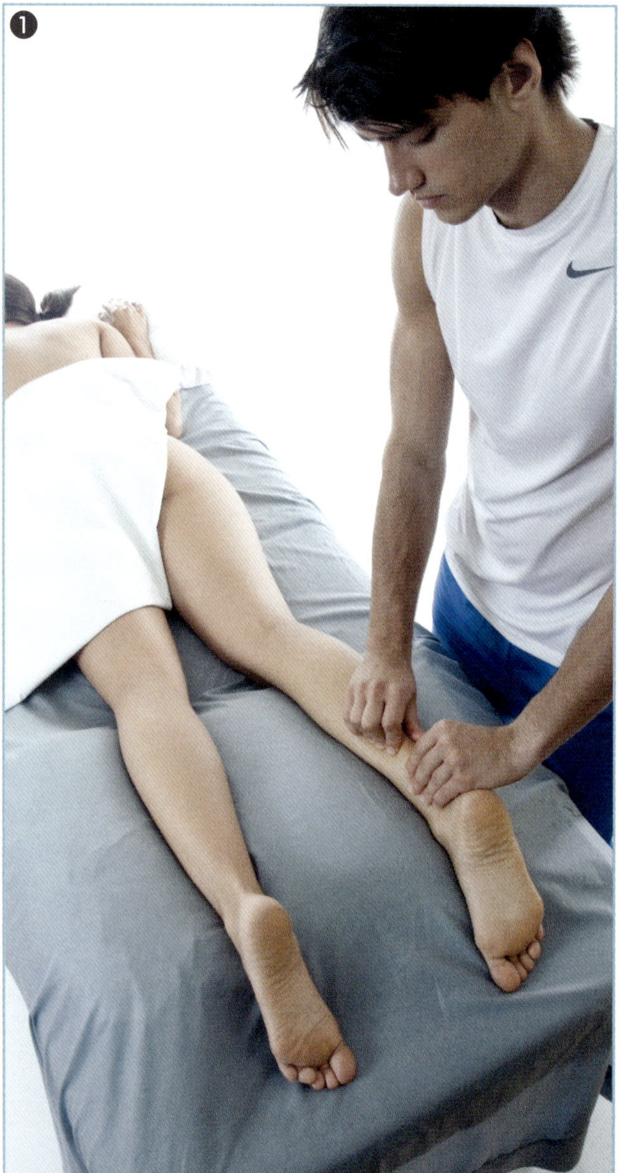

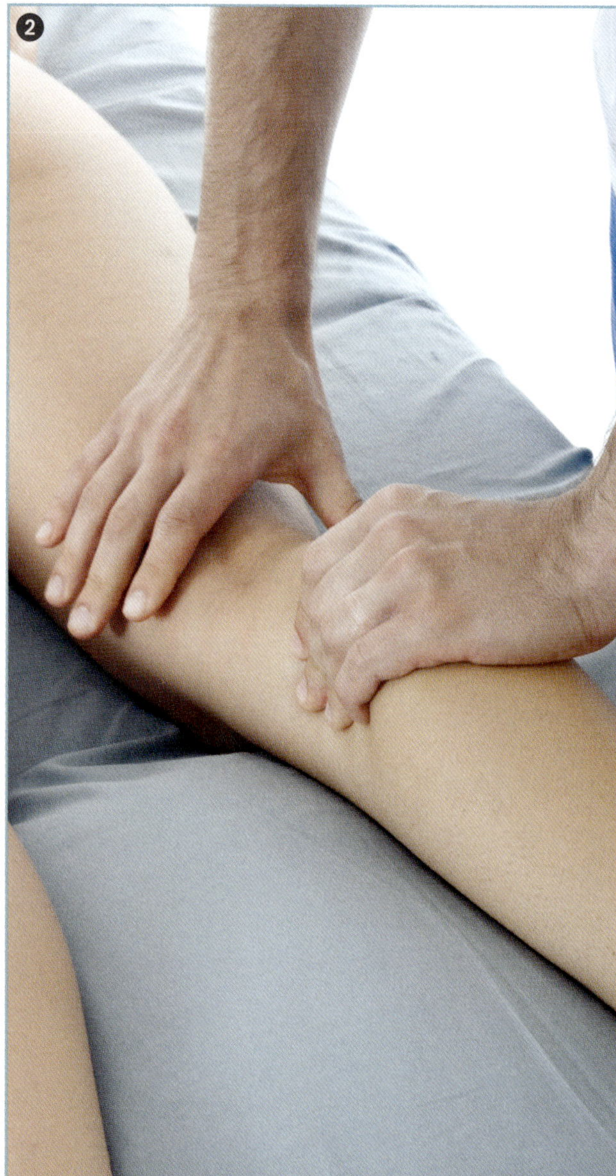

❶–❷ Kneten Sie nun das Bein mit beiden Händen, als hätten Sie einen Teig vor sich – und arbeiten Sie sich erneut vom Sprunggelenk zum Oberschenkel hoch. Greifen Sie zunächst mit beiden Händen gleichzeitig zu, bevor Sie anschließend dazu übergehen, die linke und die rechte Hand abwechselnd einzusetzen.

KITZLIG?

Wird Ihre Massage als kitzlig empfunden, helfen nur langsamere und intensivere Bewegungen.

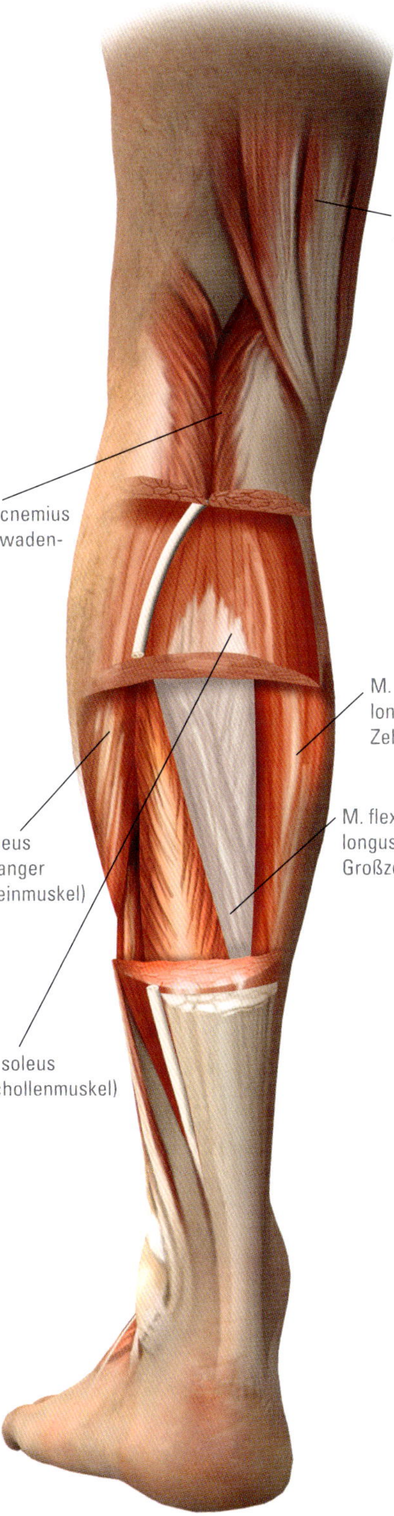

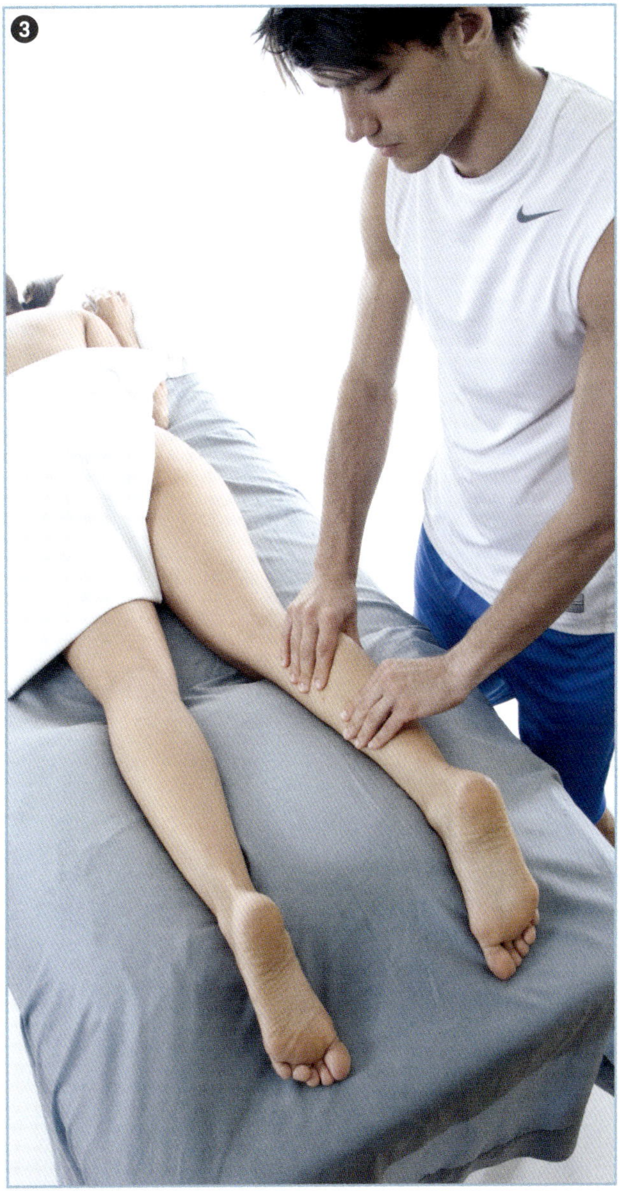

3 Gehen Sie bei der Kniekehle sehr behutsam vor, und üben Sie nicht zu viel Druck aus.

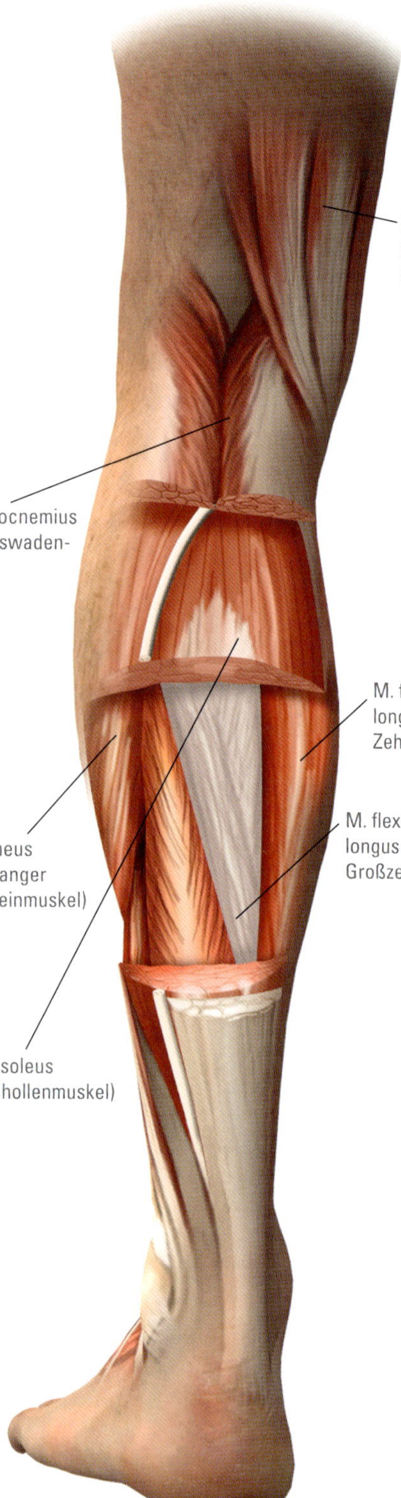

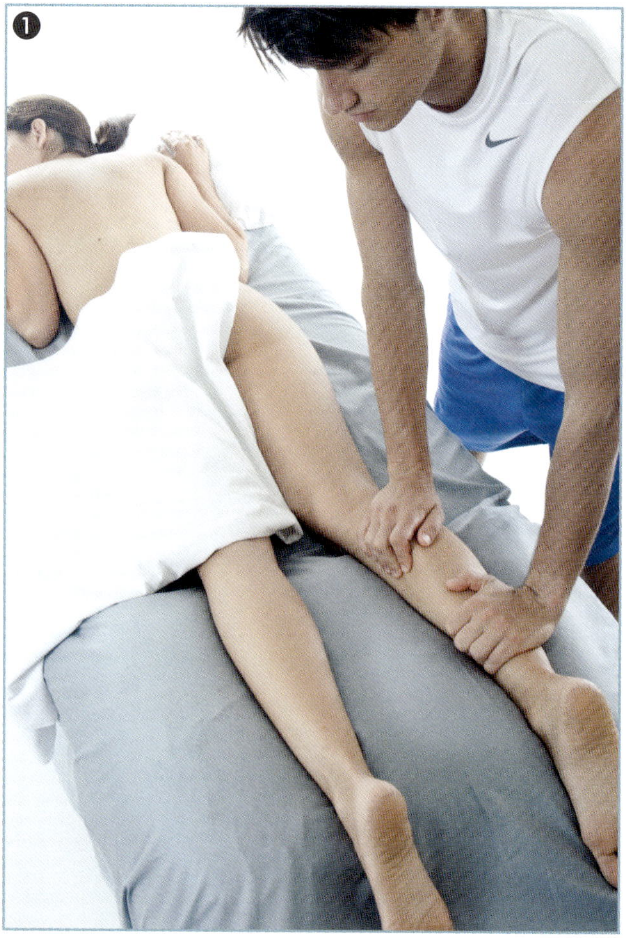

❶–❸ Als Nächstes drücken Sie beide Hände senkrecht auf die Beine, beginnen Sie an den Sprunggelenken, und arbeiten Sie sich nach oben vor. Achten Sie auch hier auf die Kniekehlen, und stauchen Sie weder die Handgelenke noch die Schultern.

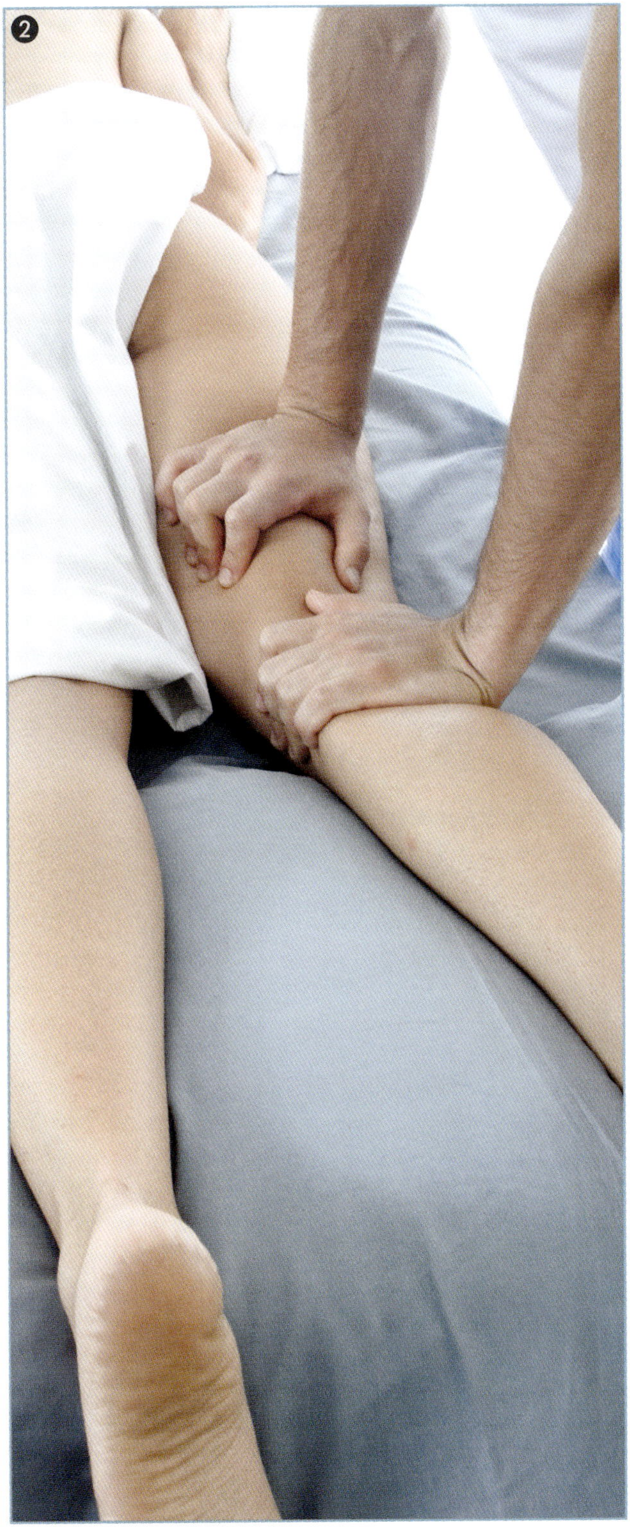
2

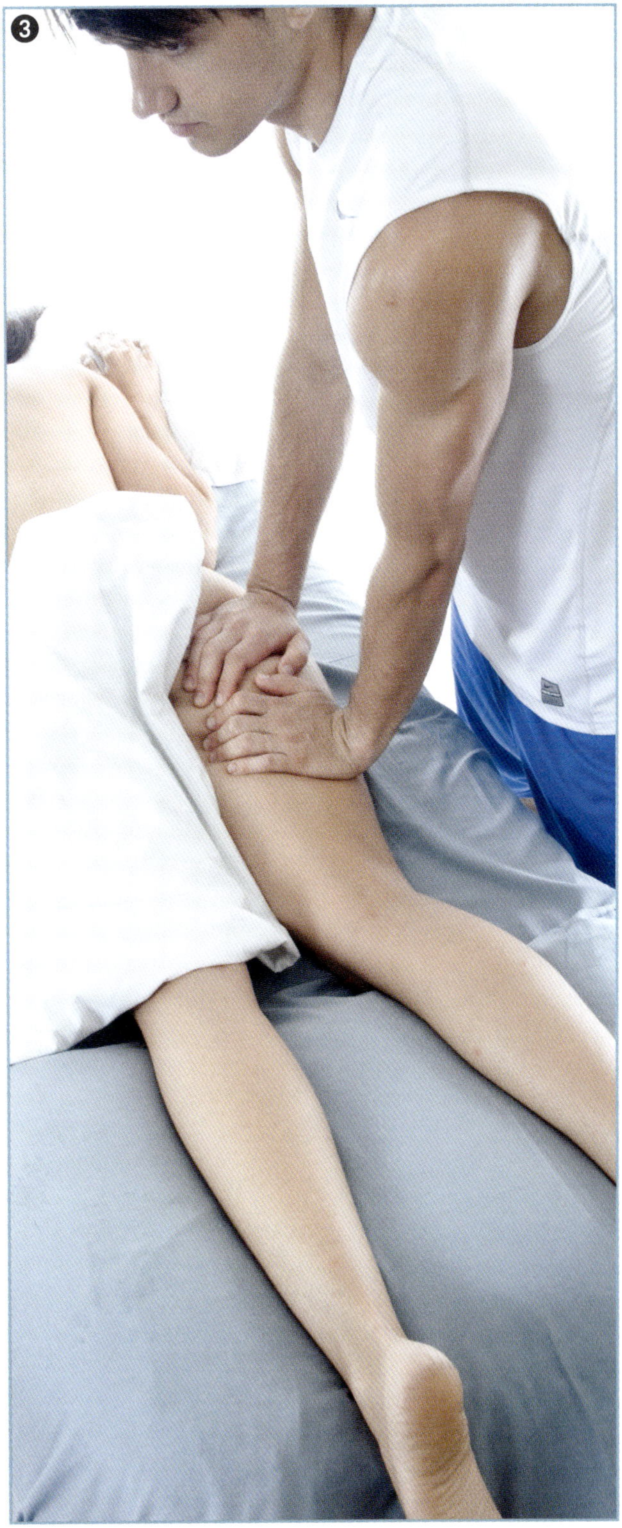
3

DIE FÜSSE

Die meisten Menschen genießen eine Fußmassage, die überaus wohltuend ist – sofern sie richtig ausgeführt wird. Und weil sie so wohltuend und entspannend ist, kann sie durchaus den Ausgangs- und Endpunkt der gesamten Massage bilden.

Das Thema Fußmassage ist ein weites Feld. (Die alternativmedizinische Reflexzonenmassage beispielsweise beruht auf der Annahme, dass die verschiedenen Bereiche des Fußes mit bestimmten Organen oder Körperzonen in engem Zusammenhang stehen und dass sich die Stimulation der Füße positiv auf verschiedene Krankheitsbilder auswirken kann.) In der Wellness-Branche sind einstündige Fußmassagen keine Seltenheit.

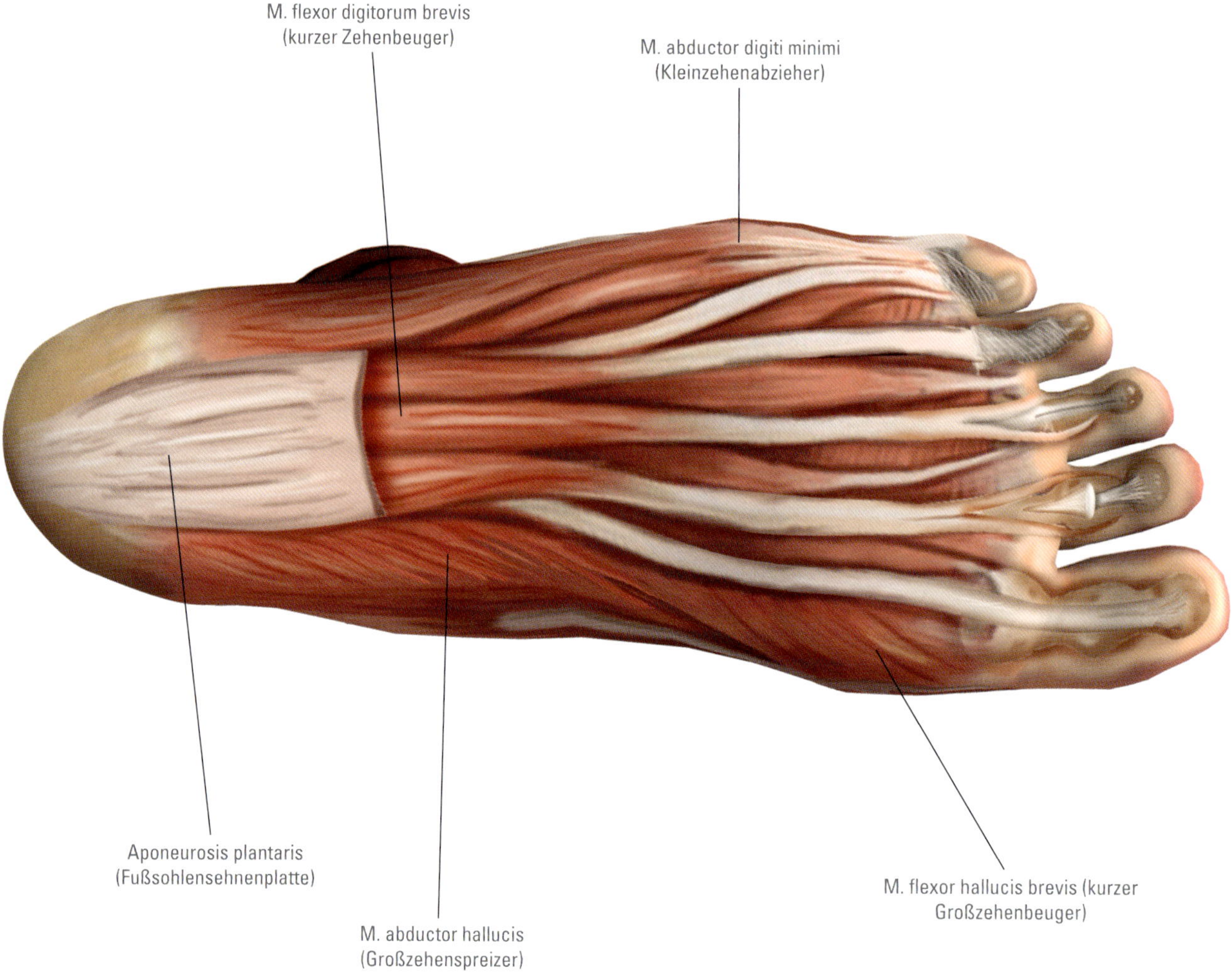

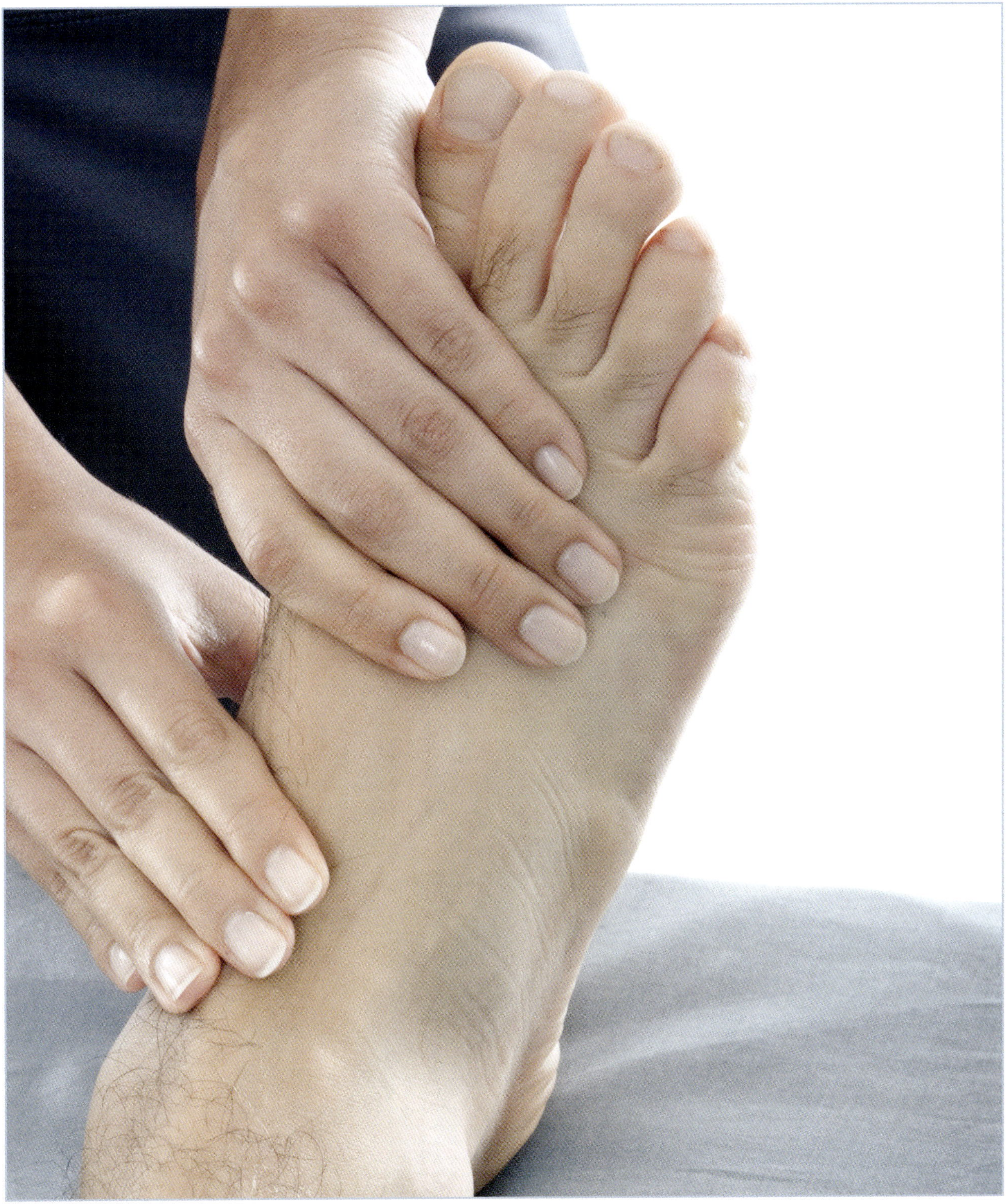

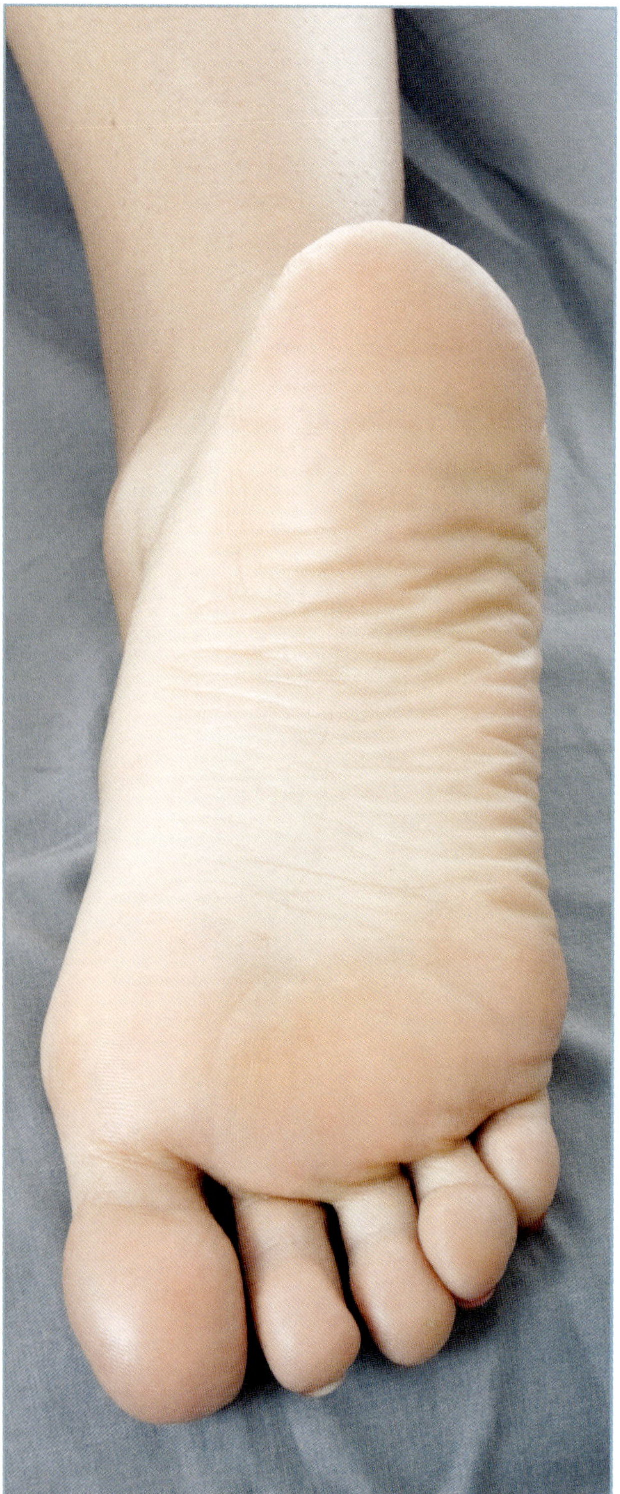

Bevor es losgeht, sollten Sie sich vergewissern, dass Ihre Hände wie auch die Füße des Partners sauber sind. (Falls die zu massierende Person an Fußpilz leidet, der sich auf andere Körperteile – aber auch auf Sie als Masseur – übertragen kann, sollten Sie von einer Fußmassage Abstand nehmen.)

Wenn der Partner Arthritis, Schiefzehen, Hühneraugen oder Warzen hat oder seine Zehen eine Fehlbildung aufweisen, sollten Sie besonders vorsichtig vorgehen. Vermeiden Sie es auch, eingewachsene Zehennägel zu berühren, die sehr schmerzempfindlich sein können.

Und auch hier gilt: Ist Ihr Partner kitzlig, führen Sie die Bewegungen langsamer und kräftiger aus.

Zu guter Letzt: Falls Sie, aus welchem Grund auch immer, Probleme damit haben, die Füße anderer Menschen zu berühren, sollten Sie die Füße des Partners lediglich ein paar Mal kurz durch das Laken hindurch kneten und zügig zum nächsten Körperteil übergehen.

VORSICHT

Den Fuß einer Person, die an einer akuten Verletzung oder einer Erkrankung wie Plantarfasziitis oder Fersensporn leidet, sollten Sie grundsätzlich nicht selbst massieren. In derart gelagerten Fällen sollte die Massage der Sehnenplatte oder der Muskeln der Füße einem erfahrenen Physiotherapeuten oder Masseur überlassen bleiben, da sonst die Gefahr besteht, dass man bestehende Probleme noch vergrößert.

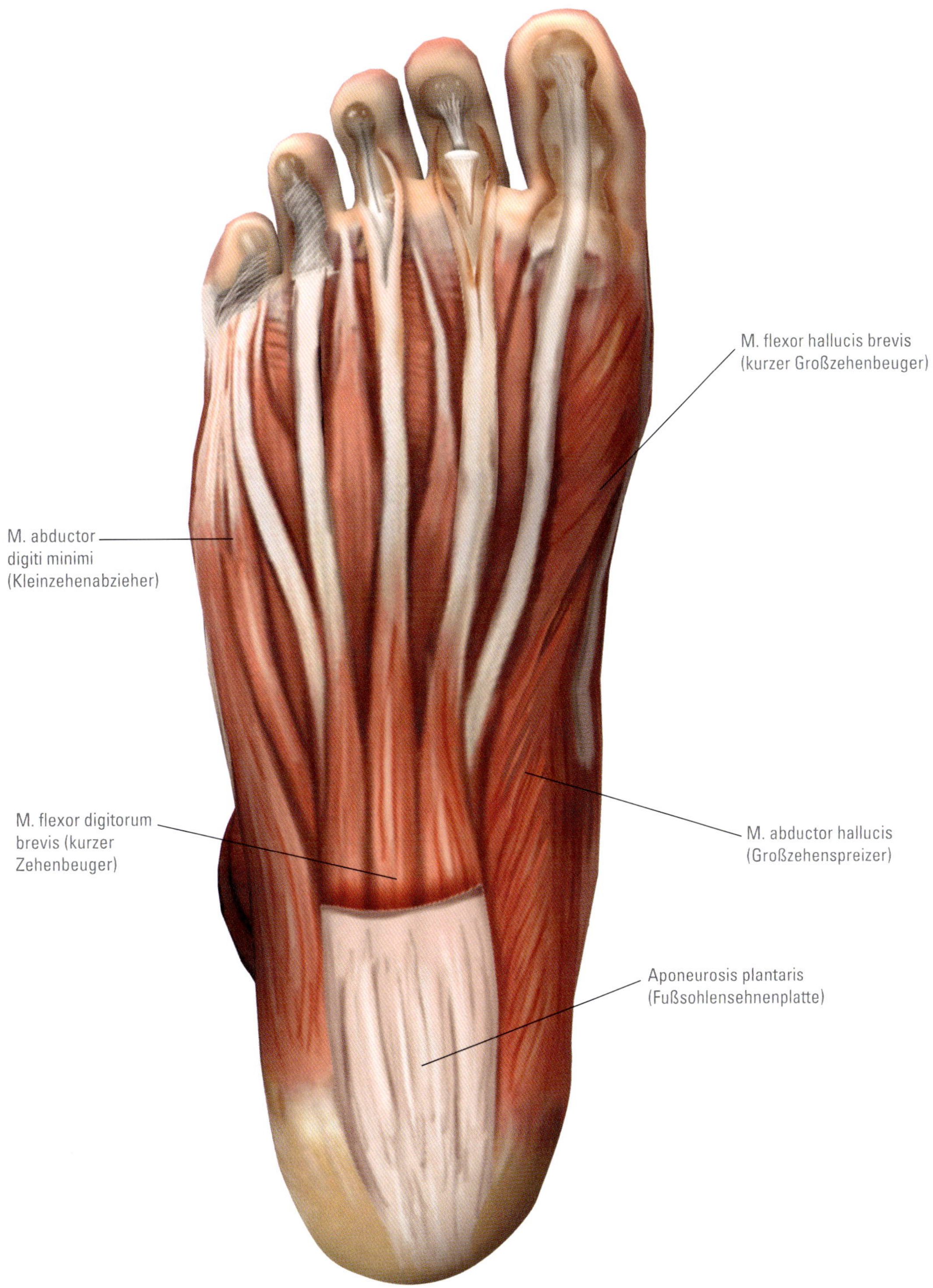
M. flexor hallucis brevis
(kurzer Großzehenbeuger)
M. abductor
digiti minimi
(Kleinzehenabzieher)
M. flexor digitorum
brevis (kurzer
Zehenbeuger)
M. abductor hallucis
(Großzehenspreizer)
Aponeurosis plantaris
(Fußsohlensehnenplatte)

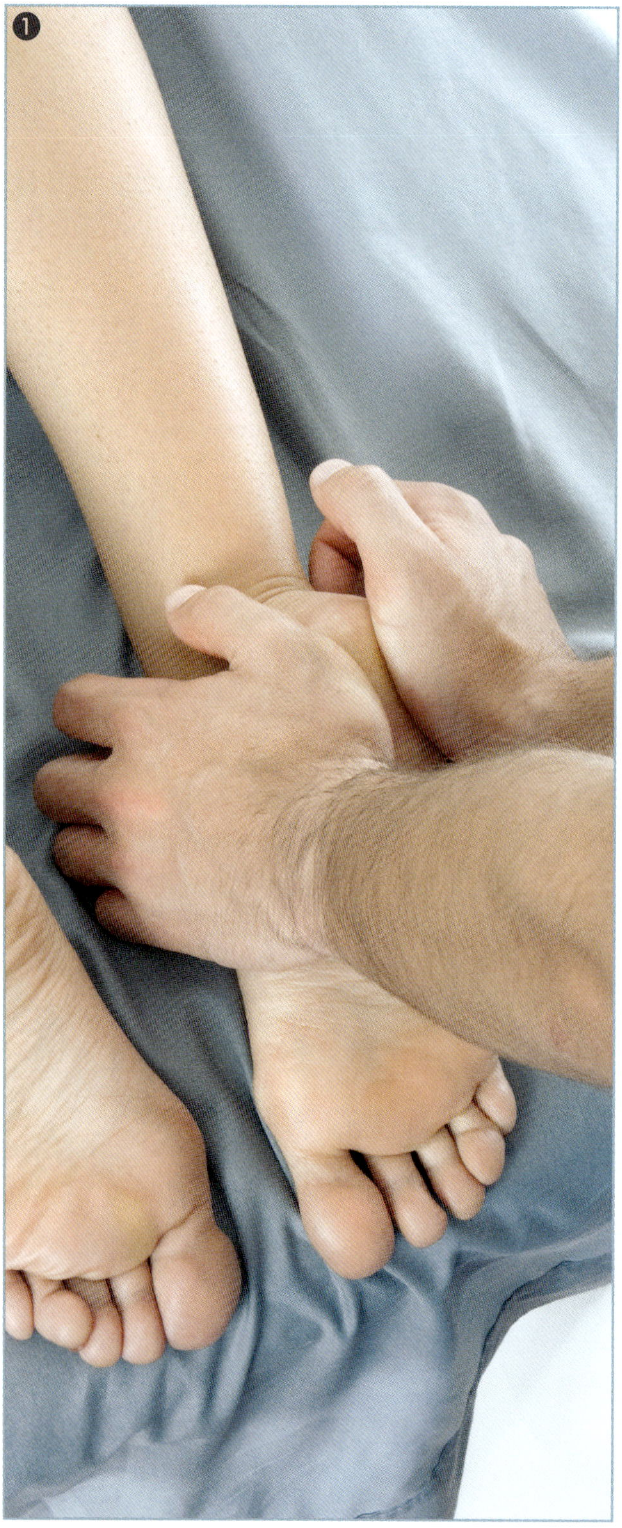
1

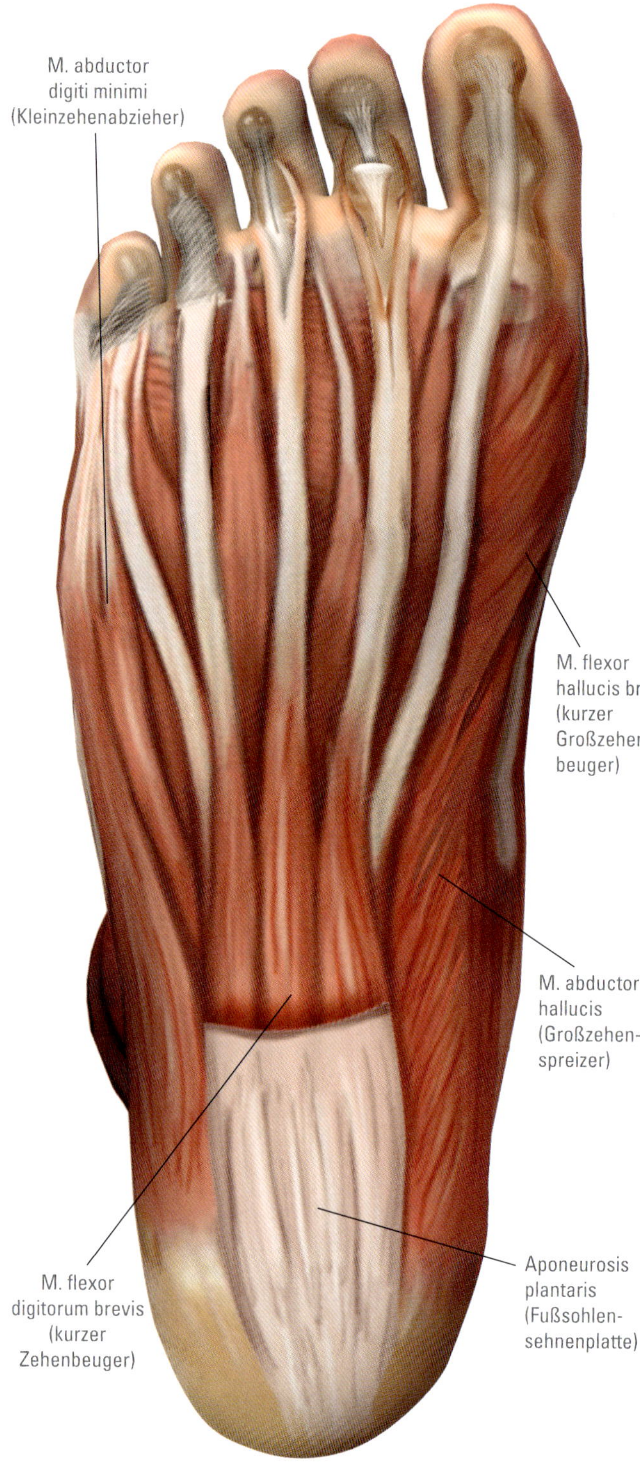
M. abductor
digiti minimi
(Kleinzehenabzieher)
M. flexor
hallucis br
(kurzer
Großzehen
beuger)
M. abductor
hallucis
(Großzehen-
spreizer)
M. flexor
digitorum brevis
(kurzer
Zehenbeuger)
Aponeurosis
plantaris
(Fußsohlen-
sehnenplatte)

Falls Sie nicht schon zu Beginn der Massage eine Kissenrolle unter die Sprunggelenke Ihres Partners gelegt haben, sollten Sie dies spätestens vor der Fußmassage nachholen.

❶ Erwärmen Sie etwas Öl zwischen den Händen, und beginnen Sie damit, mit beiden Händen abwechselnd an einem Fuß zu ziehen – als wollten Sie ein Tau einholen.

❶–❷ Ballen Sie anschließend eine Hand zur lockeren Faust, und fahren Sie mit den Fingerknöcheln die Fußsohle entlang. Solange die Sprunggelenke von einem Kissen gestützt werden, können Sie ruhig etwas fester aufdrücken. (Erkundigen Sie sich, ob der Druck als angenehm empfunden wird.)

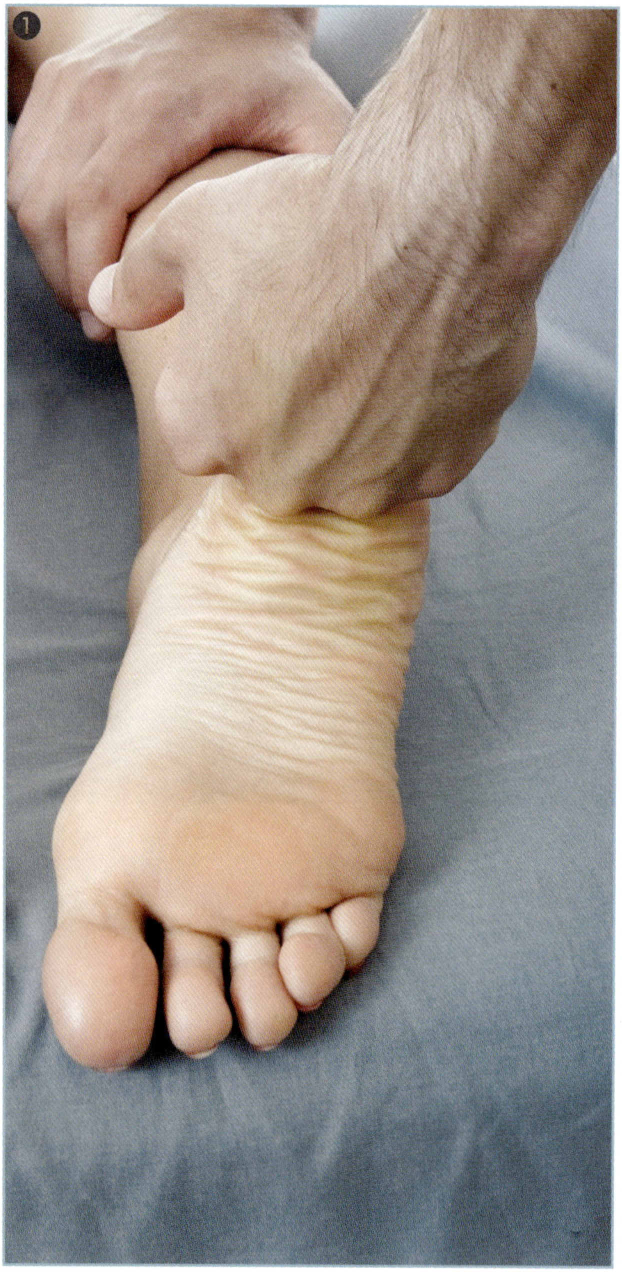

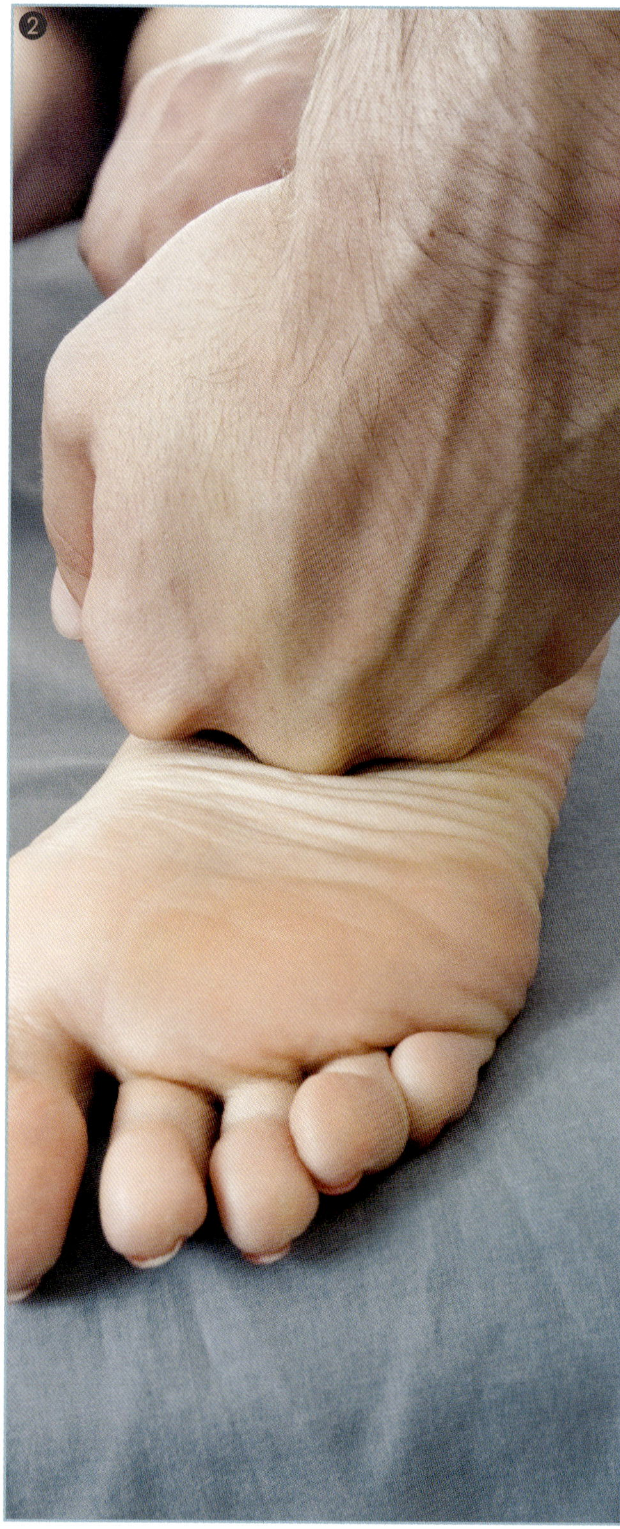

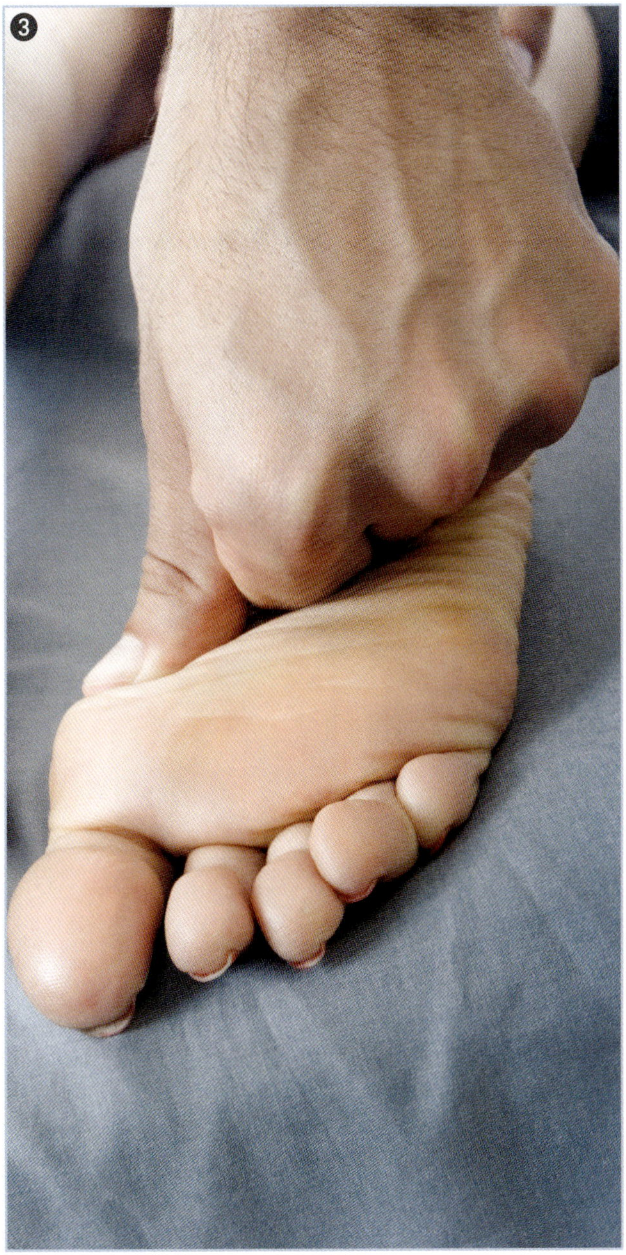

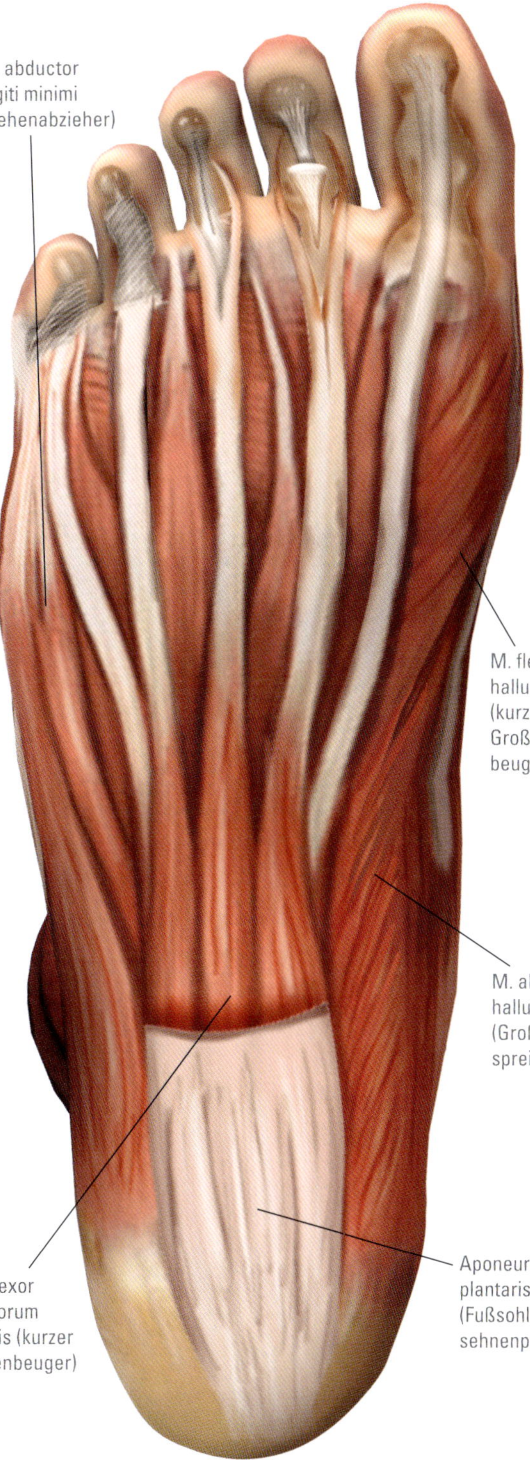

❸ Anschließend fahren Sie mit dem Daumen die Fußsohle entlang bis zu den Zehenspitzen. (Achten Sie darauf, den Daumen mit der übrigen Hand zu stützen.) Jedes Mal, wenn Sie an den Endgliedern ankommen, erhöhen Sie den Druck leicht – das ist eine wahre Wohltat!

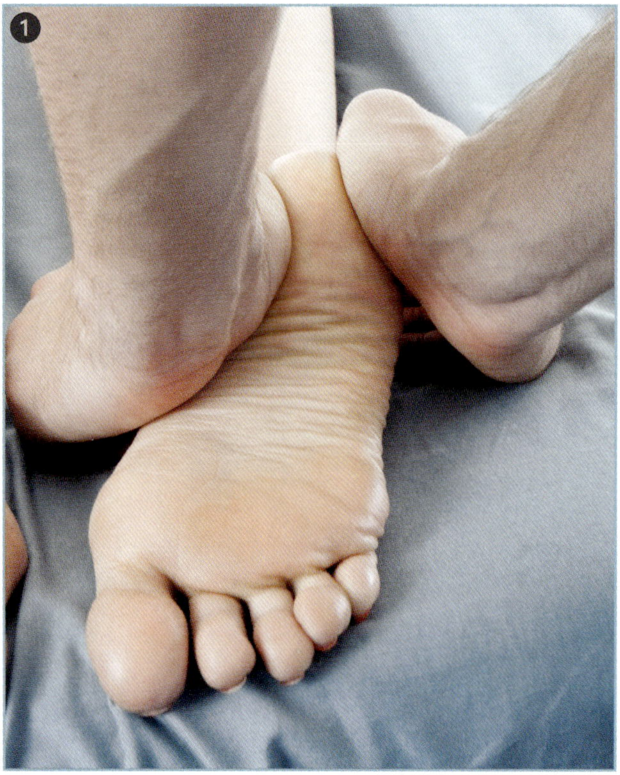

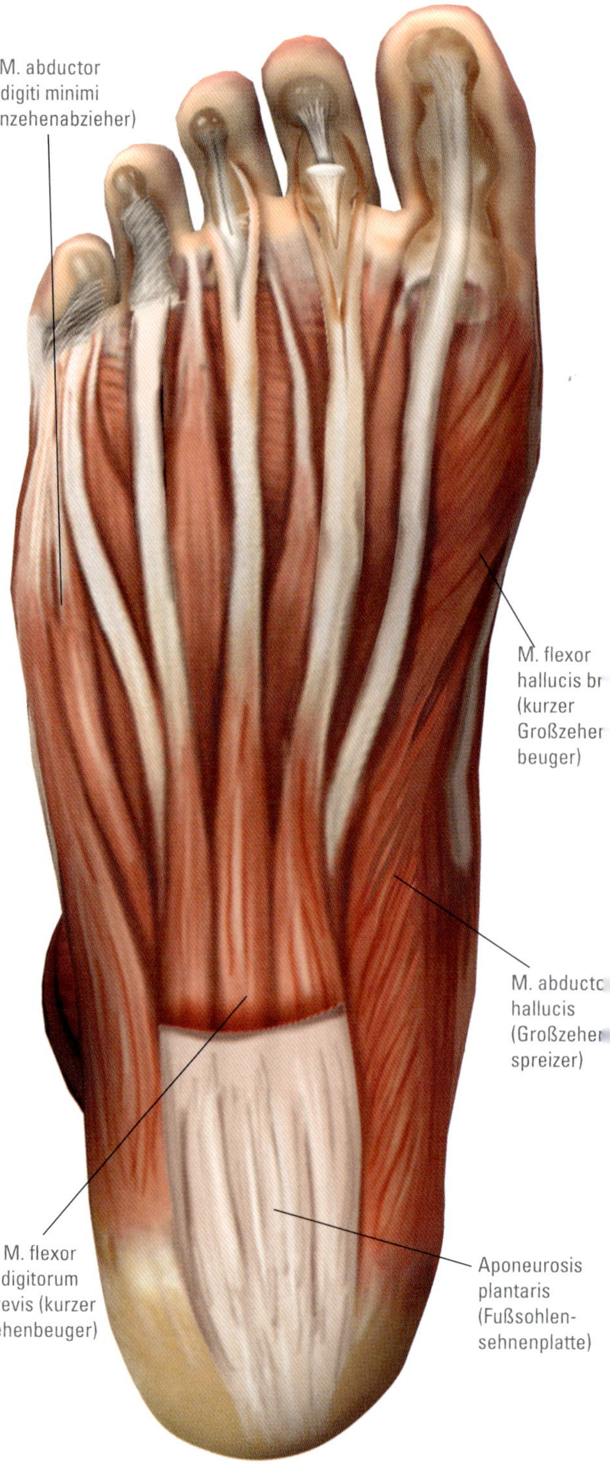

❶ Legen Sie nun Ihre Hände links und rechts an den Fuß Ihres Partners, und bewegen Sie sie kraftvoll vor und zurück. Diesmal ziehen Sie nicht am Fuß, sondern Sie reiben ihn vielmehr zwischen den Händen, als wollten Sie ihn aufwärmen. Beginnen Sie an den Sprunggelenken, und arbeiten Sie sich nach unten zu den Zehen vor.

❷ Fassen Sie abschließend den Fuß am Fußgewölbe, und drücken Sie mit der anderen Hand rhythmisch pulsierend auf jeden Zeh.

Als Nächstes wenden wir uns der Körpervorderseite zu.

2

3 UNTERKÖRPER: DIE VORDER

Ob bei der Arbeit, auf Reisen oder im Sport – wann immer wir körperlich aktiv werden, haben unsere unteren Gliedmaßen besonders darunter zu leiden. Denn es sind unsere Fuß- und Kniegelenke, die Knochen, Muskeln und Sehnen unserer Beine, die uns tagaus, tagein durchs Leben tragen und uns bei unseren zahlreichen Aktivitäten unterstützen. Es ist also kein Wunder, dass diese Körperteile besonders intensiver Pflege und Entspannung bedürfen. Stellen Sie sich aber darauf ein, dass selbst die robustesten Menschen an empfindlichen Stellen wie den Fußsohlen sehr kitzlig sein können.

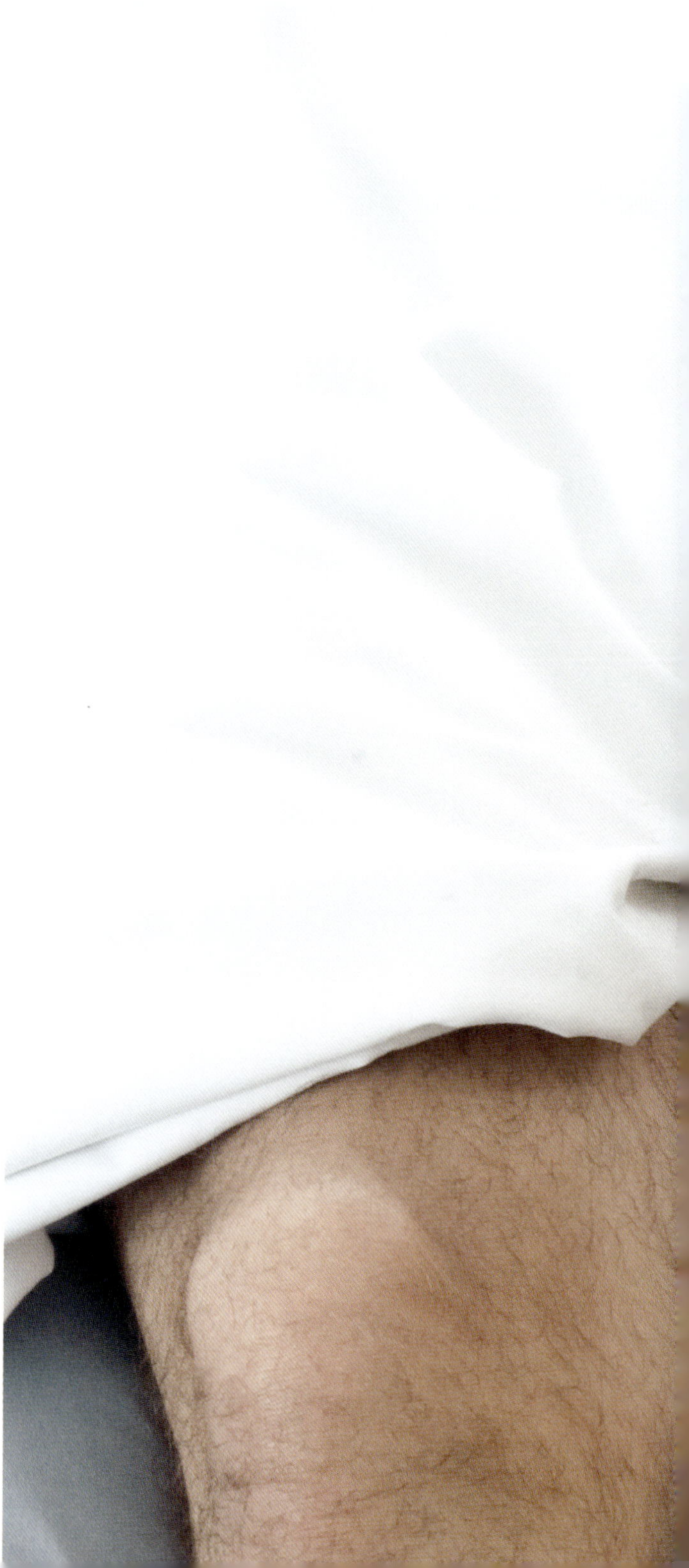

SEITE

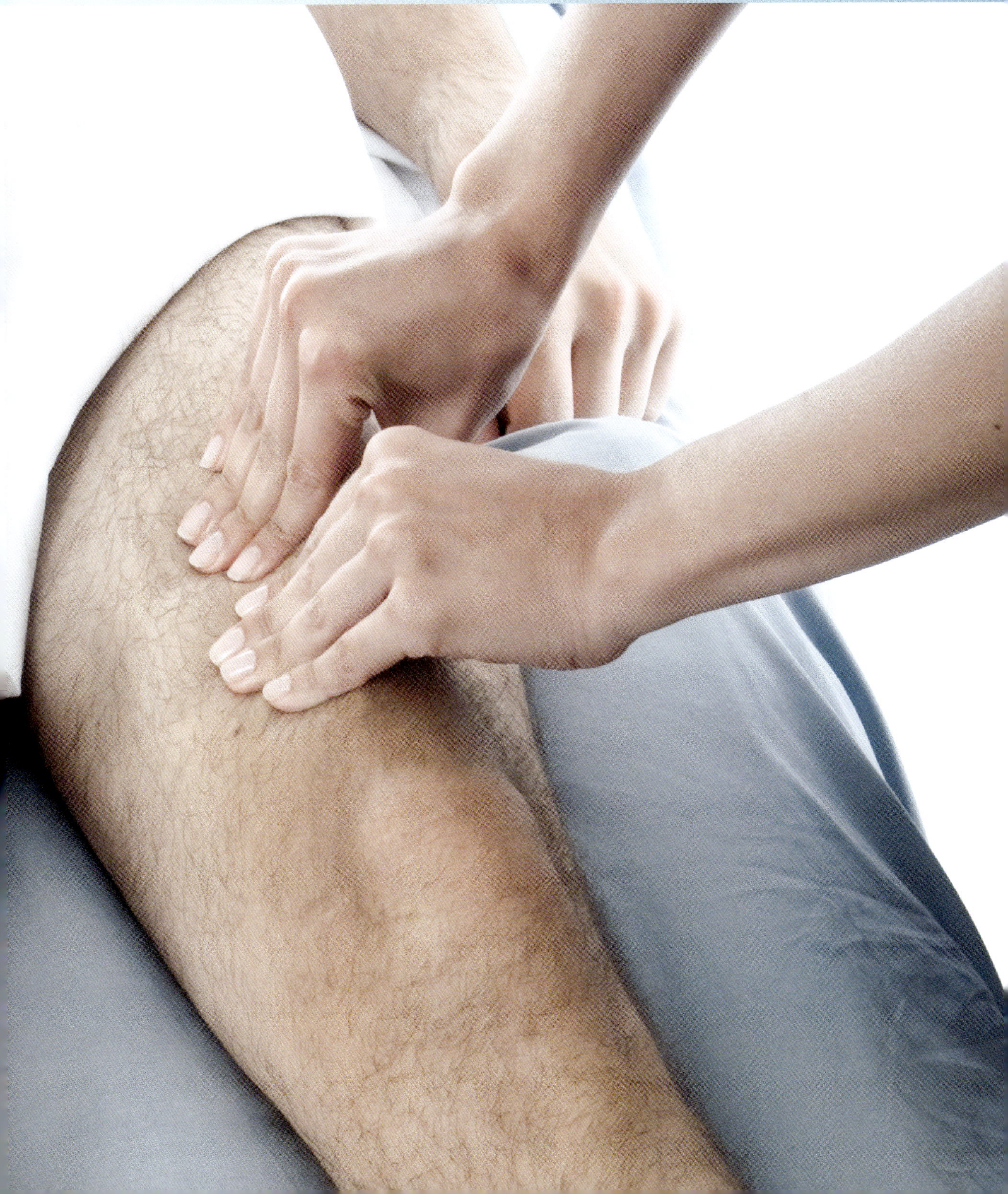

DIE FÜSSE

Bevor wir nun mit der Massage der Körpervorderseite beginnen, sollten Sie noch einige Dinge wissen.

Manche Menschen beginnen zu frösteln, sobald sie auf dem Rücken liegen. Deshalb ist es sinnvoll, immer eine dünne Decke zur Hand zu haben.

Die zu massierende Person kann ihre Arme in jeder beliebigen Position halten, die für sie angenehm ist. Hier gibt es keine besonderen Regeln einzuhalten.

Falls Ihr Partner Sie um ein Kissen für seinen Kopf oder um eine Schlafmaske bittet, ist das in Ordnung – nötig ist es allerdings nicht.

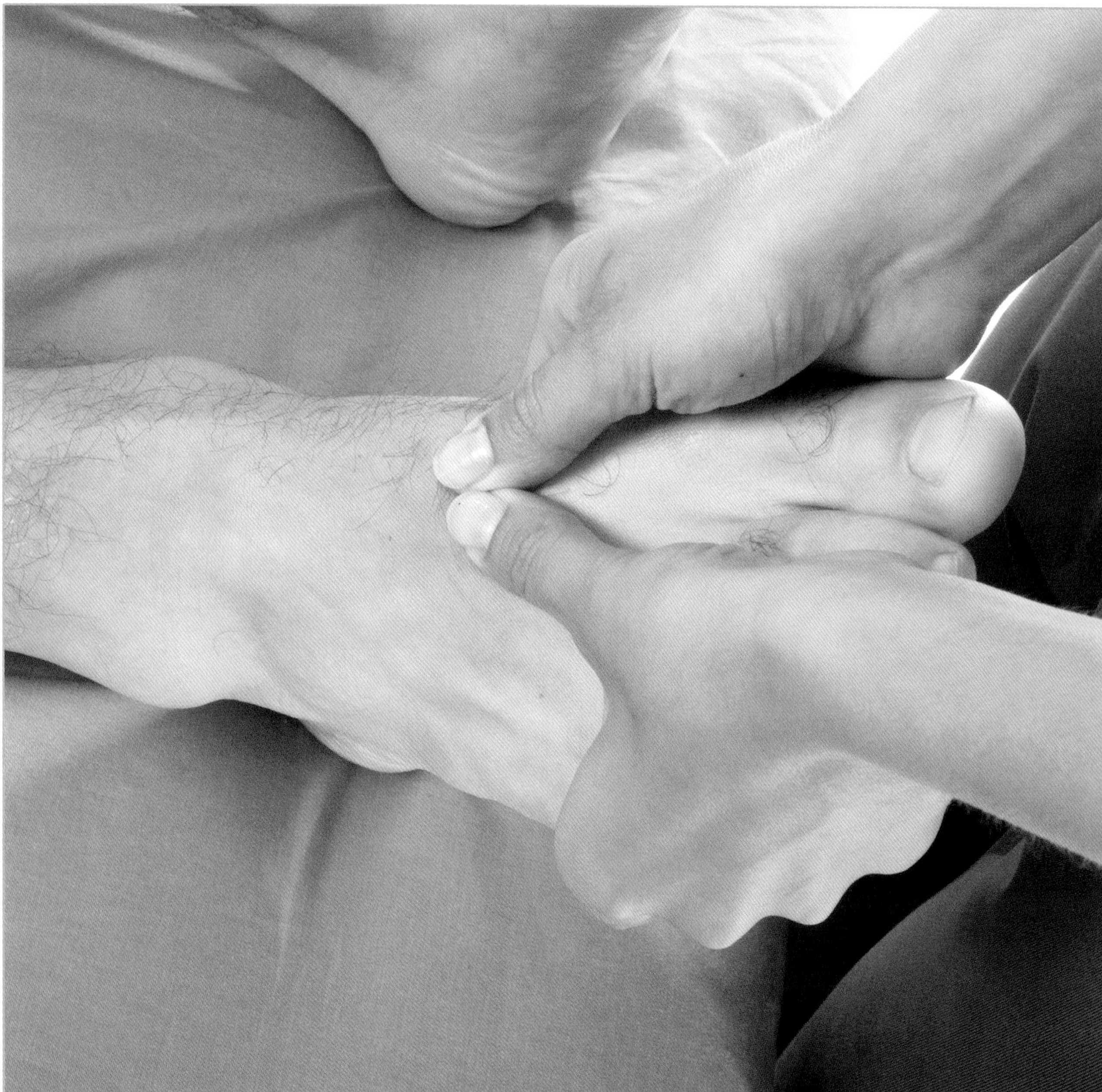

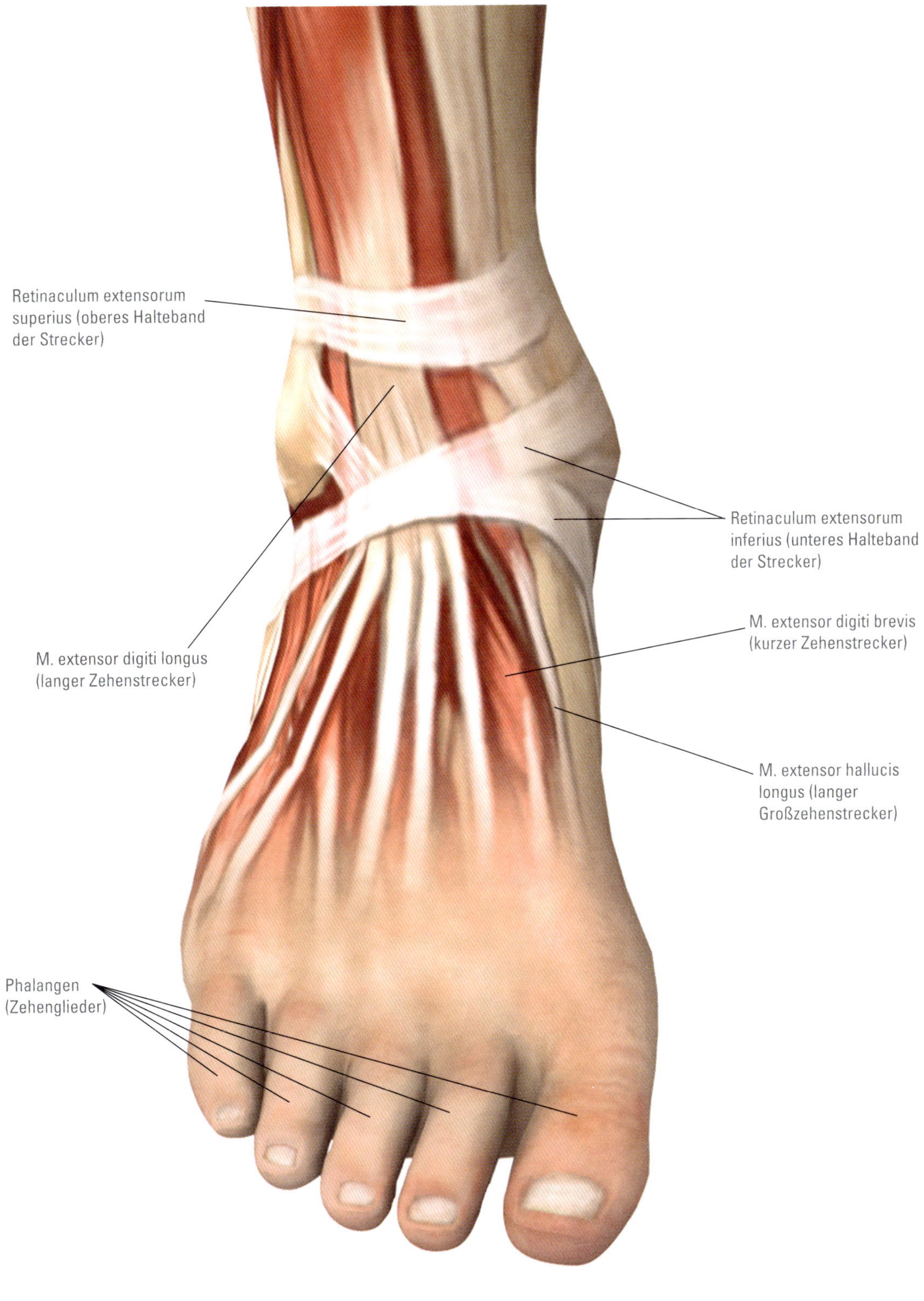
Retinaculum extensorum superius (oberes Halteband der Strecker)
Retinaculum extensorum inferius (unteres Halteband der Strecker)
M. extensor digiti brevis (kurzer Zehenstrecker)
M. extensor digiti longus (langer Zehenstrecker)
M. extensor hallucis longus (langer Großzehenstrecker)
Phalangen (Zehenglieder)

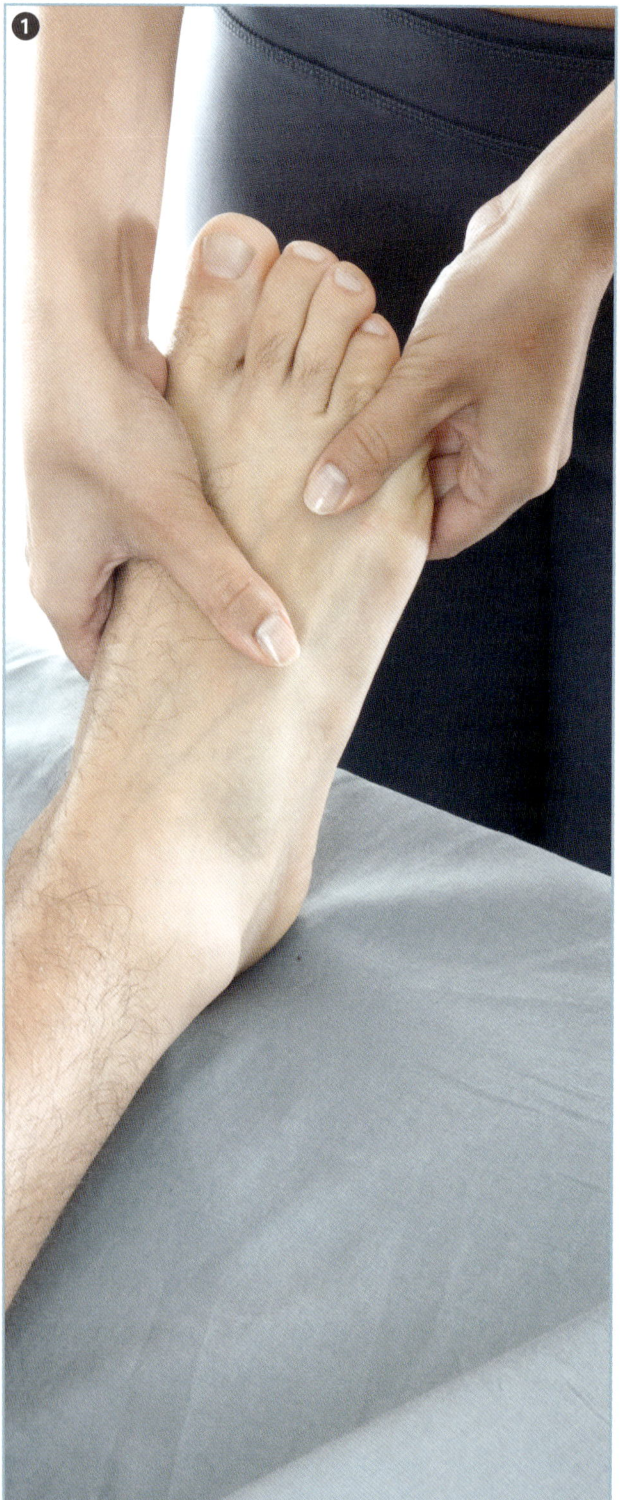

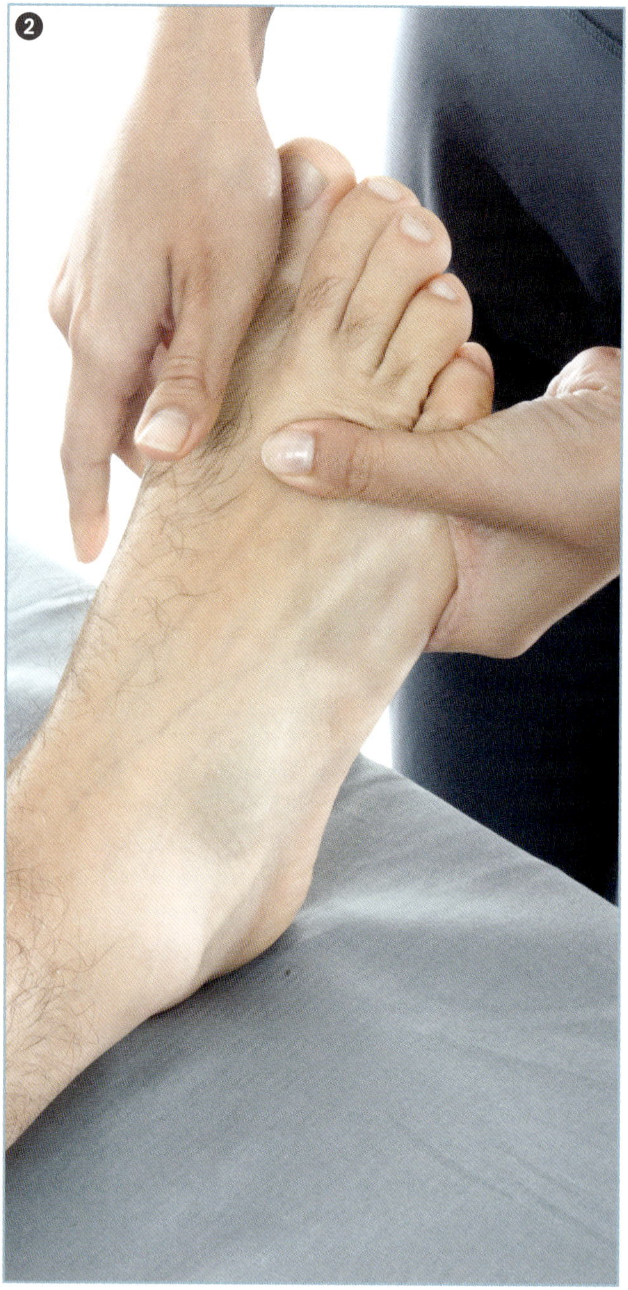

❶–❸ Wenn Sie und Ihr Partner bereit sind, können Sie mit der Fußmassage fortfahren. Nehmen Sie einen Fuß Ihres Partners, und beginnen Sie wieder mit ziehenden Bewegungen; Ihre Hände arbeiten dabei im stetigen Wechsel, als würden Sie ein Tau zu sich heranziehen.

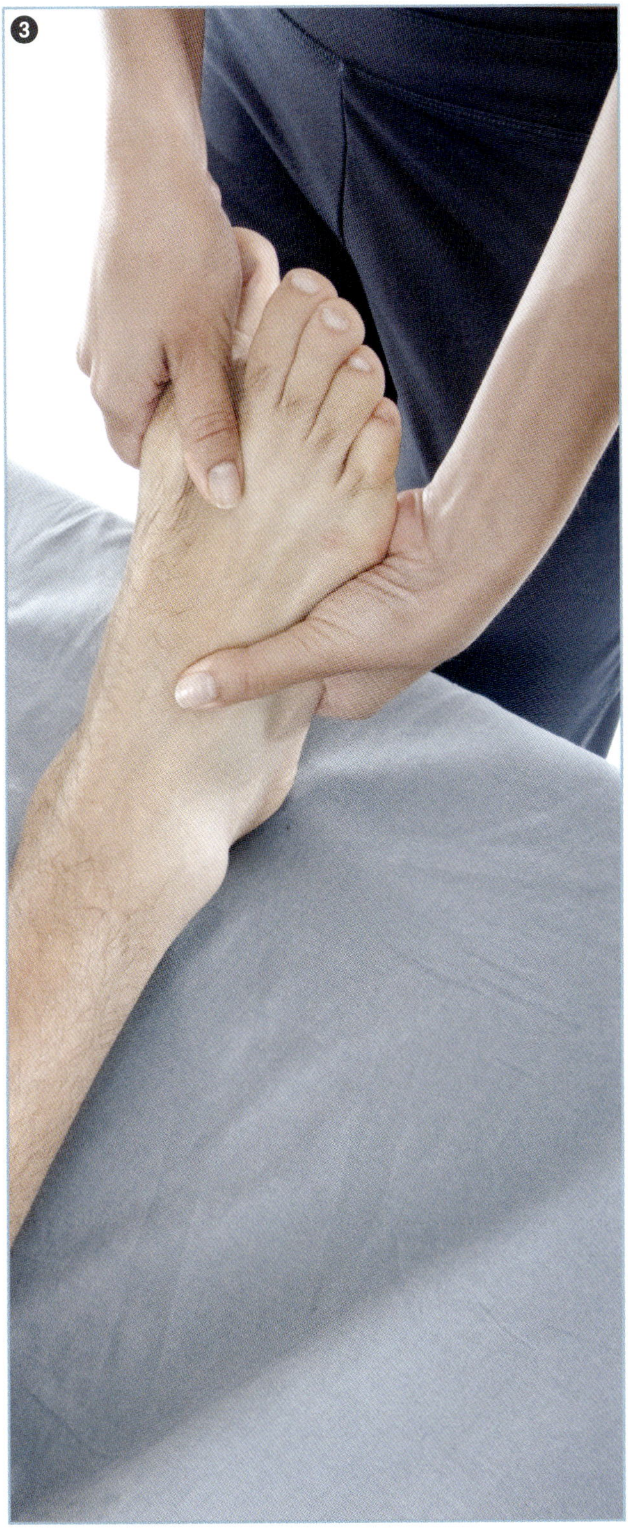
3

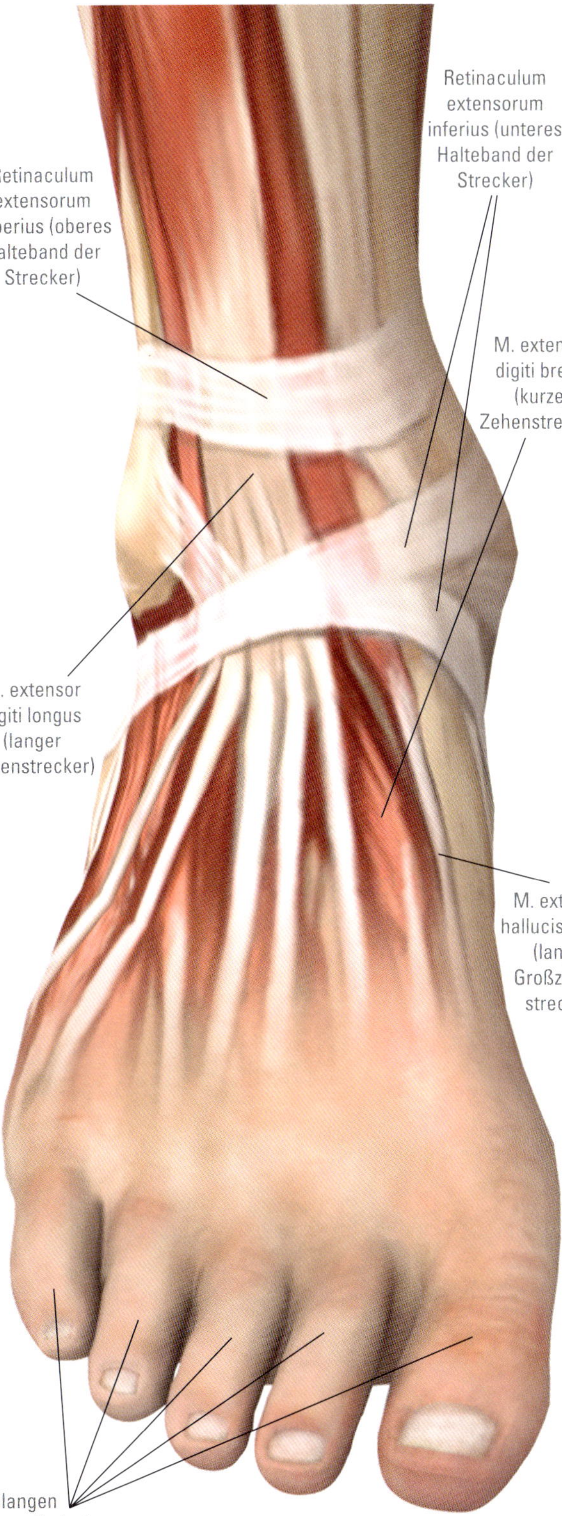
Retinaculum extensorum superius (oberes Halteband der Strecker)
Retinaculum extensorum inferius (unteres Halteband der Strecker)
M. extensor digiti brevis (kurzer Zehenstrecker)
M. extensor digiti longus (langer Zehenstrecker)
M. extensor hallucis longus (langer Großzehen-strecker)
Phalangen (Zehenglieder)

❶–❸ Üben Sie anschließend mit den Daumen Druck auf die Fußsohle aus. Und auch hier gilt: Ist Ihr Partner kitzlig, reduzieren Sie das Tempo, und erhöhen Sie den Druck.

❶
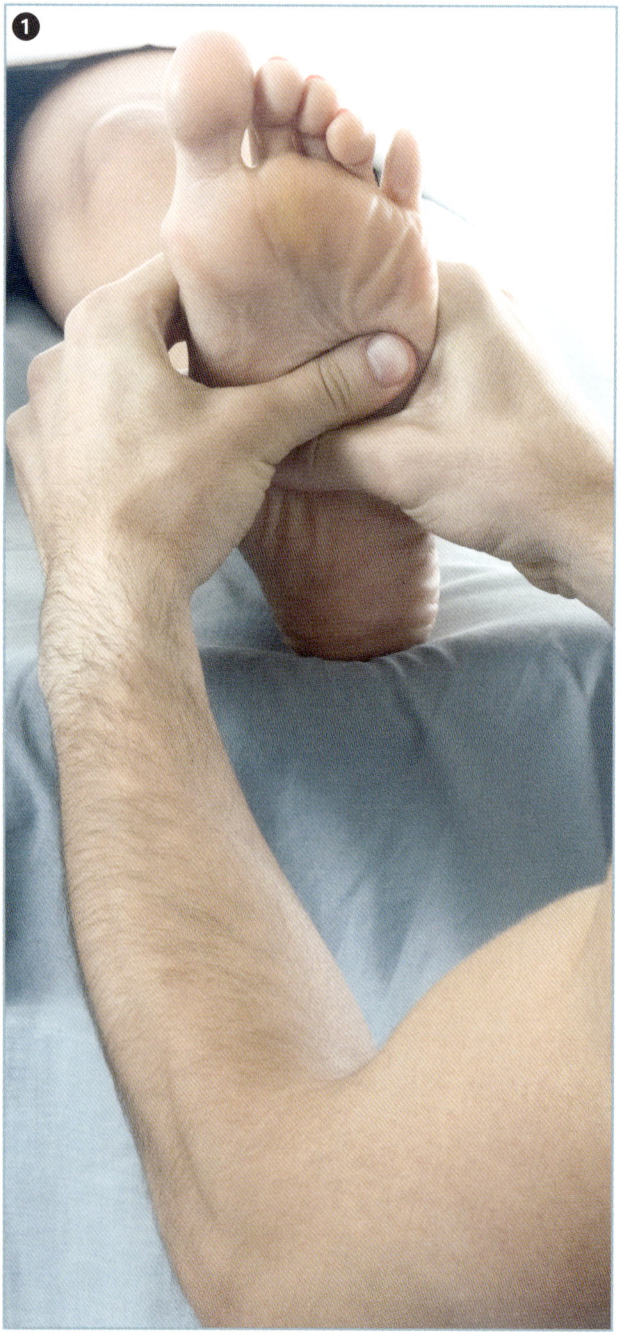

❷
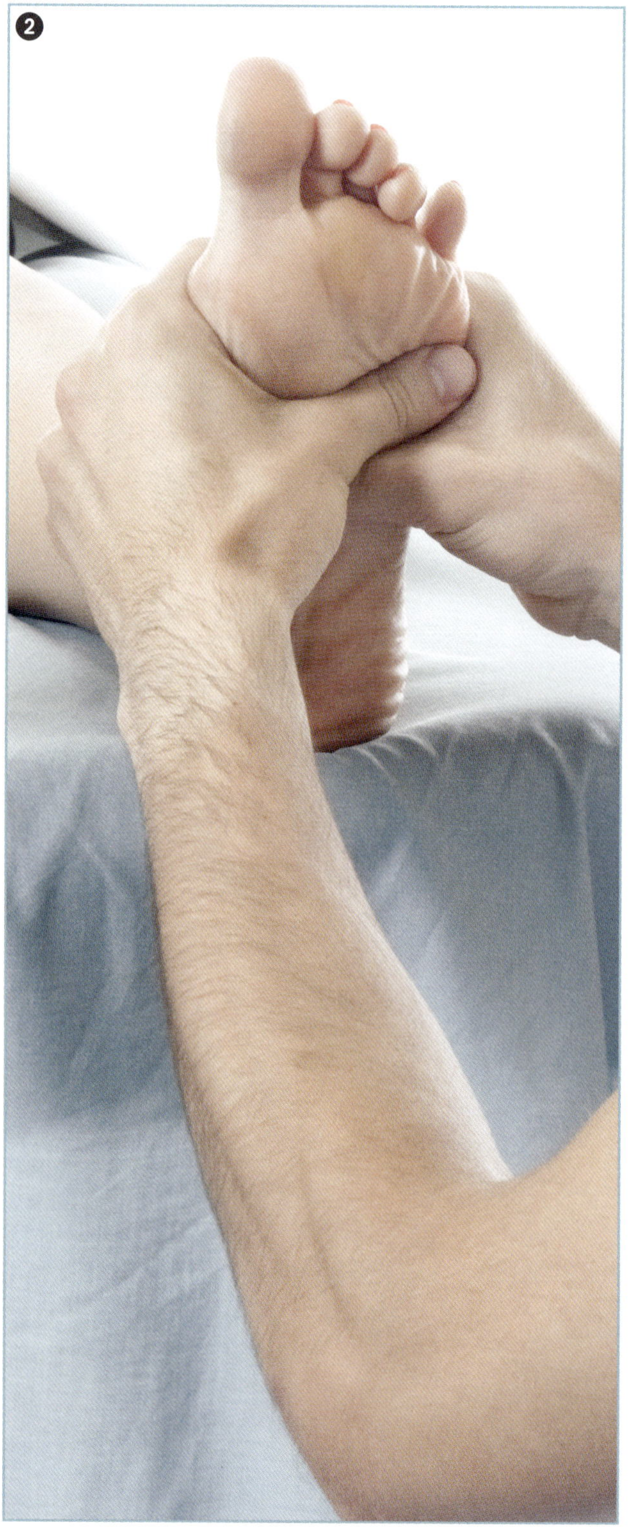

3

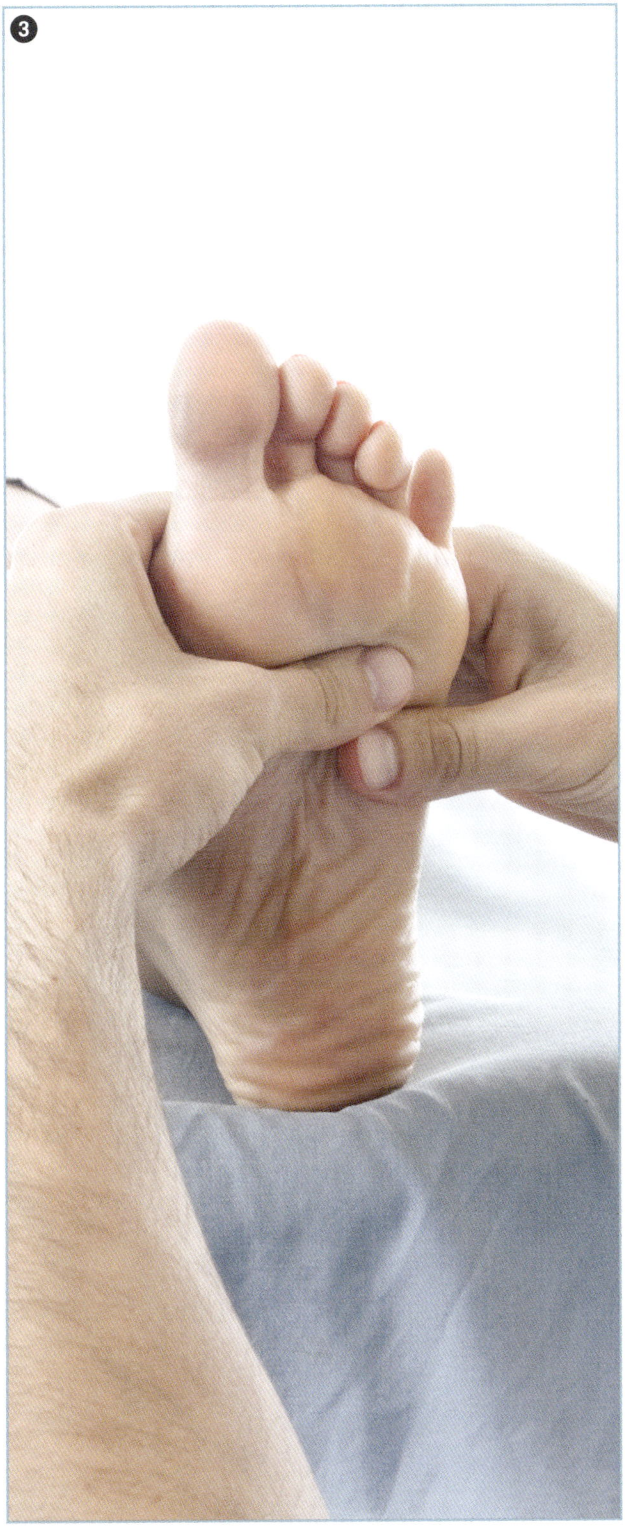

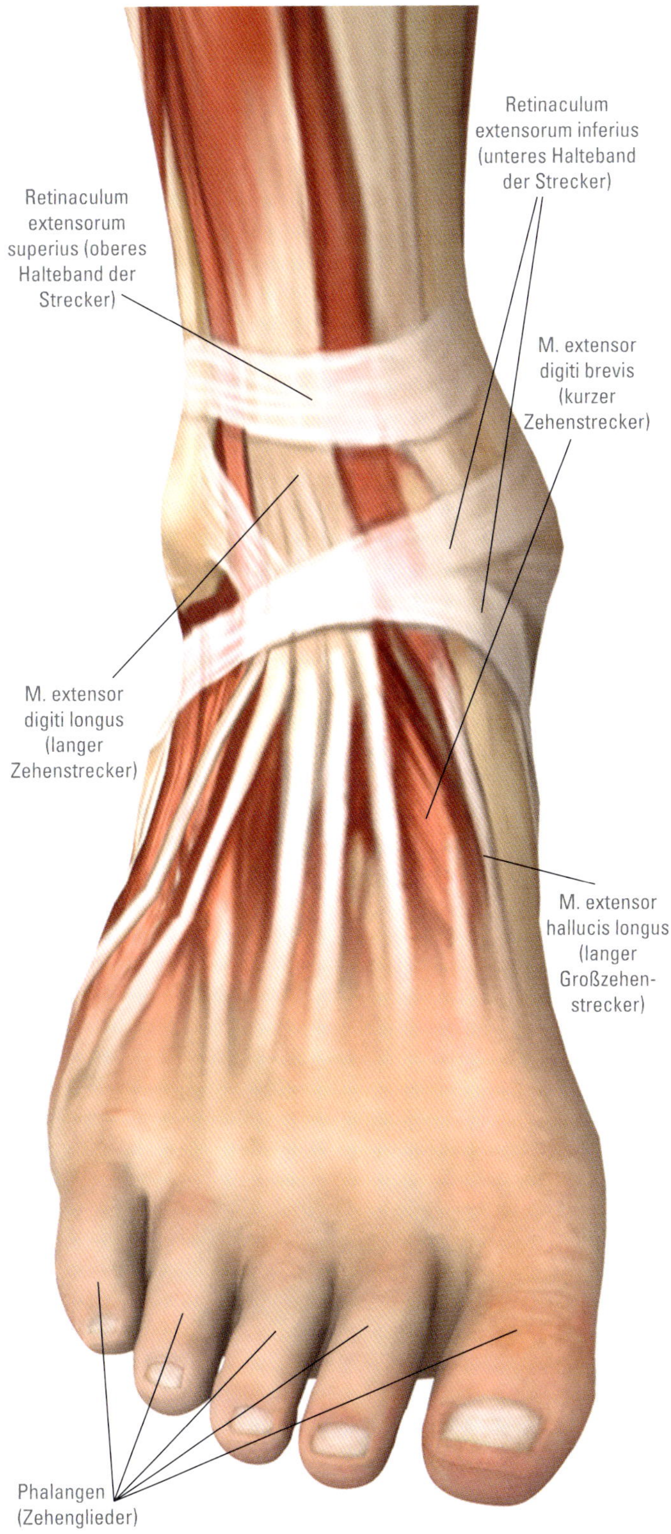
Retinaculum extensorum inferius (unteres Halteband der Strecker)
Retinaculum extensorum superius (oberes Halteband der Strecker)
M. extensor digiti brevis (kurzer Zehenstrecker)
M. extensor digiti longus (langer Zehenstrecker)
M. extensor hallucis longus (langer Großzehen-strecker)
Phalangen (Zehenglieder)

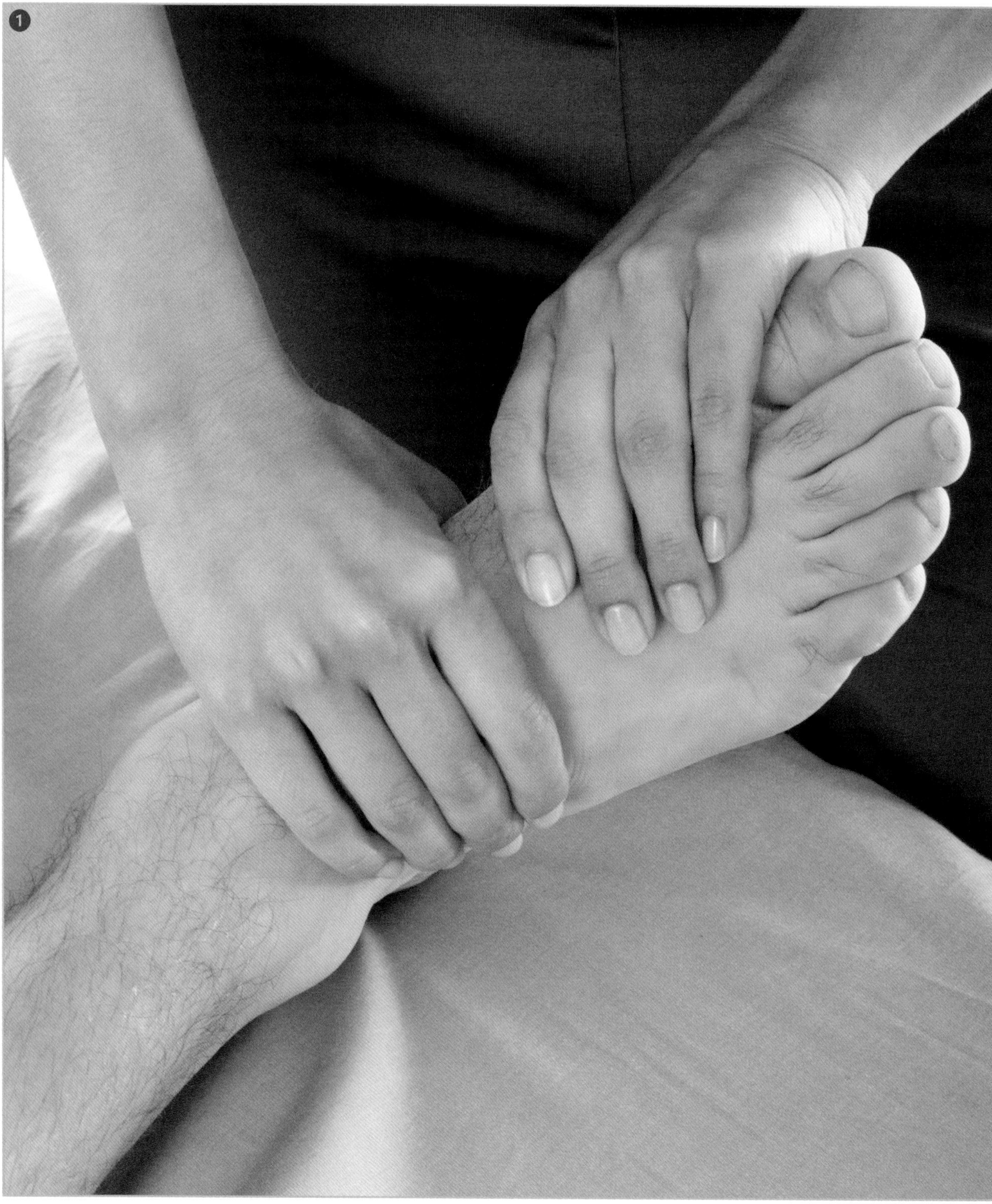
1

❶–❷ Die folgende Technik bedarf etwas größerer Sorgfalt. Halten Sie den Fuß etwa auf Höhe des Fußgewölbes. »Wringen« Sie ihn nun sanft aus, indem Sie Ihre Hände in entgegengesetzte Richtungen drehen. Bei dieser Übung sollten Ihre Hände nicht über die Haut gleiten, sondern den Fuß nur halten und drehen.

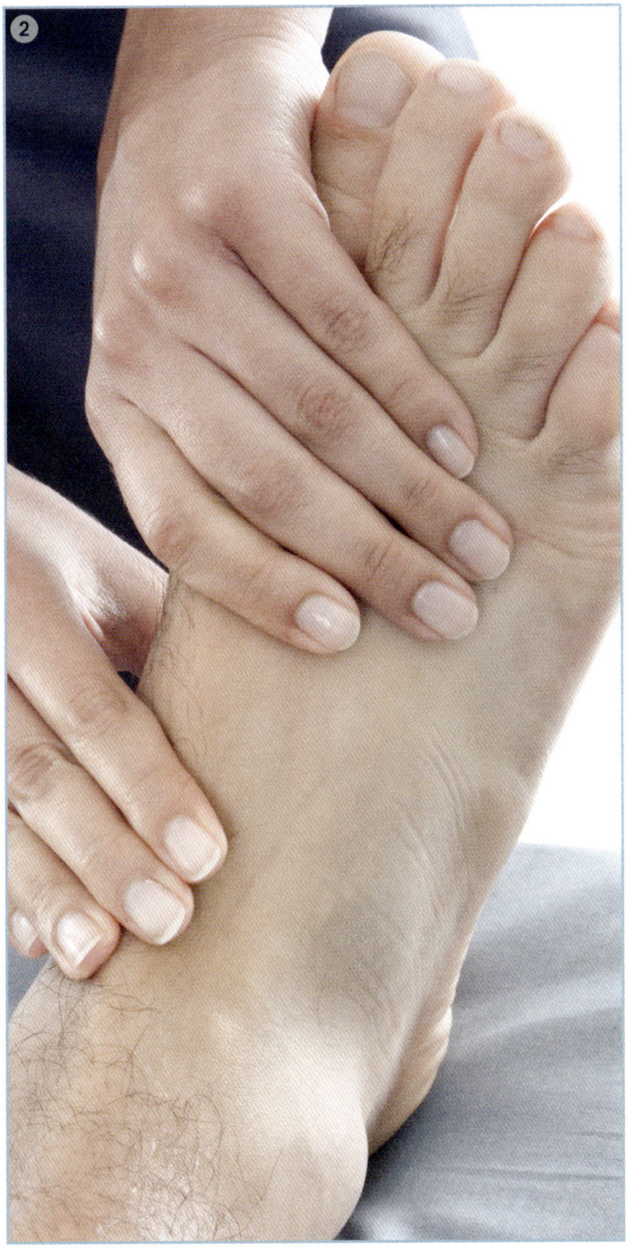

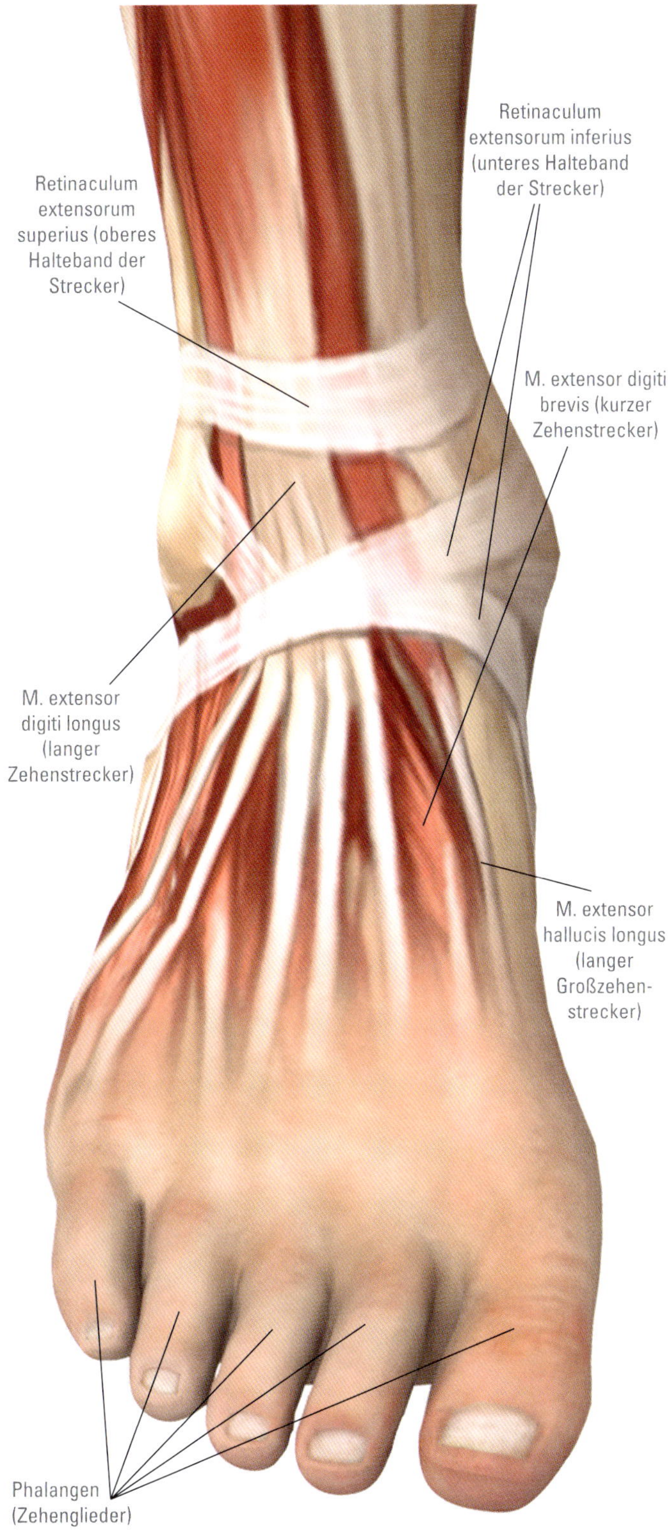

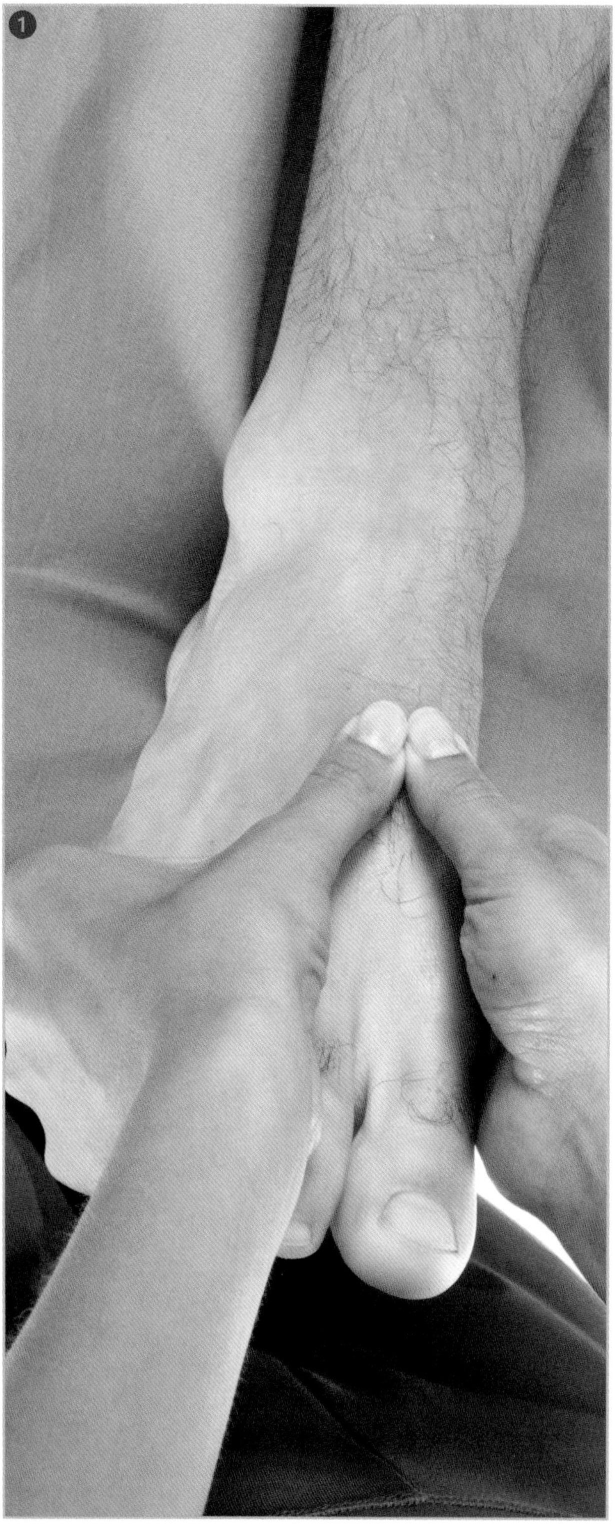

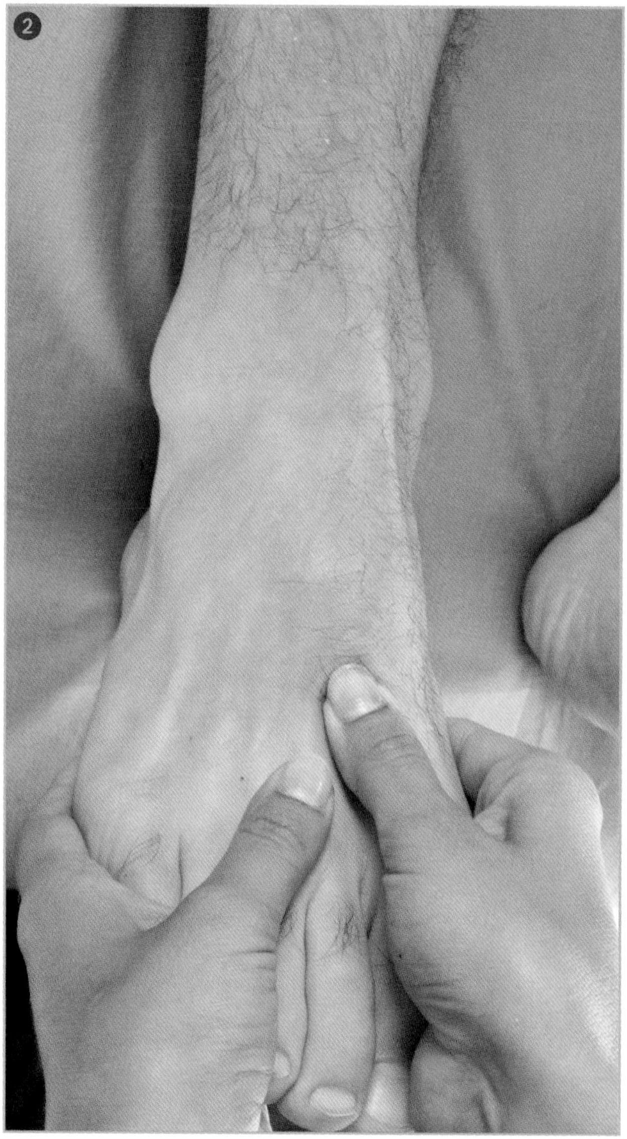

❶–❷ Im Anschluss daran lockern Sie die Muskeln zwischen den Mittelfußknochen. Stellen Sie sich vor die Füße des Partners, und ergreifen Sie einen Fuß so, dass Ihre Finger auf dem Fußgewölbe aufliegen und dieses stützen. Mit den Daumen drücken Sie nun auf die Muskeln zwischen den einzelnen Mittelfußknochen und streichen diese von oben nach unten aus, also vom Sprunggelenk zu den Zehenzwischenräumen. Dabei können Sie die Daumen in eine Richtung bewegen oder entgegengesetzt zueinander.

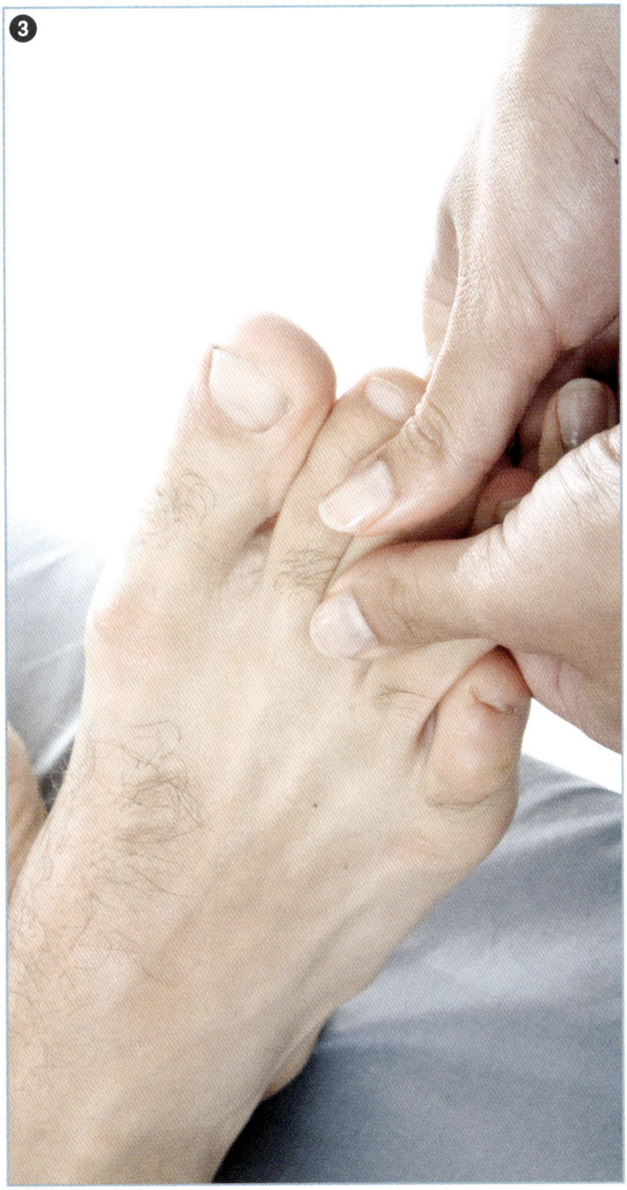

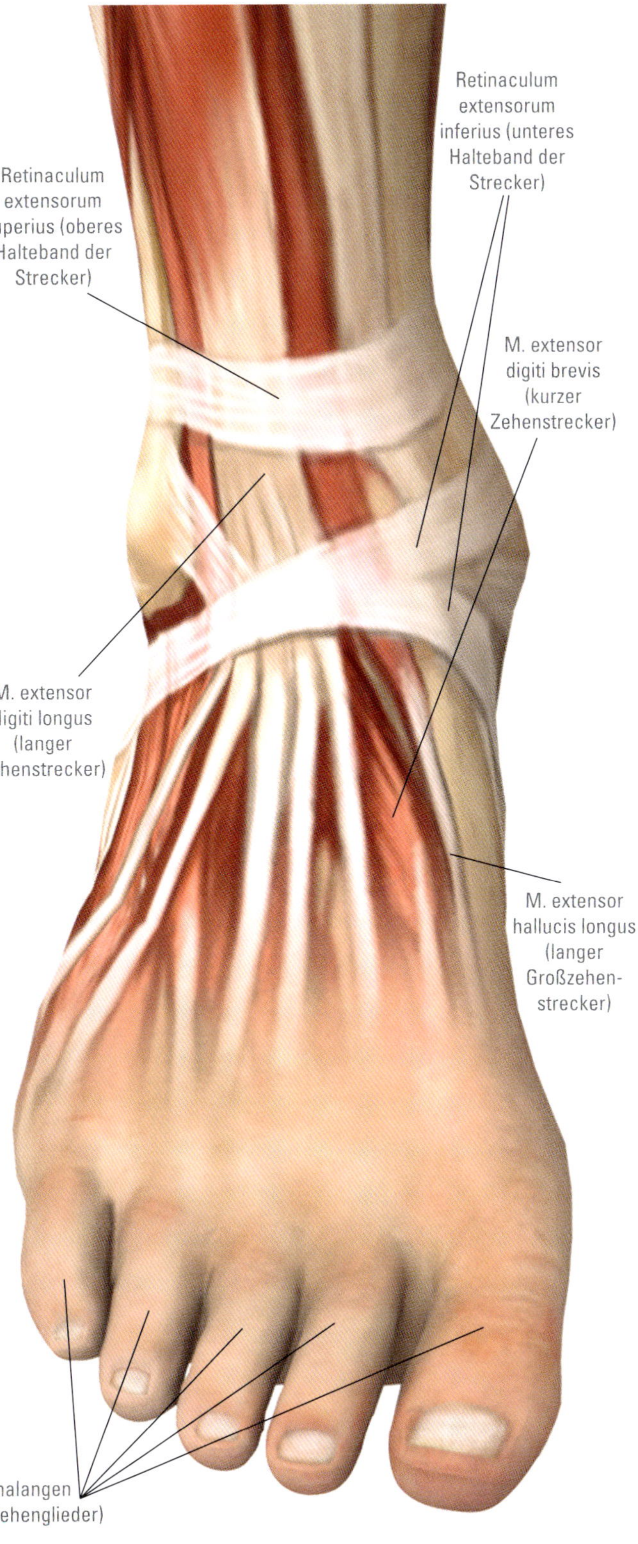

❸ Massieren Sie nun mit den Fingern jeden Zeh einzeln. Dabei können Sie entweder pressende und ziehende Bewegungen ausführen, oder Sie üben rhythmischen Druck aus, während Sie am Zeh entlangfahren.

❶ Beenden Sie die Fußmassage, indem Sie behutsam auf das untere Ende jedes Zehennagels drücken.

❷ Wiederholen Sie anschließend die gesamte Sequenz am anderen Fuß.

VORSICHT

Bei (potenziell) schwangeren Frauen sollten Sie diesen Teil der Massage auslassen. Die Zehennägel gelten als Akupressurpunkte, die Energie nach unten ableiten.

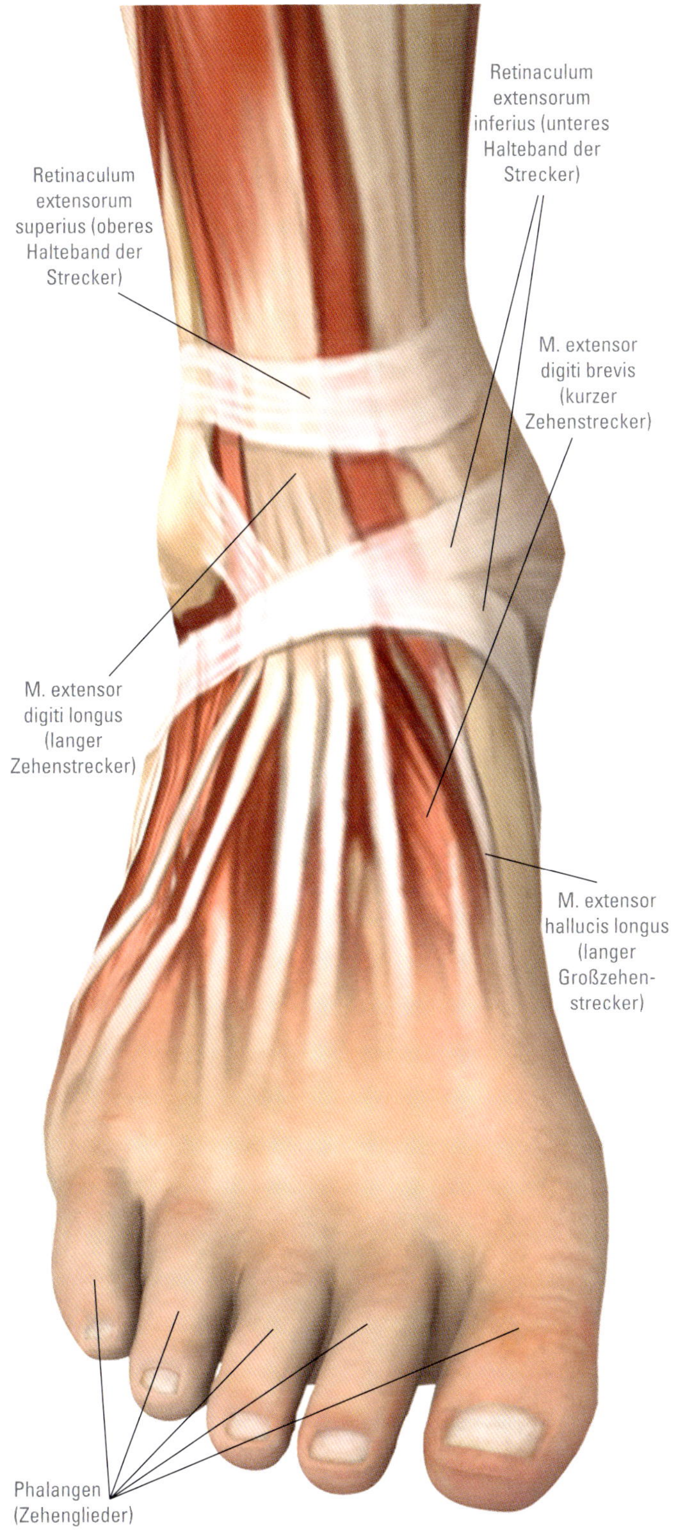
Retinaculum extensorum inferius (unteres Halteband der Strecker)
Retinaculum extensorum superius (oberes Halteband der Strecker)
M. extensor digiti brevis (kurzer Zehenstrecker)
M. extensor digiti longus (langer Zehenstrecker)
M. extensor hallucis longus (langer Großzehen-strecker)
Phalangen (Zehenglieder)

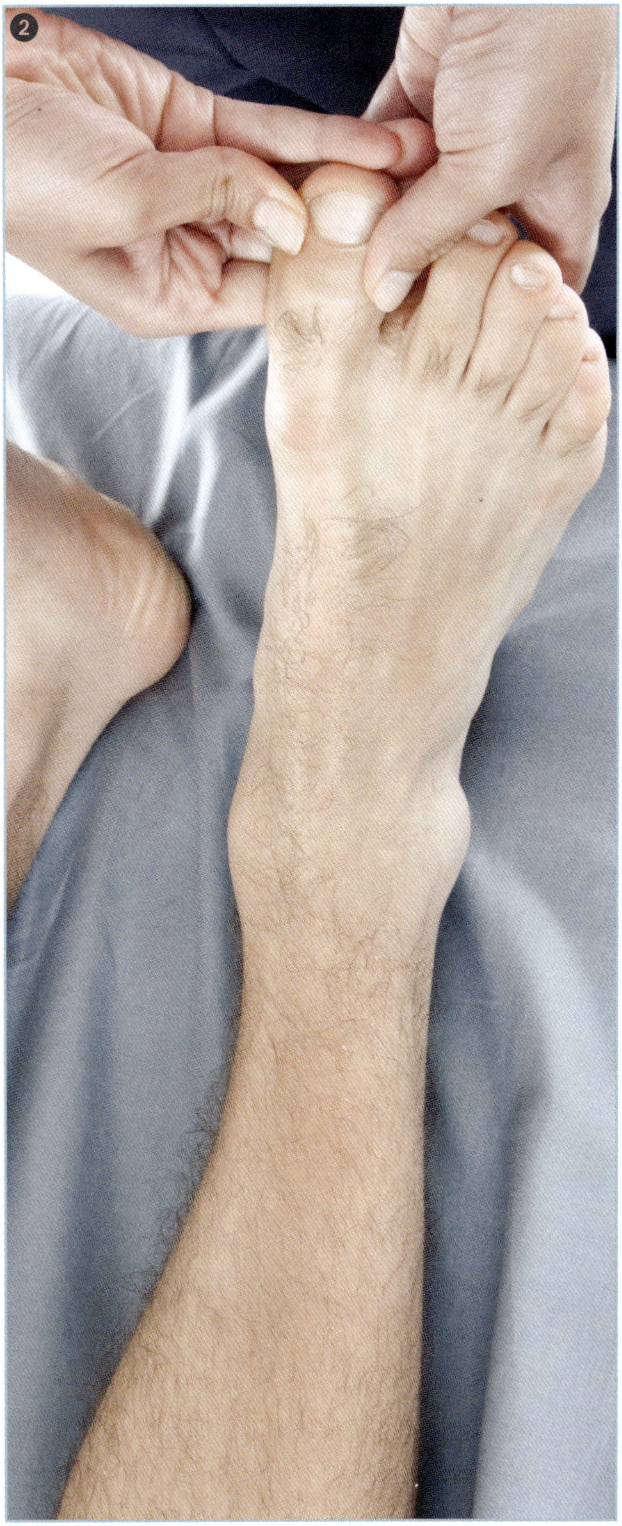
2

DIE BEINVORDERSEITE

Zusammengenommen bilden die Beinmuskeln eine der vier größten Muskelgruppen des Körpers (neben Rücken, Armen und Brust). Ohne unsere Beine könnten wir weder gehen noch stehen, nicht einmal sitzen, und aus diesem Grund sollten wir sie verwöhnen. Die folgenden Massagegriffe sind dafür bestens geeignet.

VORSICHT

- Achten Sie darauf, dass Sie sich während der Massage langsam und bewusst bewegen, da Sie sich sonst selbst Verspannungen zuziehen könnten. Bewegen Sie sich, falls nötig, um Ihren Partner herum, sodass Sie jederzeit eine bequeme Haltung einnehmen können.
- Verzichten Sie auf eine Massage der Beine, wenn die betreffende Person kürzlich eine lange Flugreise unternommen hat und über Schmerzen in den Beinen klagt. Sie könnte an einer tiefen Venenthrombose leiden.

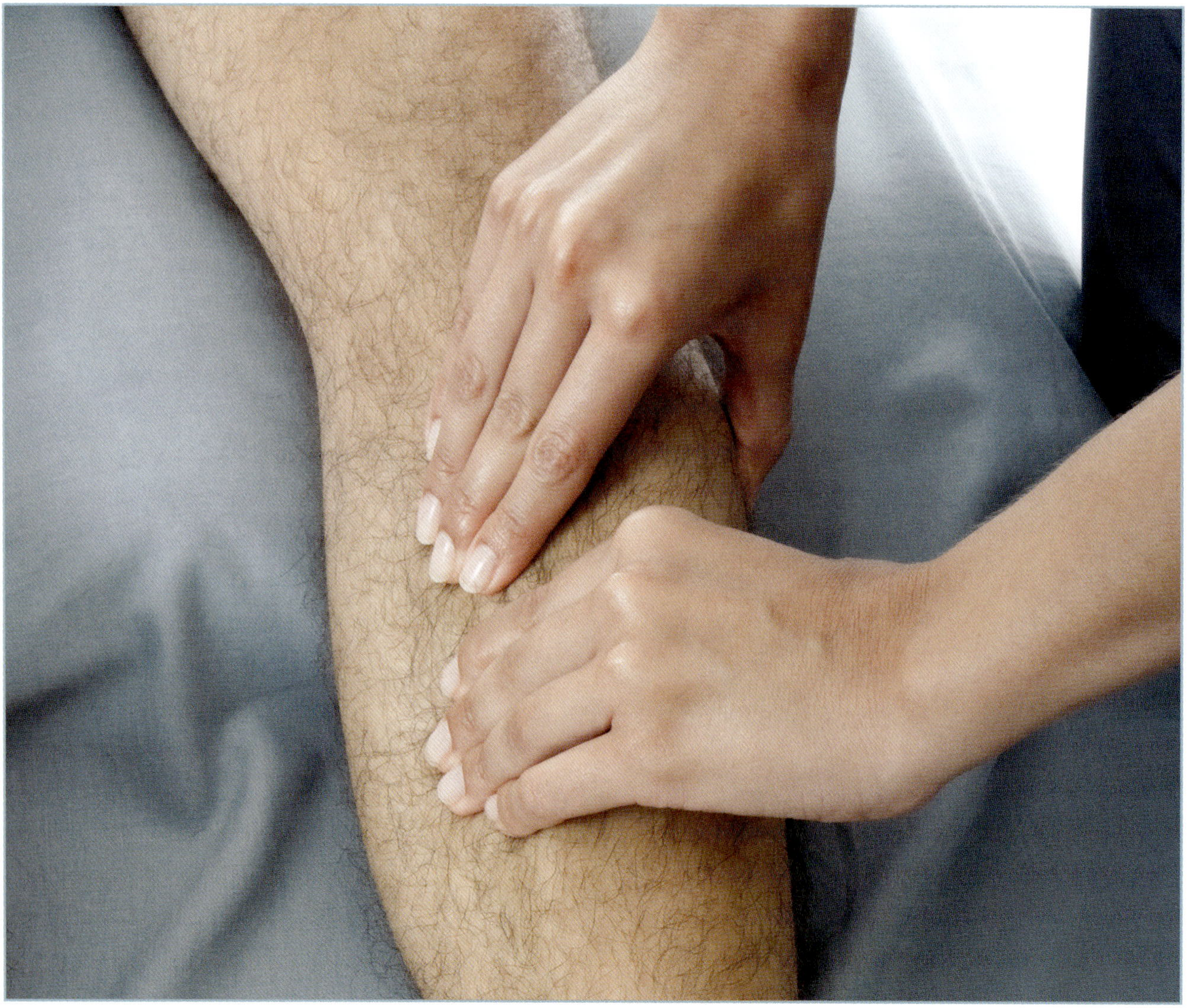

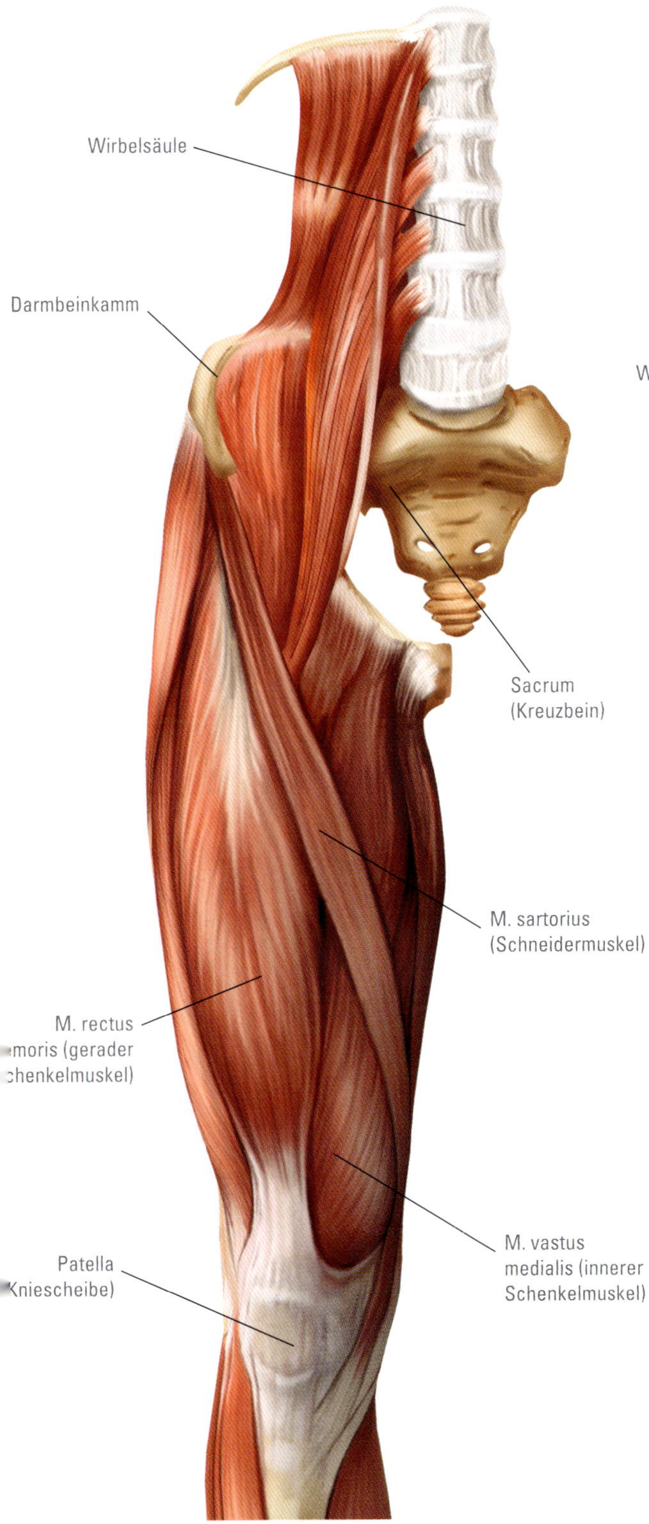
Wirbelsäule
Darmbeinkamm
Sacrum
(Kreuzbein)
M. sartorius
(Schneidermuskel)
M. rectus
moris (gerader
chenkelmuskel)
M. vastus
medialis (innerer
Schenkelmuskel)
Patella
Kniescheibe)

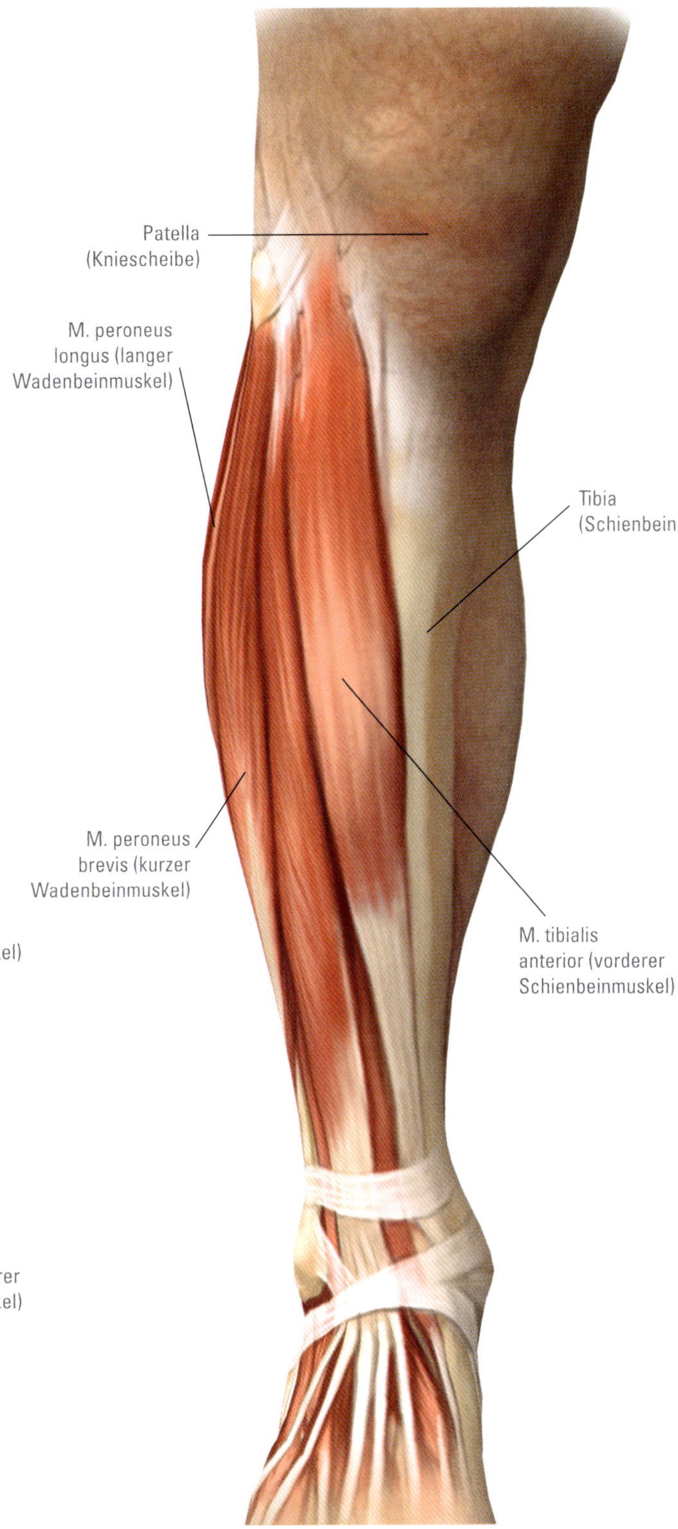
Patella
(Kniescheibe)
M. peroneus
longus (langer
Wadenbeinmuskel)
Tibia
(Schienbein)
M. peroneus
brevis (kurzer
Wadenbeinmuskel)
M. tibialis
anterior (vorderer
Schienbeinmuskel)

❶–❸ Zu Beginn erwärmen Sie etwas Öl in Ihren Händen. Stellen Sie sich ans Fußende der Liege, und beginnen Sie mit einer sanften Effleurage, um die Haut zu erwärmen und die Durchblutung anzuregen. Fangen Sie sehr sachte an, und erhöhen Sie allmählich den Druck.

❶

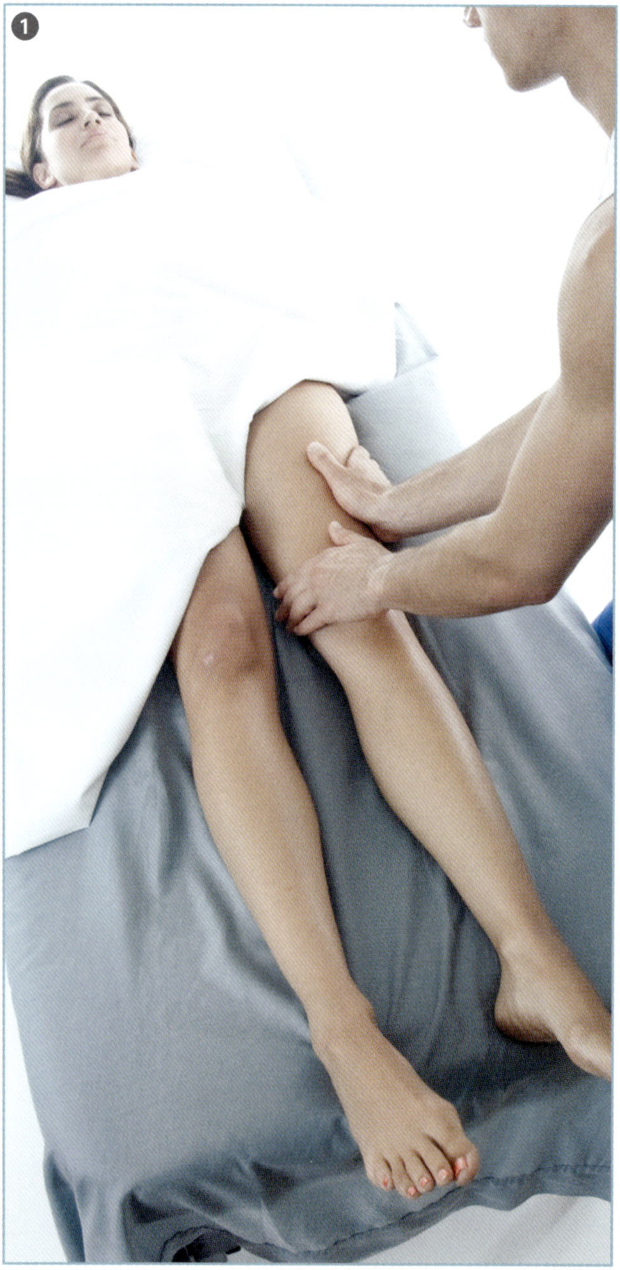

❷

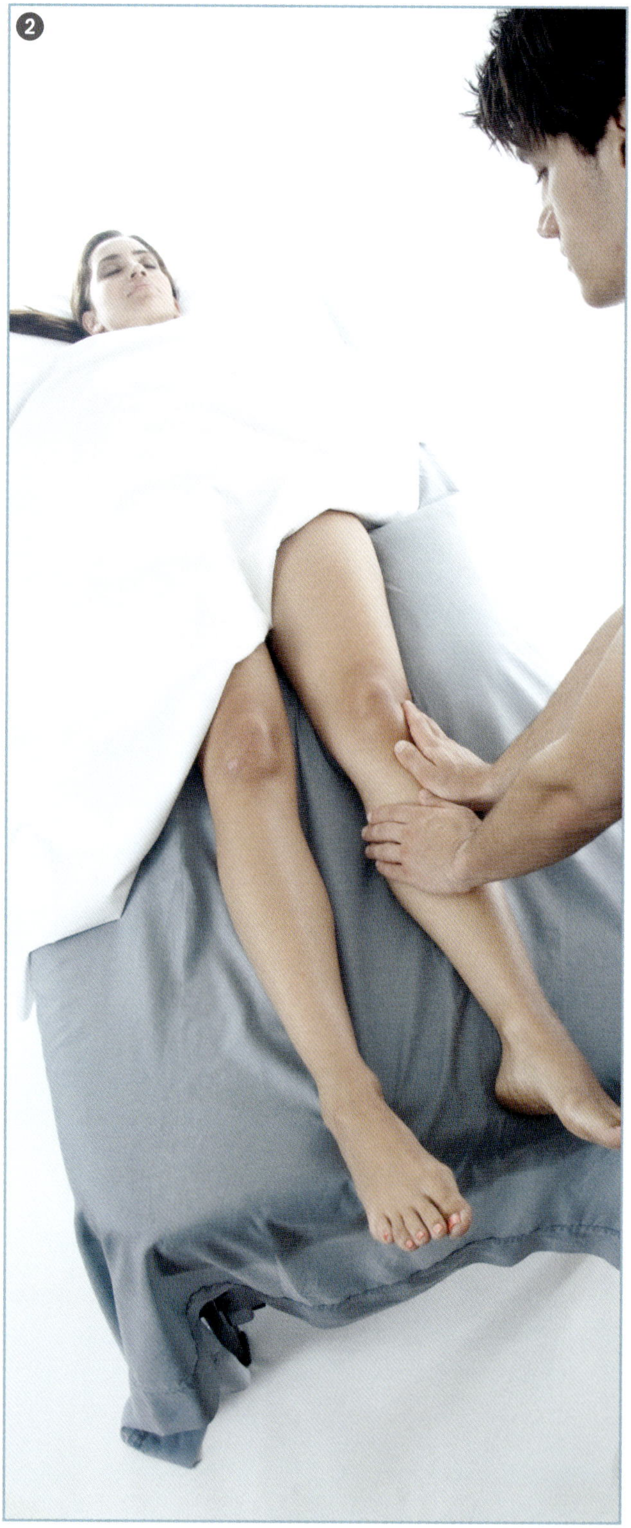

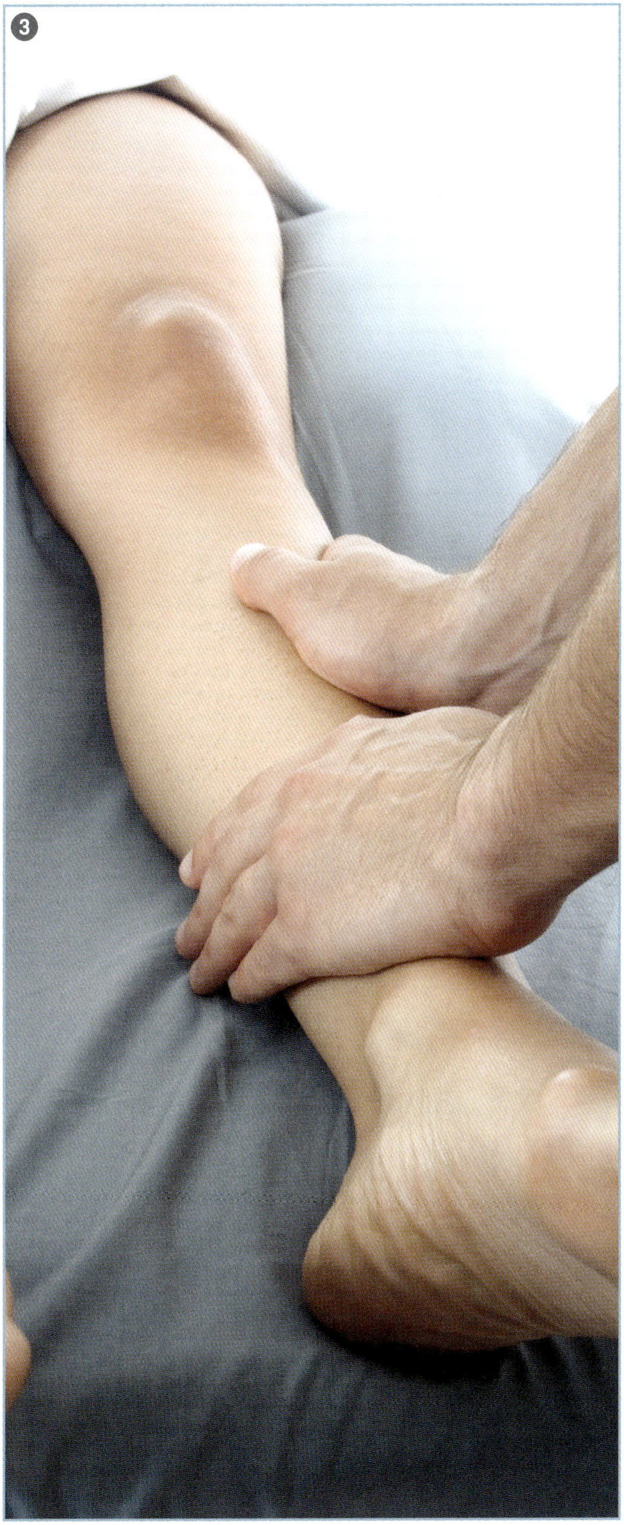
3

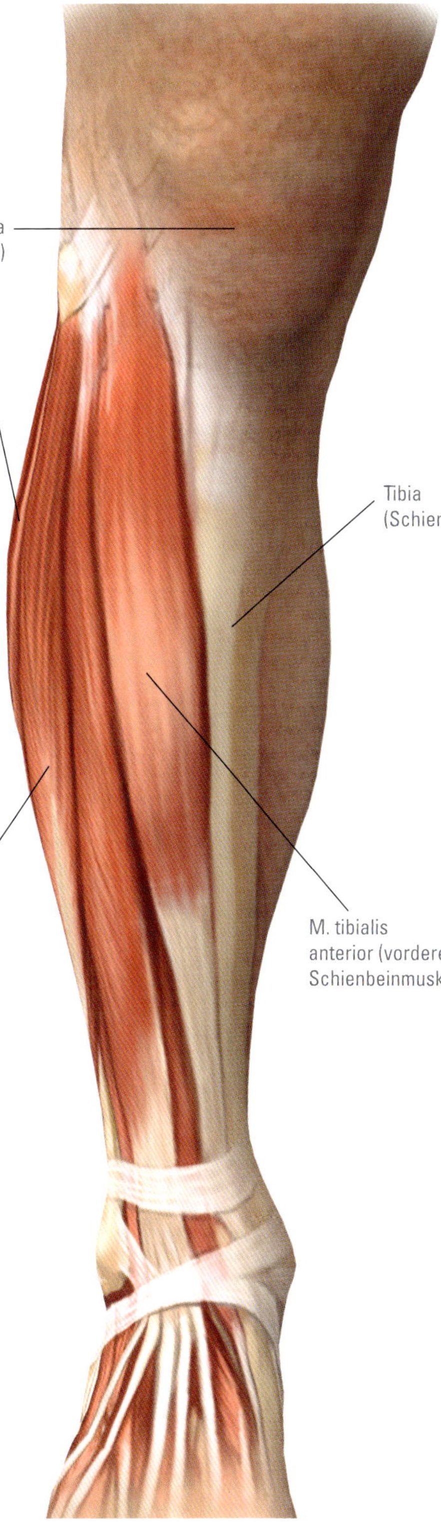
Patella (Kniescheibe)
M. peroneus longus (langer Wadenbein-muskel)
Tibia (Schienbein)
M. peroneus brevis (kurzer Wadenbein-muskel)
M. tibialis anterior (vorderer Schienbeinmuskel)

❶ Als Nächstes drücken und kneten Sie den inneren Wadenmuskel, auch bekannt als medialer Kopf des Zwillingswadenmuskels. Dieser kraftvolle Muskel ist praktisch ständig im Einsatz, wenn wir stehen, gehen oder laufen – deshalb freut er sich besonders über eine entspannende Massage.

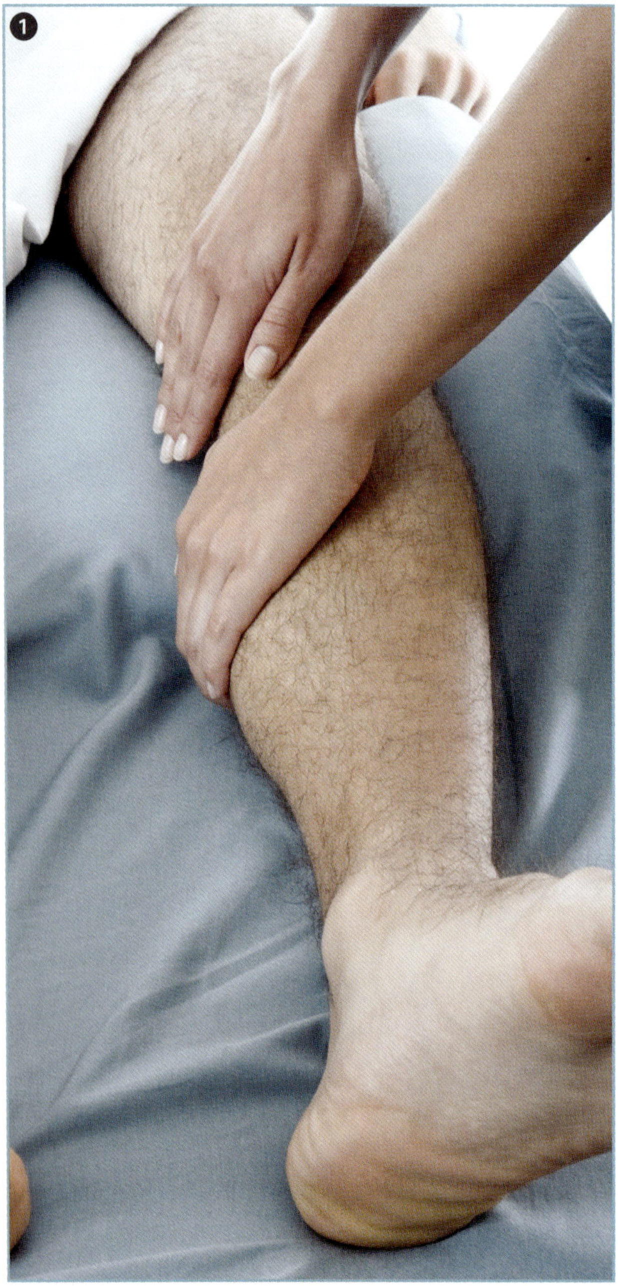

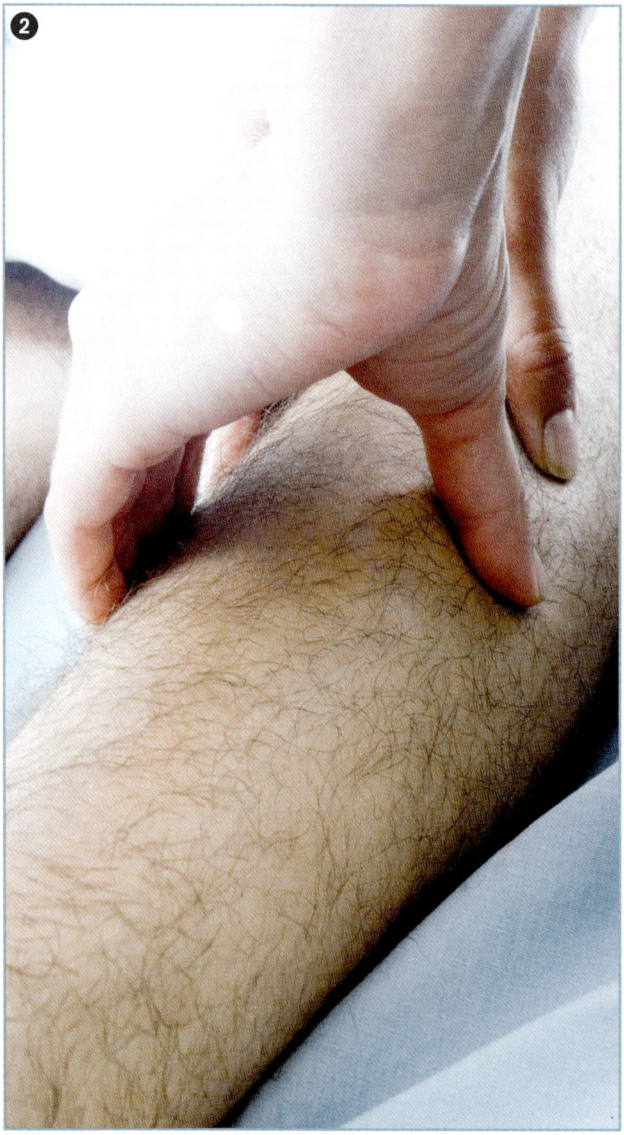

❷ Benutzen Sie anschließend Ihre Daumen, um den langen Wadenbeinmuskel, also den Muskel an der Außenseite des Unterschenkels, quer zur Faser zu massieren. Falls Ihr Partner dazu neigt, häufiger mit dem Fuß umzuknicken, sollten Sie auf diese Streichung – die den Muskel dehnen und entspannen soll – allerdings verzichten. Denn eine Überdehnung des langen Wadenbeinmuskels ist häufig die Ursache für ein instabiles Sprunggelenk, und wir wollen das Problem ja nicht vergrößern.

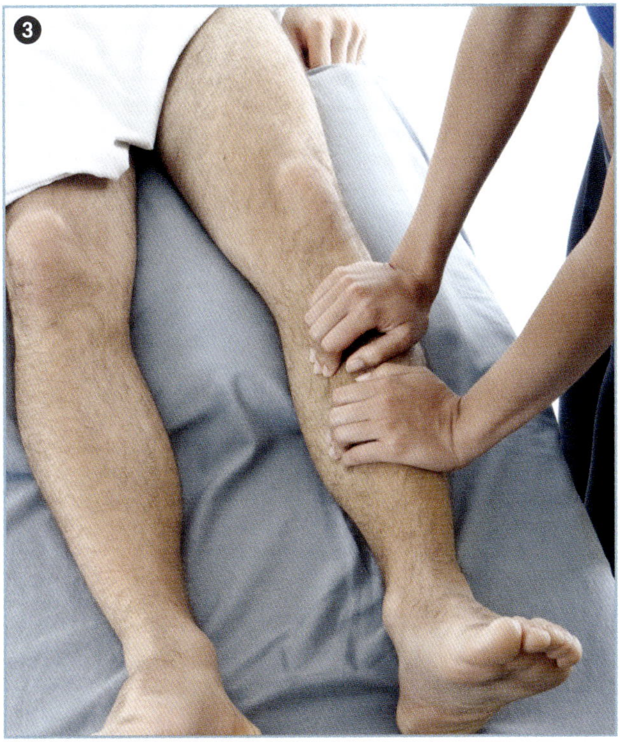

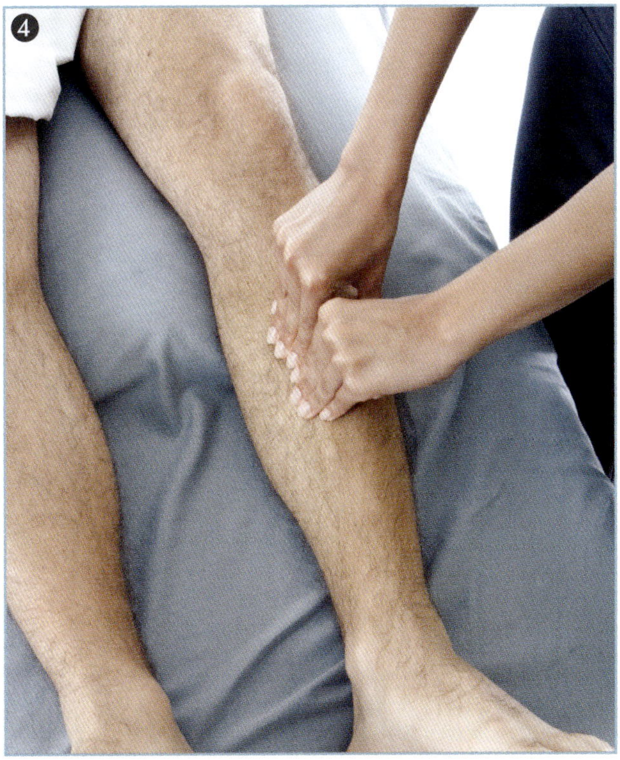

❸–❹ Drücken Sie nun vorsichtig am Schienbein entlang. Bitte bedenken Sie dabei, dass am Knochen selbst nicht viele Muskeln oder Fett vorhanden sind, weshalb man hier nicht allzu viel Druck ausüben darf.

Falls Ihr Partner gelegentlich unter Schmerzen im Schienbein (Schienbeinkantensyndrom) leidet, sollten Sie darauf achten, die Muskulatur nur zum Knochen hin zu massieren.

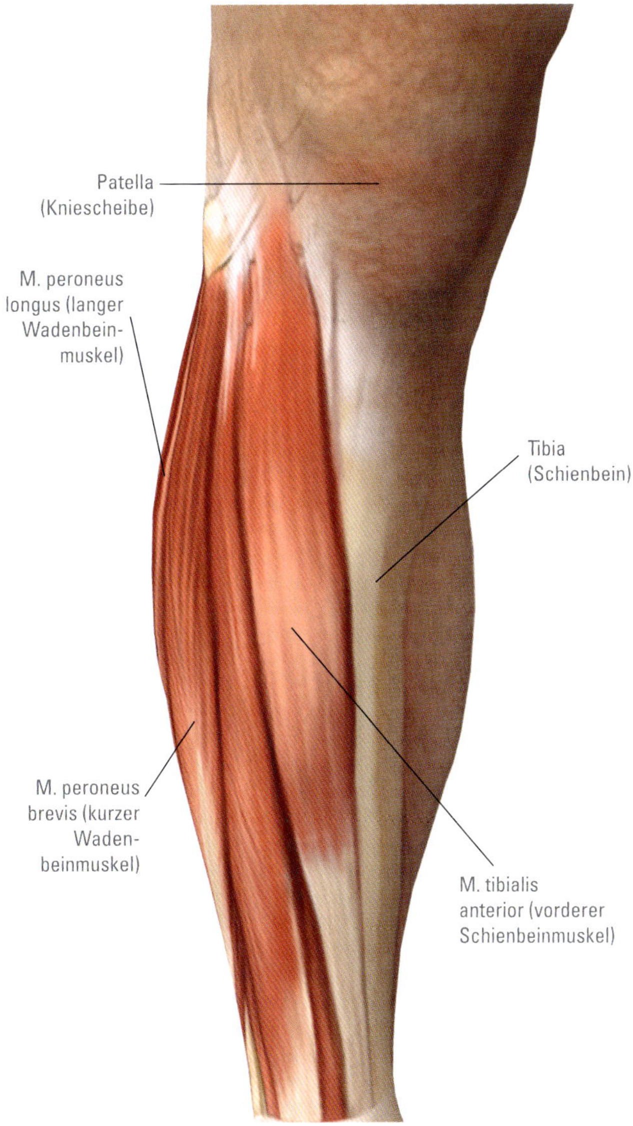

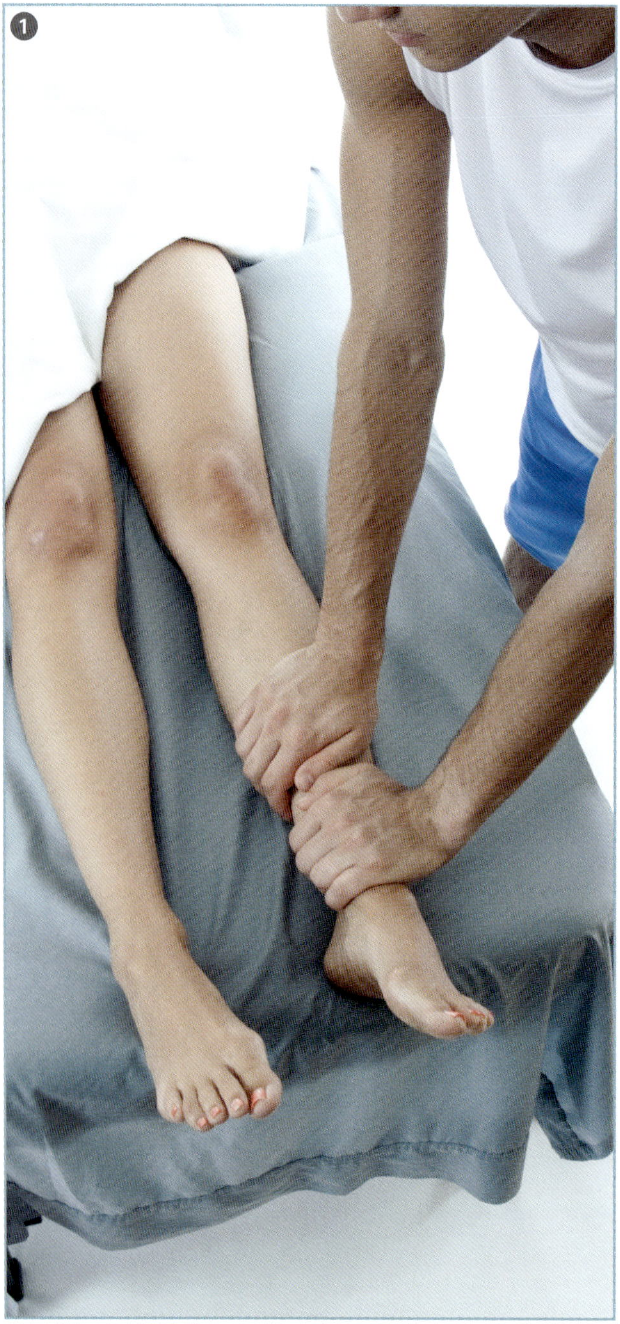

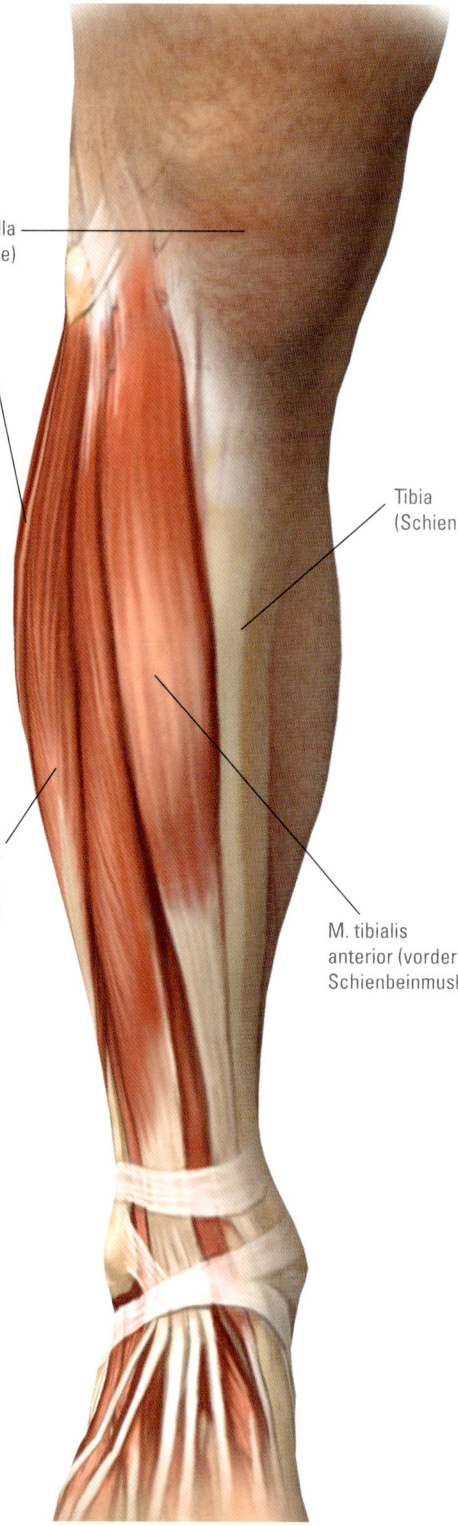

❶–❷ Legen Sie nun Ihre Hände quer über das Bein, und bearbeiten Sie es mit reibenden, gegenläufigen Vorwärts- und Rückwärtsbewegungen, vom Oberschenkel hinunter zum Sprunggelenk und wieder zurück zum Oberschenkel.

❸ Drücken Sie anschließend mit beiden Händen auf das Bein, und wandern Sie auf diese Weise erneut von oben nach unten und zurück.

VORSICHT

Das Knie ist unser größtes Gelenk im Körper, aber auch sehr komplex und dementsprechend empfindlich. Deshalb ist es sehr wichtig, dass Sie keinen direkten Druck auf die Kniescheibe ausüben. Das Knie sollte immer nur seitlich massiert werden.

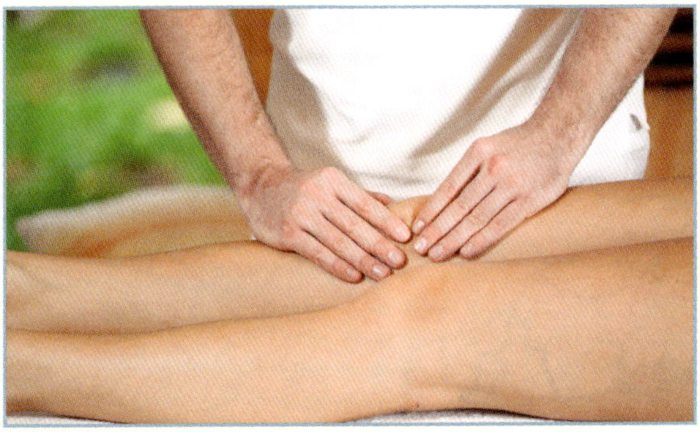

❷

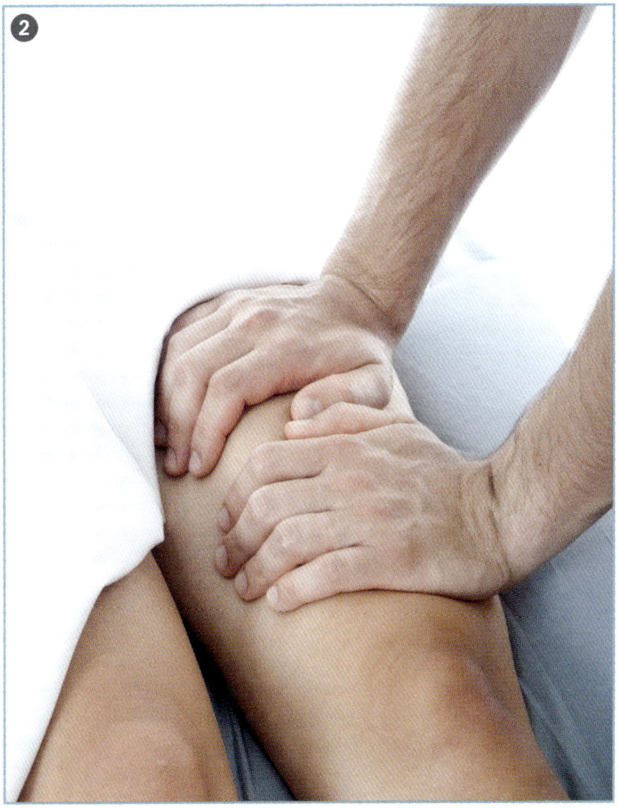

❸

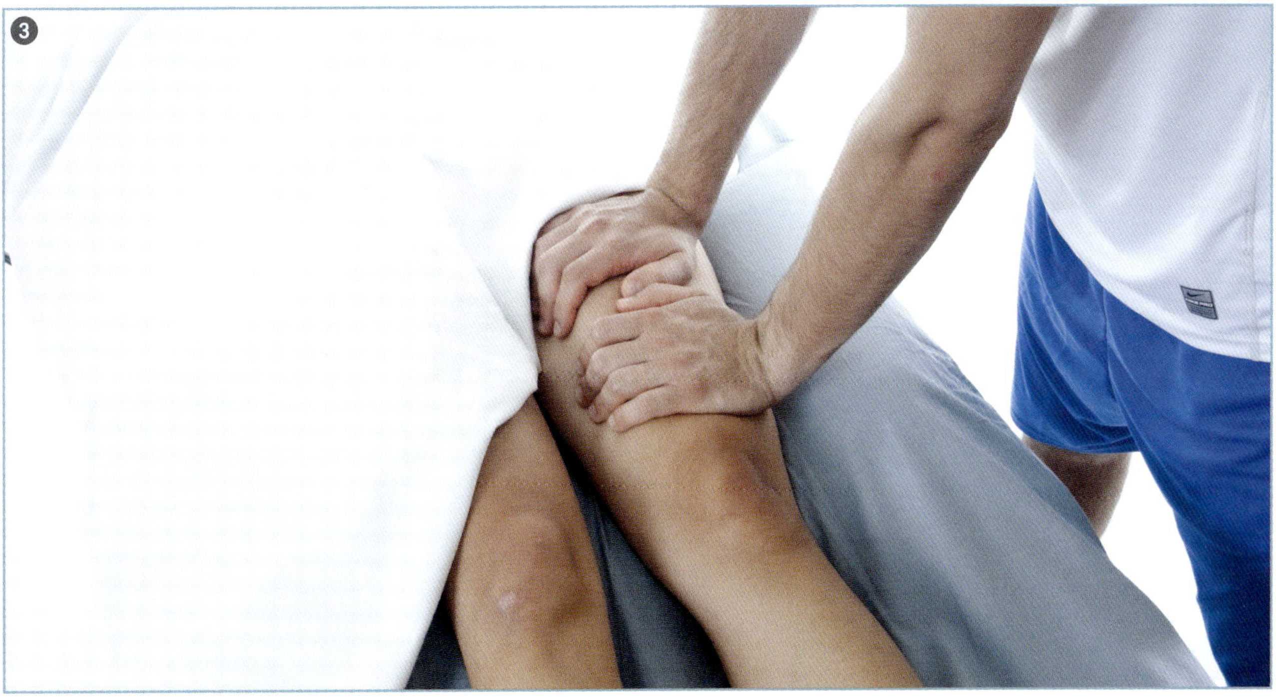

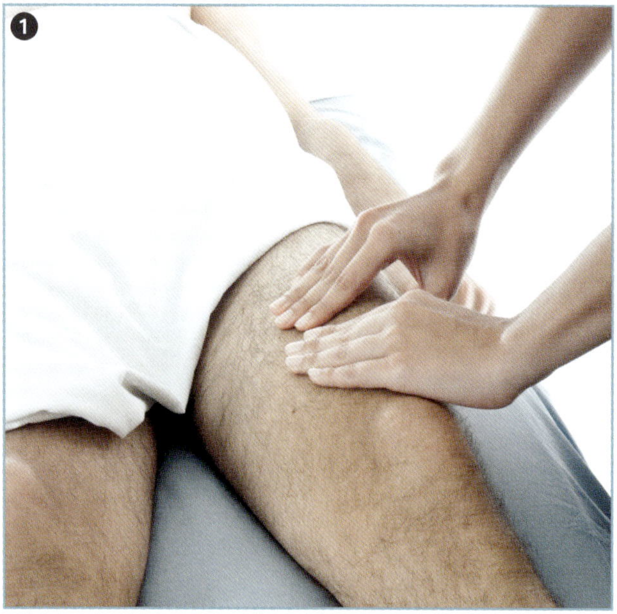

❶–❷ Als Nächstes kneten Sie mit Daumen und Fingern den Rectus femoris – den Muskel auf der Oberschenkeloberseite, der von der Hüfte zum Knie verläuft. Seine Aufgabe ist es, das Knie zu strecken und das Bein in der Hüfte anzuwinkeln; da wir diesen Muskel bei jedem Schritt anspannen, sollten wir ihm ruhig etwas mehr Aufmerksamkeit widmen.

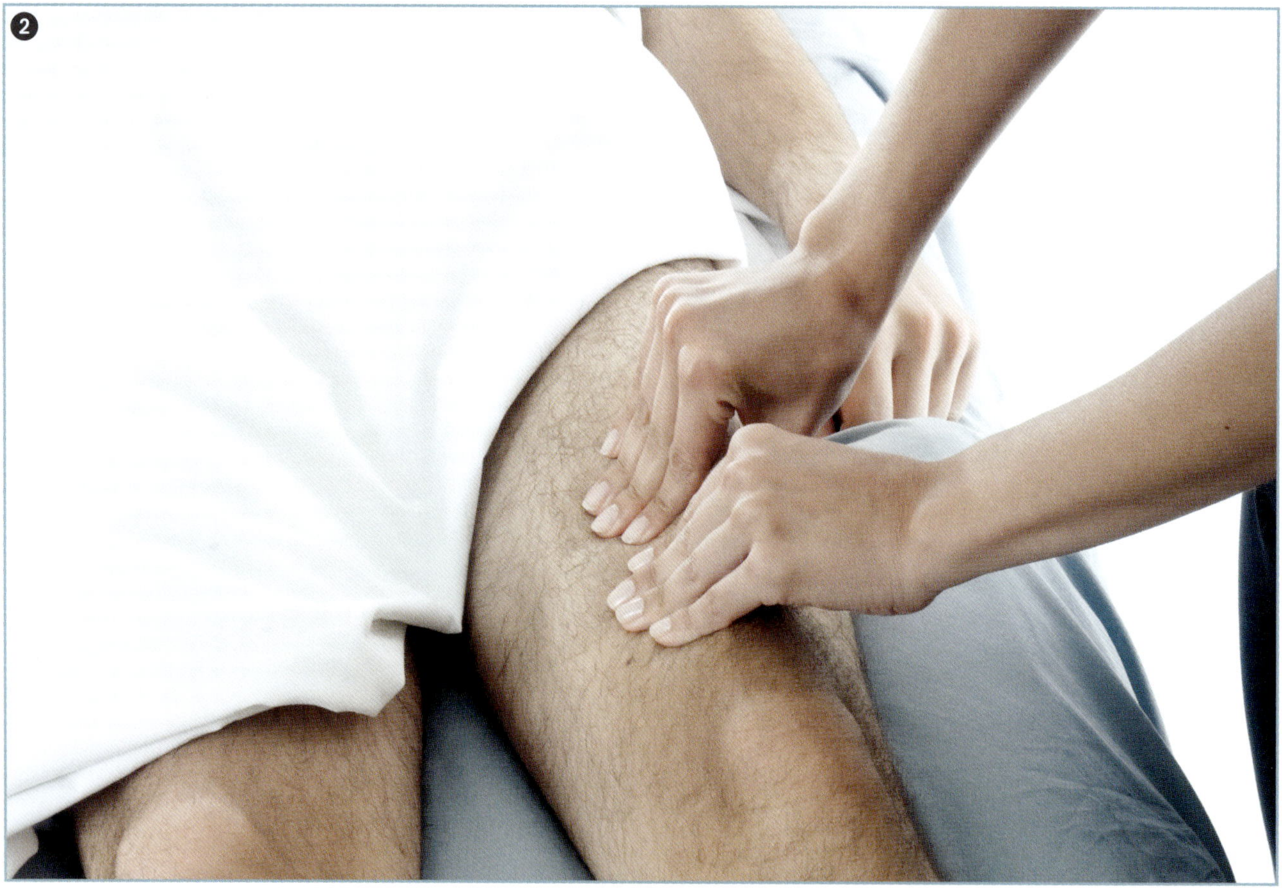

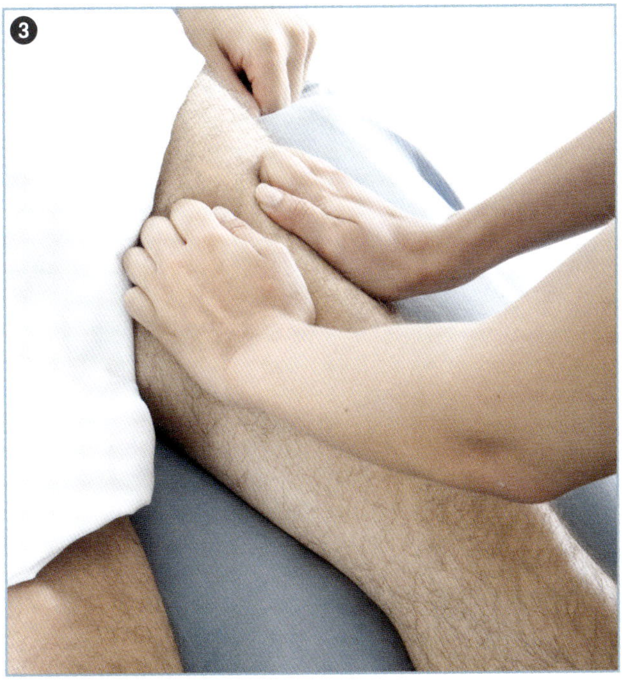

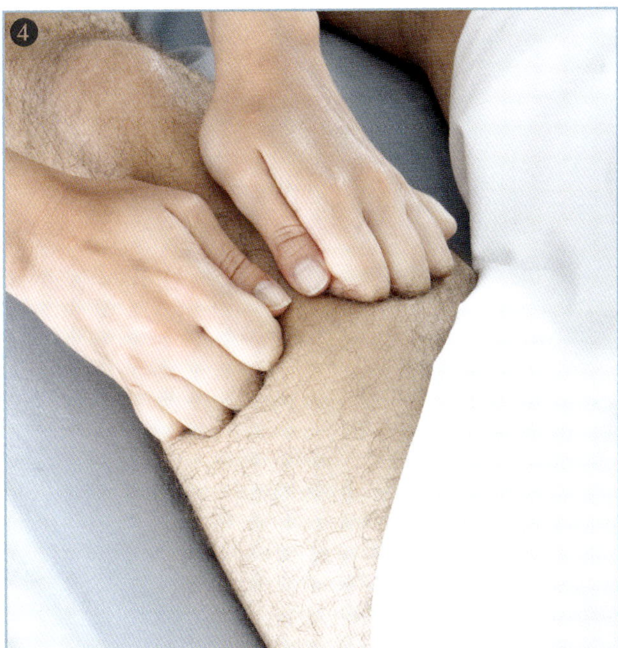

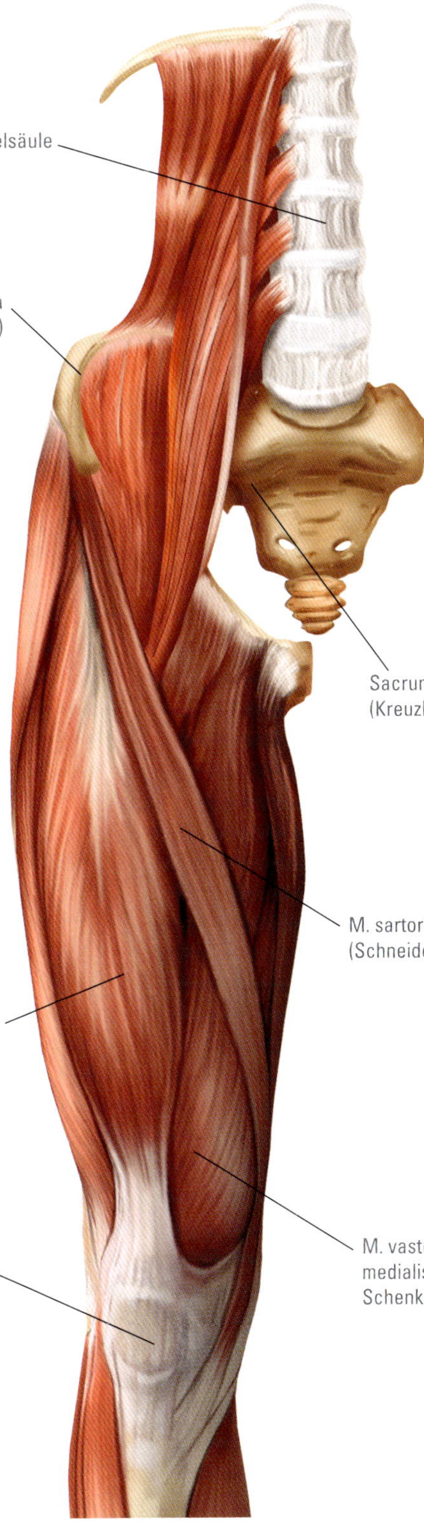

3–4 Nun bilden Sie mit beiden Händen lockere, offene Fäuste und lassen die Fingerknöchel den Rectus femoris entlanggleiten. Beginnen Sie am Knie, und arbeiten Sie sich nach oben zur Hüfte vor.

❶ Schließen Sie eine Hand nun zu einer – ebenfalls lockeren – Faust, und stützen Sie sie wie abgebildet mit der anderen Hand. Pressen Sie die Faust von oben sanft in den Schenkelmuskel; beginnen Sie am Knie, und arbeiten Sie sich zur Hüfte vor.

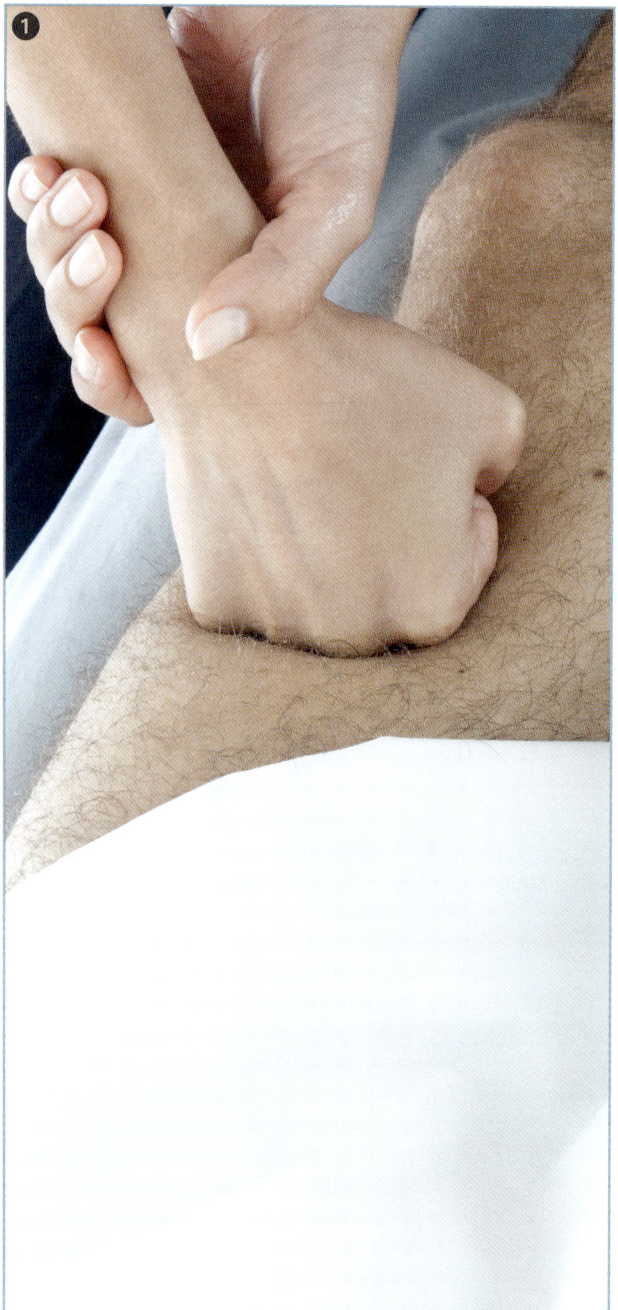

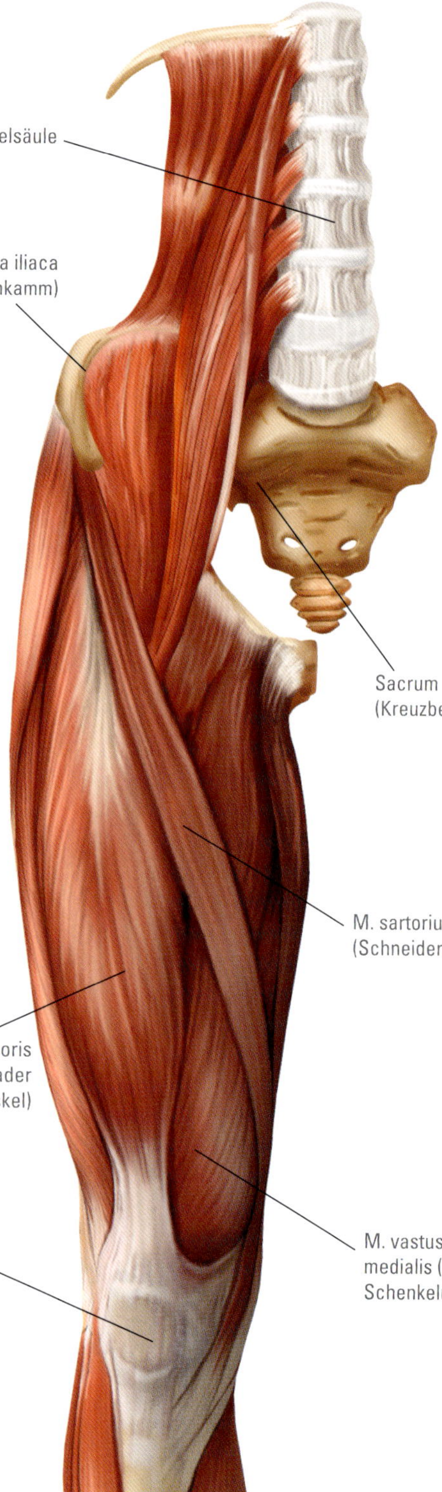

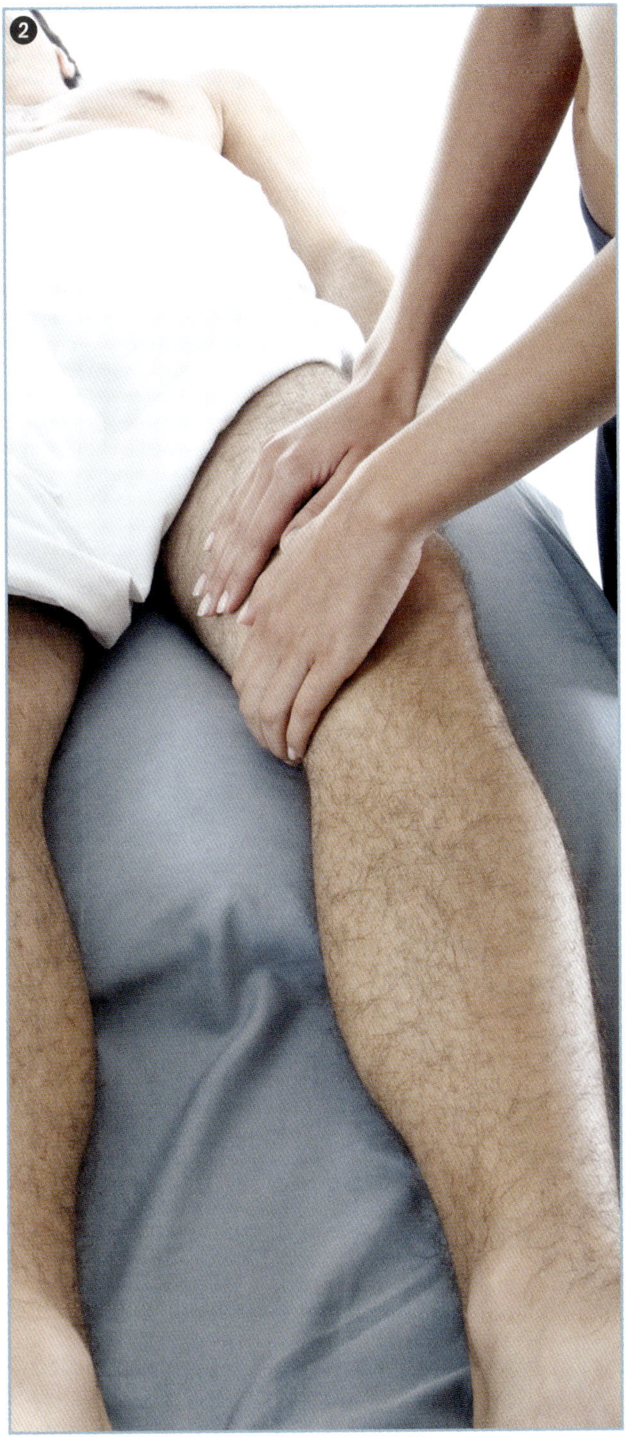

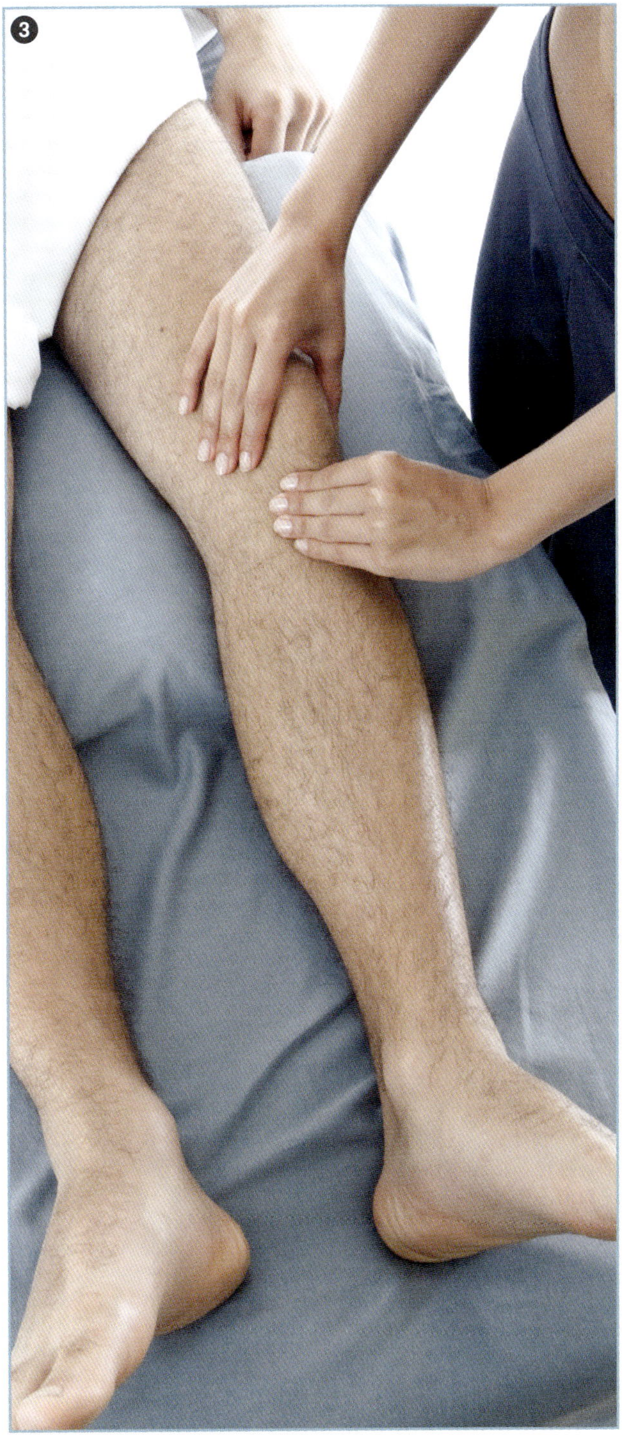

❷–❸ Massieren Sie nun behutsam die seitliche Kniepartie, walken und kneten Sie hierzu den gesamten fleischigen Bereich in der Nähe des inneren Schenkelmuskels.

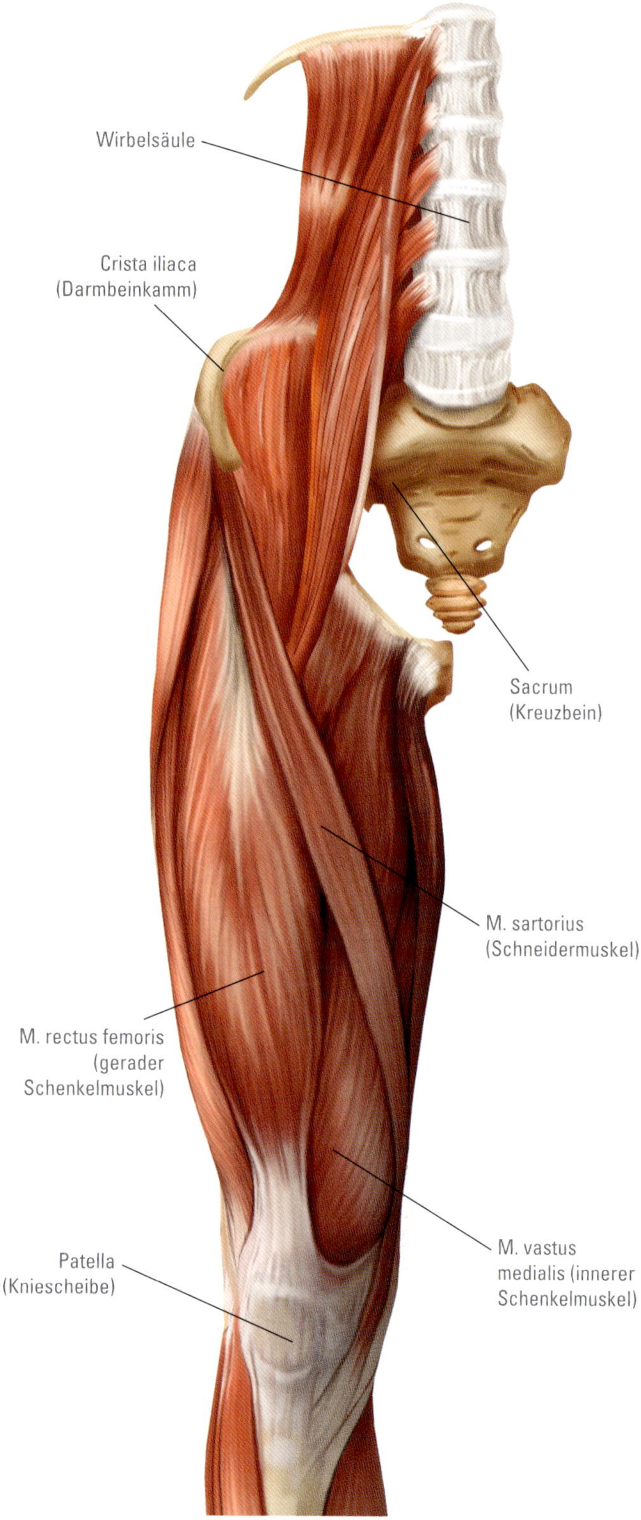

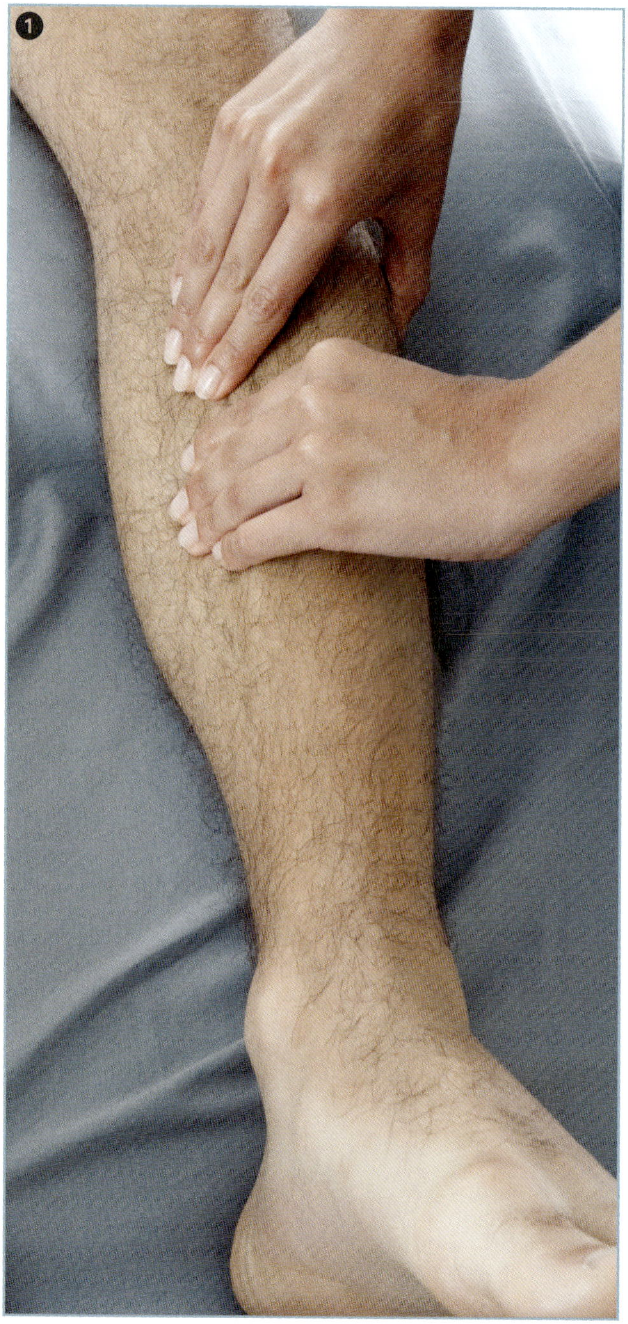

❶ Da das Bein inzwischen ausreichend aufgewärmt ist, können Sie es nun mit beiden Händen greifen und mit den Fingern in kleinen Kreisen massieren. Beginnen Sie am Sprunggelenk, und arbeiten Sie sich langsam zum Oberschenkel vor.

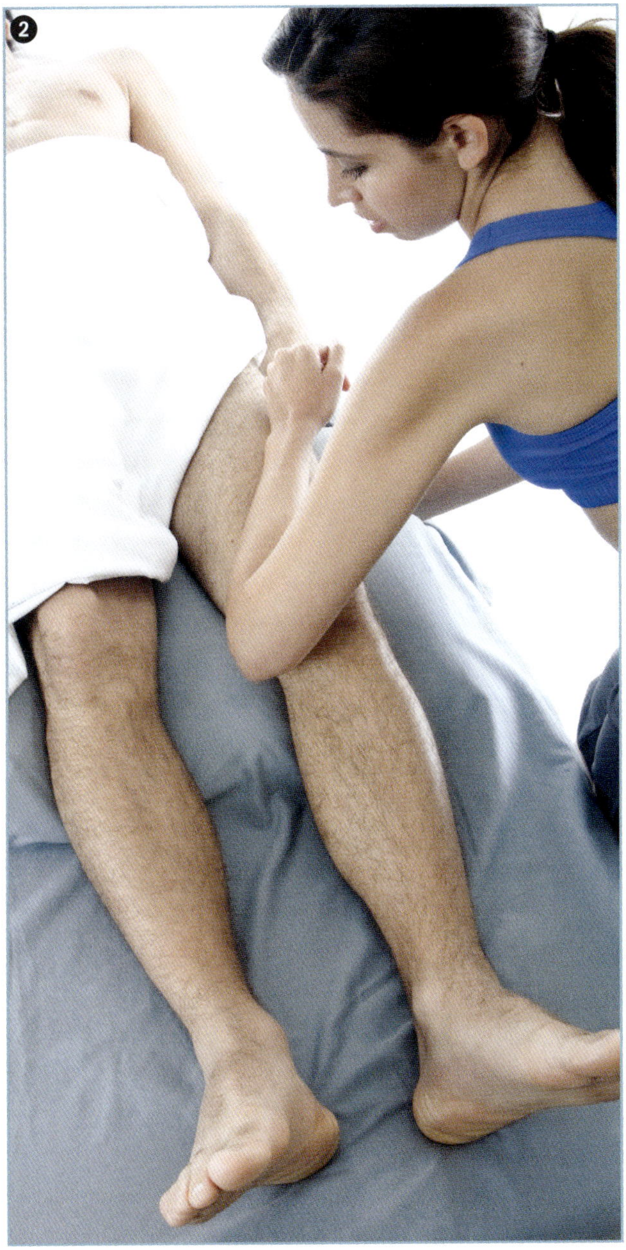

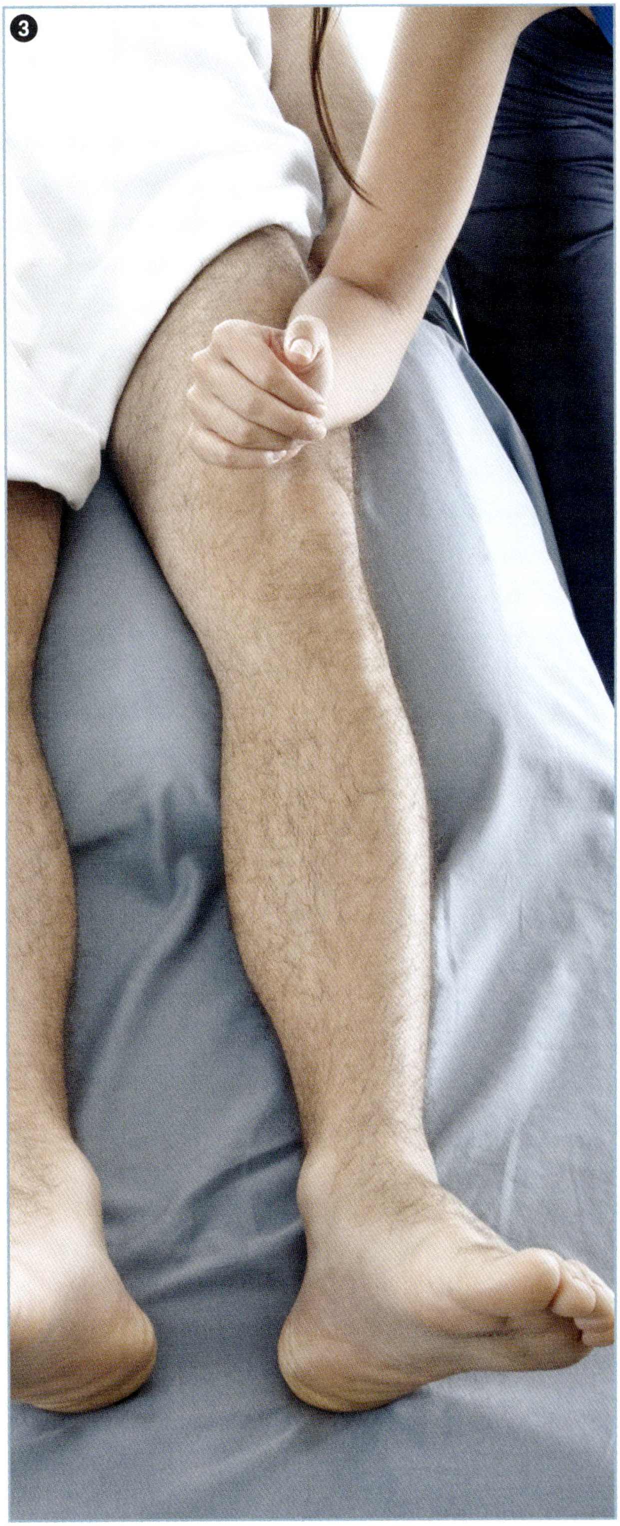

❷–❸ Abschließend drücken Sie mit der Innenseite des Unterarms gegen die Innenseite des Oberschenkels. Beginnen Sie knapp oberhalb des Knies, und schieben Sie den angewinkelten Unterarm aufwärts, so weit, wie Ihr Partner dies als angenehm empfindet. Achten Sie darauf, nicht gegen das Knie zu stoßen oder allzu starken Druck auszuüben.

④ OBERKÖRPER: DIE VORDERS

Nach den Beinen können Sie sich jetzt dem Oberkörper zuwenden – und zwar zuerst den Bauchmuskeln und dann der Brust.

Seien Sie besonders vorsichtig, wenn Sie den Bauchbereich massieren. Dies ist eine sehr sensible Partie, und viele Menschen sind es nicht gewohnt, hier massiert zu werden.

Gehen Sie also in jedem Fall langsam und sanft vor. Falls die Massage des Bauchs aber dennoch als unangenehm empfunden wird, können Sie diesen Teil auch überspringen und direkt mit Brust, Nacken oder Gesicht fortfahren.

TE

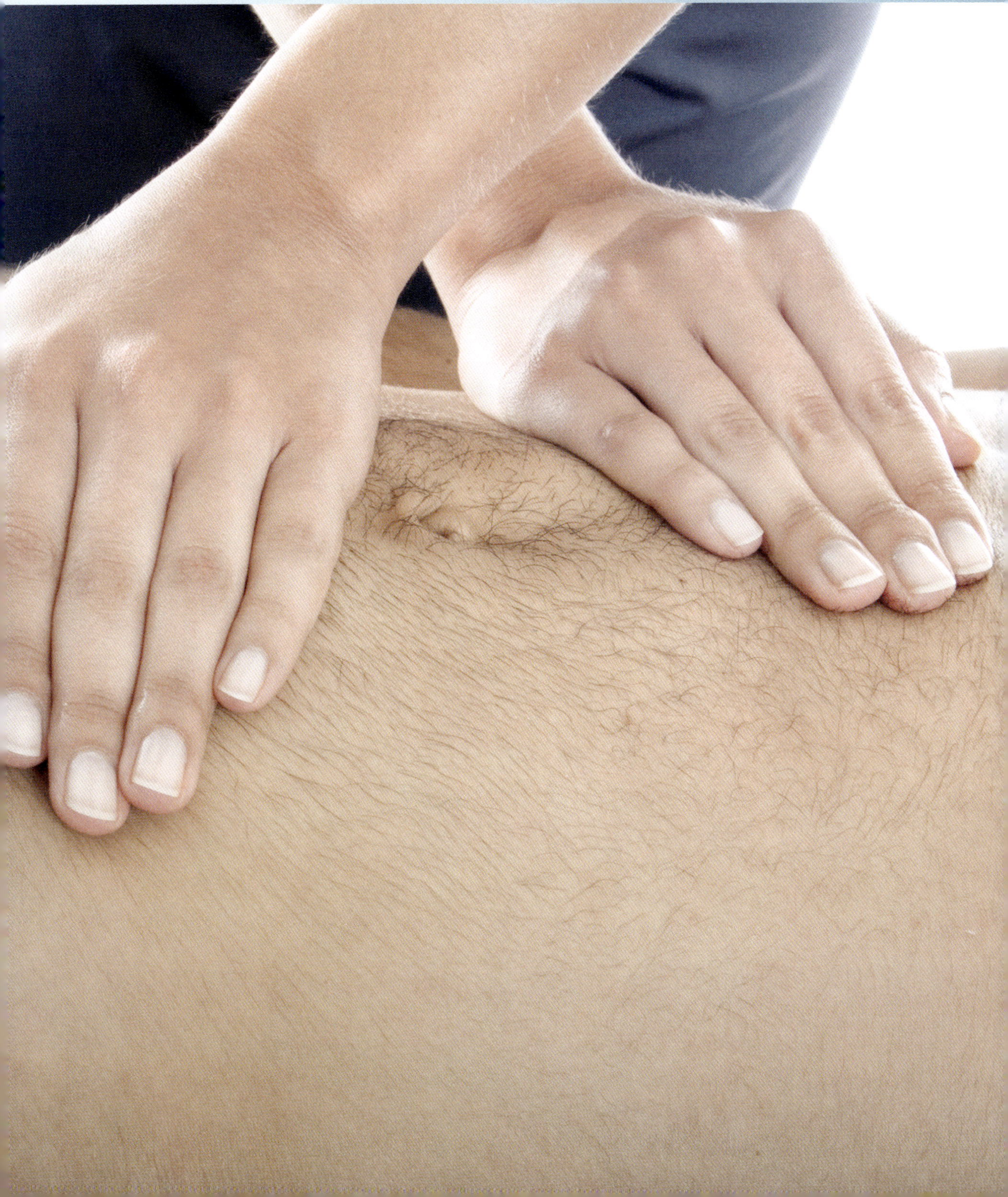

BAUCH & BRUST

Die Bauchmuskulatur besteht im Grunde aus vier verschiedenen Muskelgruppen, nämlich den inneren und äußeren schrägen Bauchmuskeln sowie den geraden und quer verlaufenden Bauchmuskeln. Im Verbund ermöglichen es uns diese Muskeln, aufrecht zu stehen, uns zu drehen und unseren Oberkörper zu wenden und zu beugen.

Viele professionelle Masseure sparen im Rahmen einer Ganzkörpermassage den Bauch völlig aus, weil er ein äußerst sensibler Körperteil ist; so sensibel, dass eine Stimulation dieses Bereichs bei einigen Menschen unterdrückte Gefühle an die Oberfläche bringen kann. Beschränken Sie sich also bei der Massage des Bauches ausschließlich auf sanfte Bewegungen und geringen Druck. Die Brust besteht aus zwei Muskeln, dem großen und dem kleinen Brustmuskel. Diese Muskeln benötigen wir, um etwas mit den Armen an uns heranzuziehen, wie beim Umarmen, oder um etwas von uns wegzustoßen, wie beim Bankdrücken.

VORSICHT

Massieren Sie grundsätzlich keine schwangeren Frauen oder Menschen mit hohem Blutdruck oder Magen-Darm-Beschwerden. Nach einer üppigen Mahlzeit kann eine Bauchmassage außerdem eher als unangenehm empfunden werden.

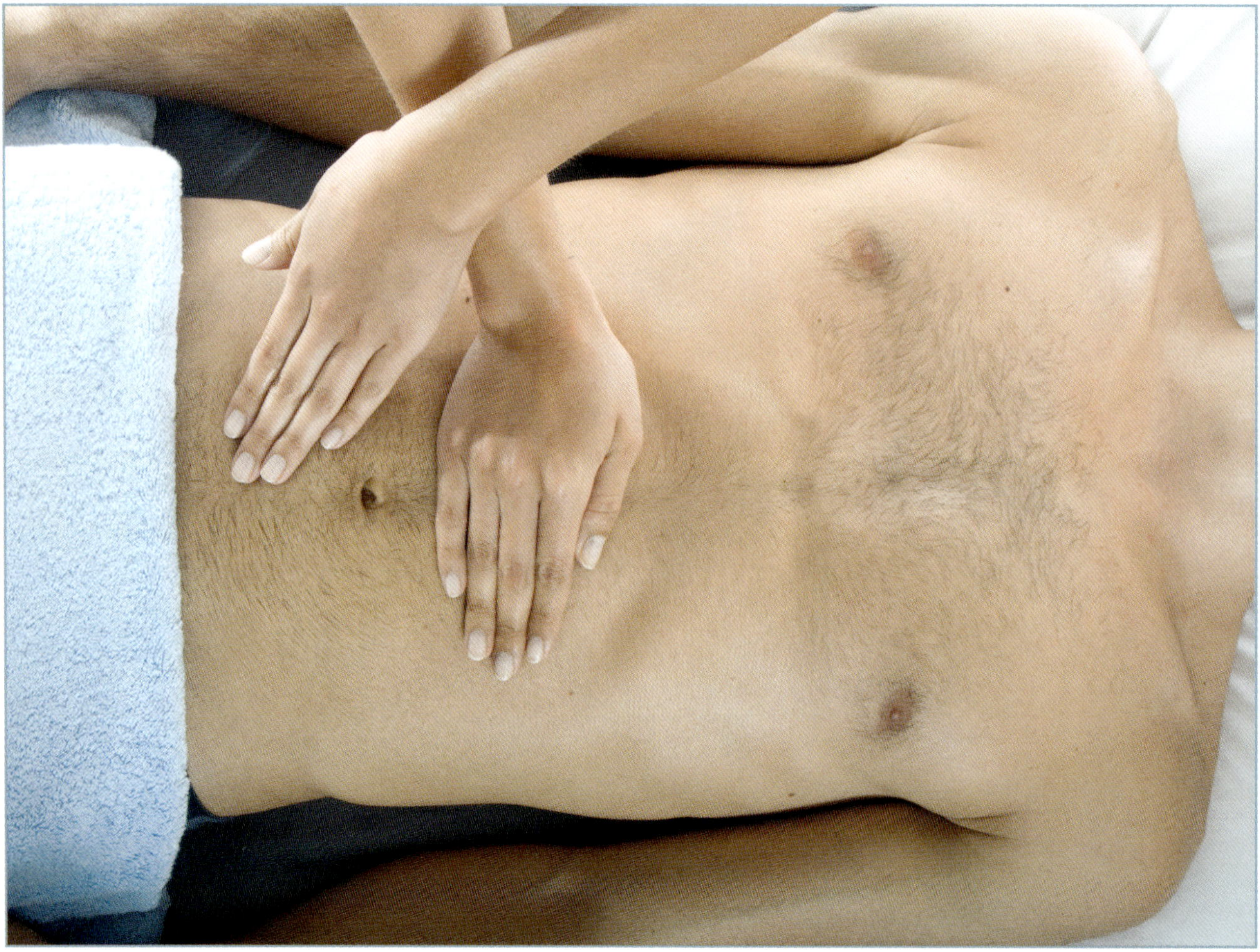

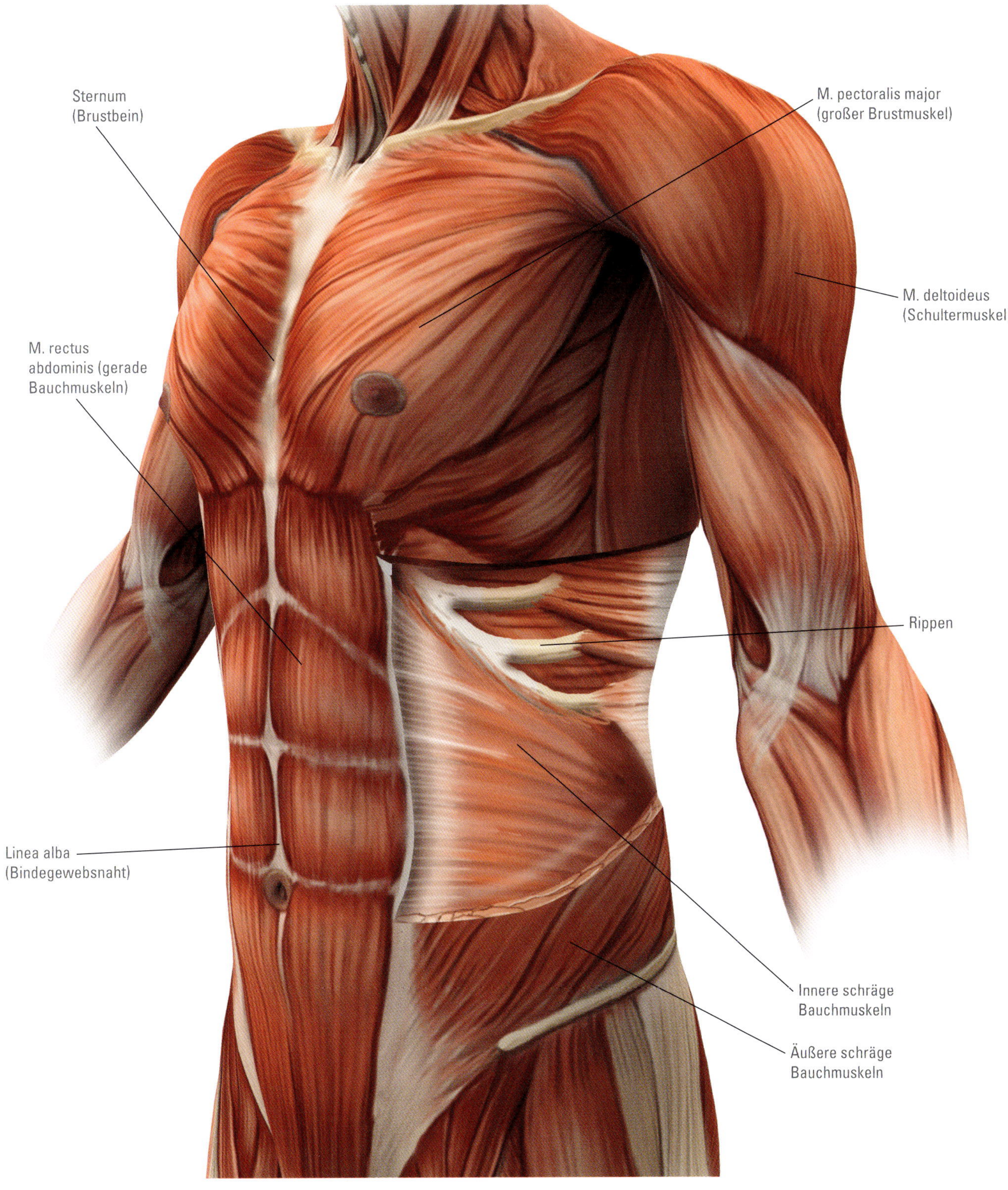
Sternum
(Brustbein)
M. pectoralis major
(großer Brustmuskel)
M. deltoideus
(Schultermuskel)
M. rectus
abdominis (gerade
Bauchmuskeln)
Rippen
Linea alba
(Bindegewebsnaht)
Innere schräge
Bauchmuskeln
Äußere schräge
Bauchmuskeln

❶ Beginnen Sie mit der herkömmlichen Effleurage, gehen Sie diesmal aber noch sachter vor als sonst. Wärmen Sie etwas Öl in Ihren Händen an, und bitten Sie den Partner, einmal ein- und auszuatmen. Beim Ausatmen platzieren Sie Ihre Hände auf seinem Bauch.

❷–❸ Ihre Hände befinden sich über Kreuz am oberen und unteren Ende der Bauchmuskulatur. Vollführen Sie nun streichende Bewegungen im Uhrzeigersinn – dieselbe Richtung also, in der auch die Verdauung verläuft. An einem bestimmten Punkt werden Sie Ihre Hände wieder kreuzen müssen, wobei Sie darauf achten sollten, dass Sie mit mindestens einer Hand Körperkontakt halten.

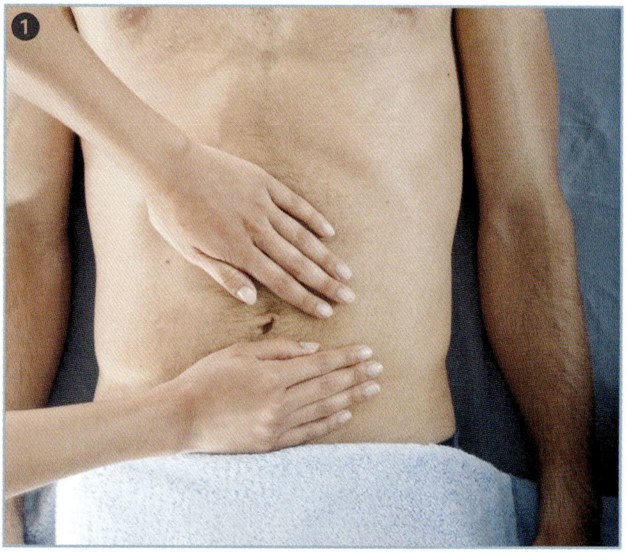

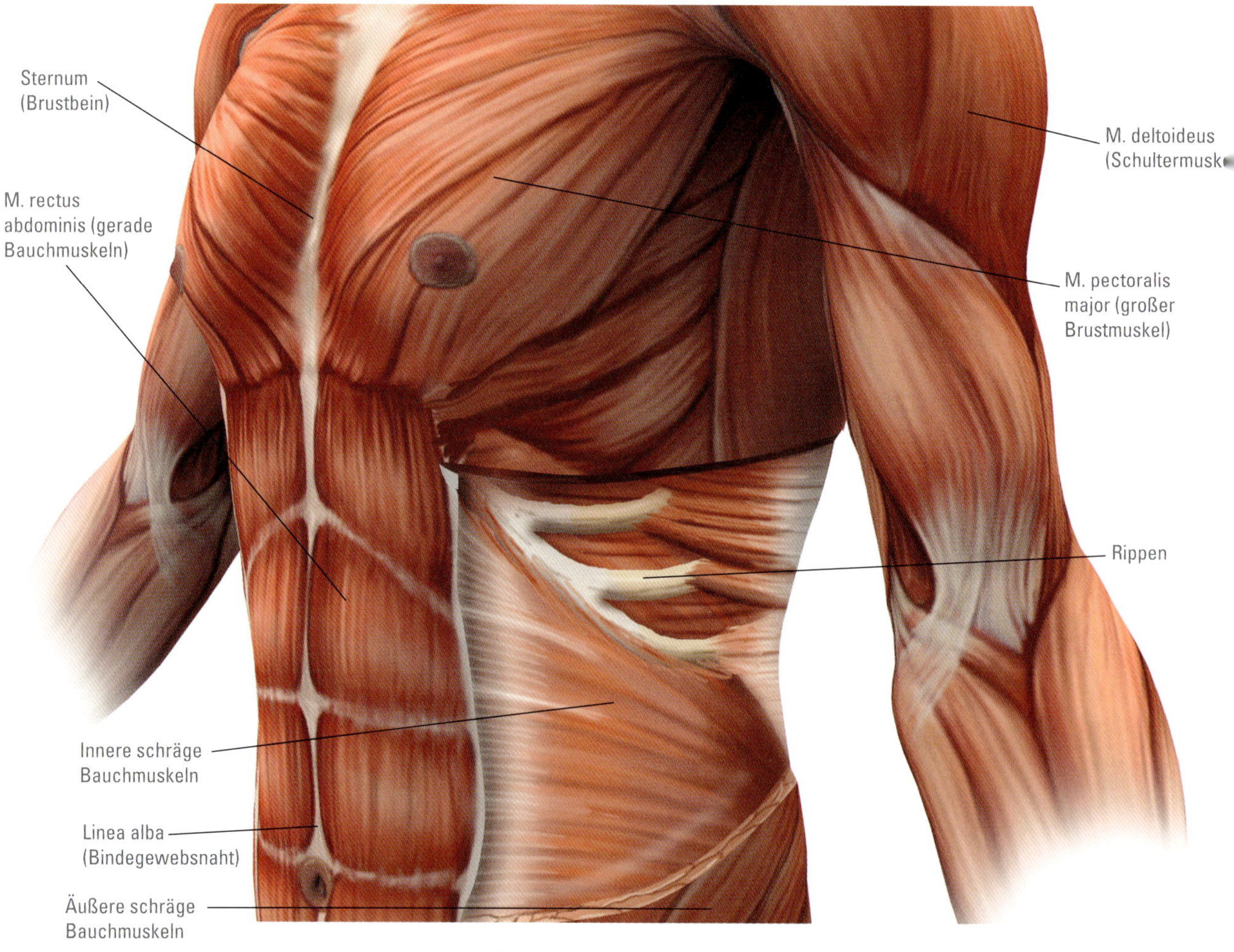

2

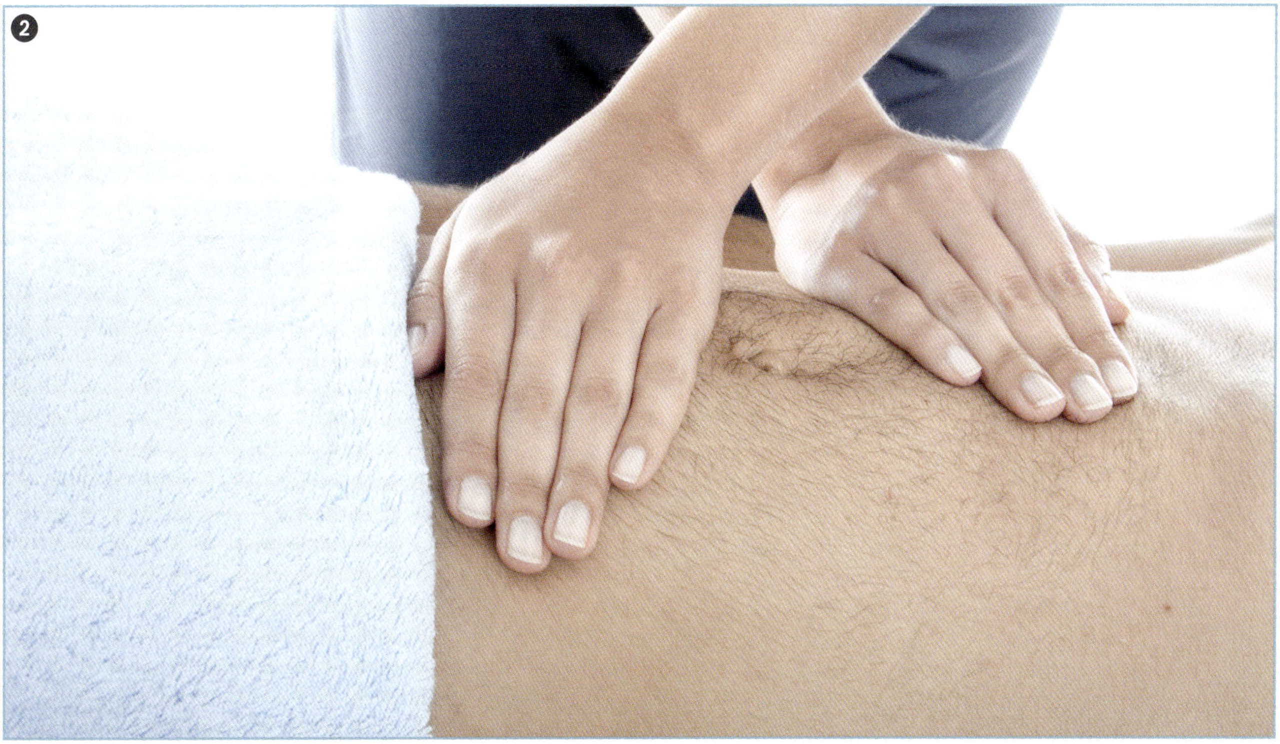

3

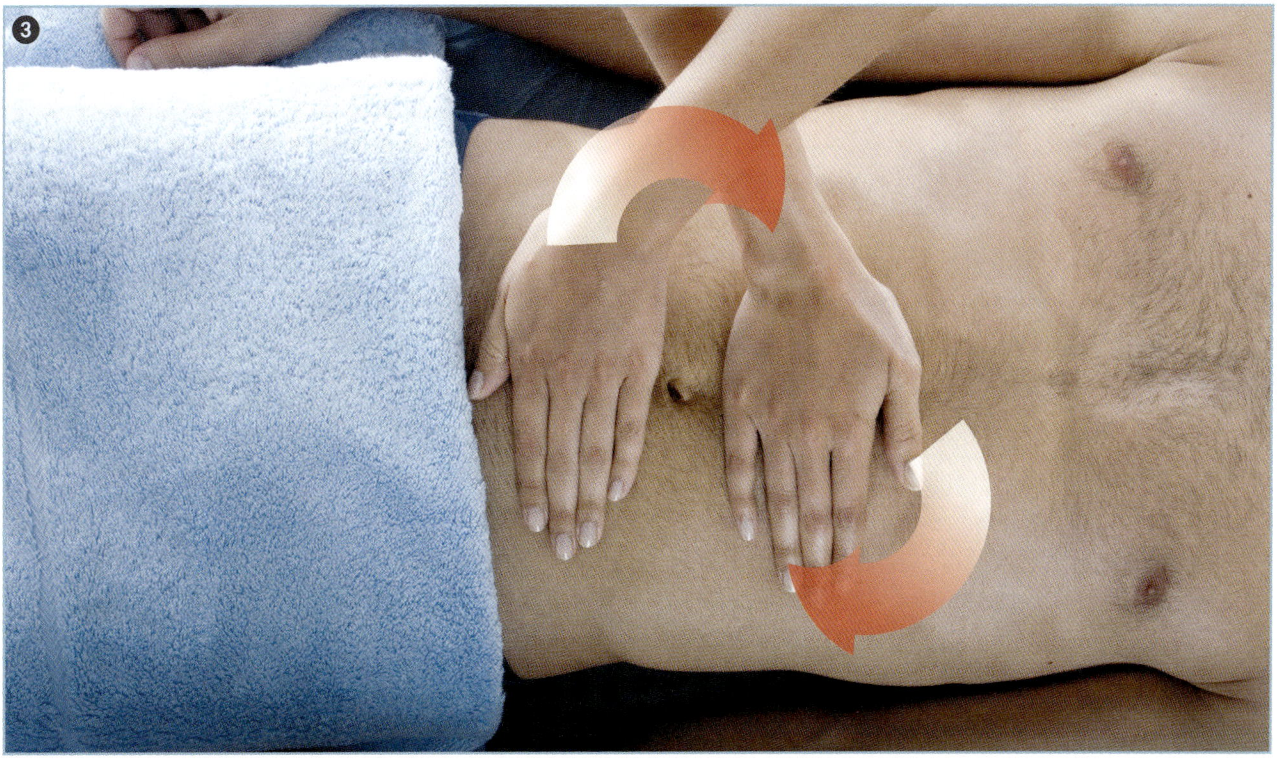

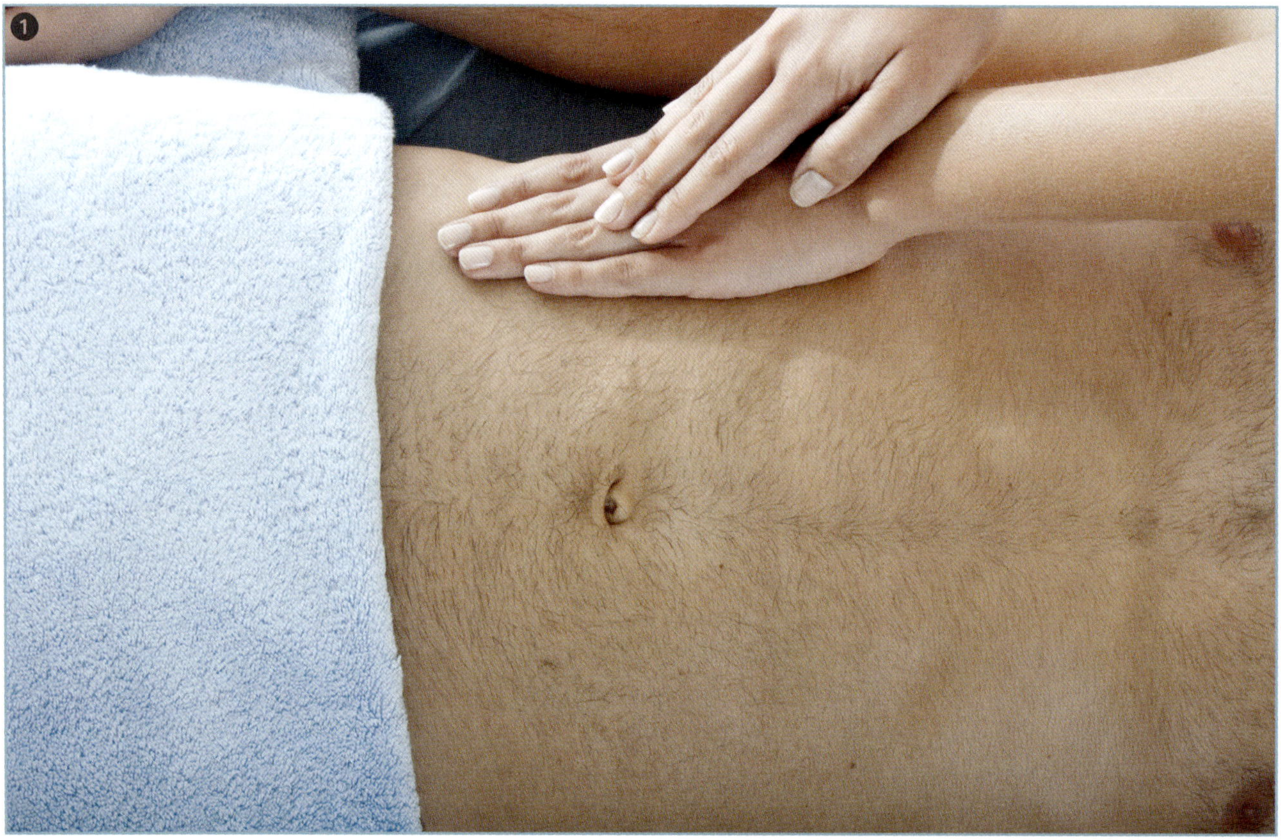

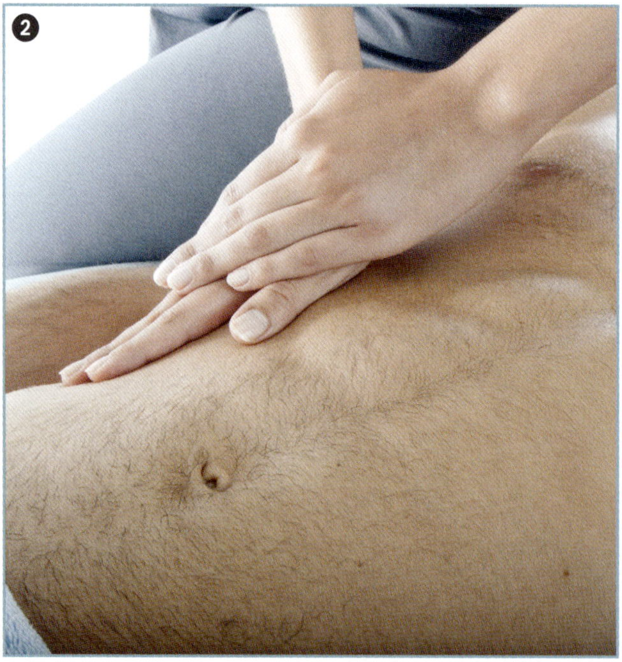

❶ Als Nächstes legen Sie die Hände übereinander und drücken vorsichtig auf den seitlichen Bereich zwischen Brustkorb und Becken.

❷ Bleiben Sie mit den Händen in derselben Position, und üben Sie anschließend leichten Druck auf beiden Seiten der Linea alba aus – jener senkrechten Linie, die die linken und rechten geraden Bauchmuskeln voneinander trennt.

❸–❹ Nun folgen Streichungen der Rippenpartie, die denen ähneln, die Sie bereits in der Bauchlage ausgeführt haben. Bilden Sie mit den Händen eine »Kralle«, und platzieren Sie die Fingerspitzen so, dass sie in den Rippenzwischenräumen liegen. Ziehen Sie die Hände sanft nach oben, in Richtung Linea alba. Auf beiden Seiten mehrmals wiederholen.

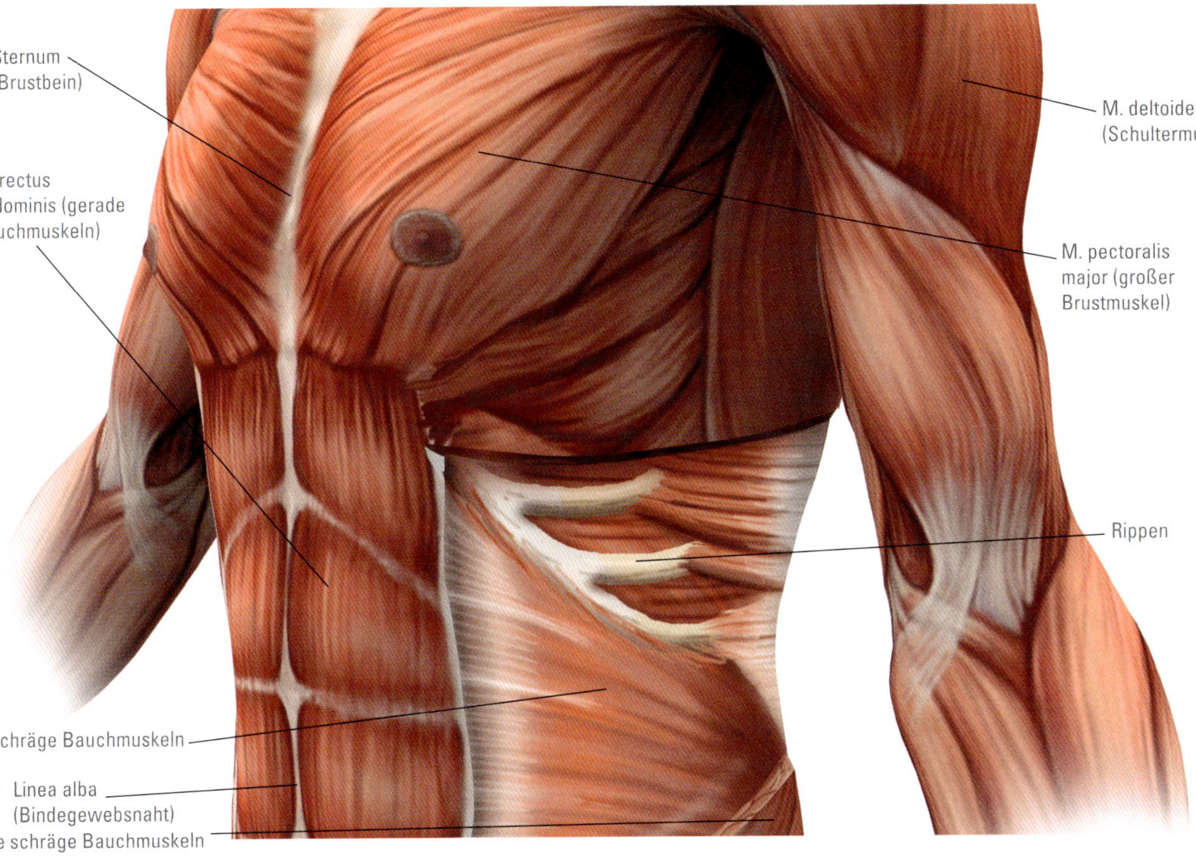
Sternum
(Brustbein)
M. rectus
abdominis (gerade
Bauchmuskeln)
M. deltoideus
(Schultermuskel)
M. pectoralis
major (großer
Brustmuskel)
Rippen
Innere schräge Bauchmuskeln
Linea alba
(Bindegewebsnaht)
Äußere schräge Bauchmuskeln

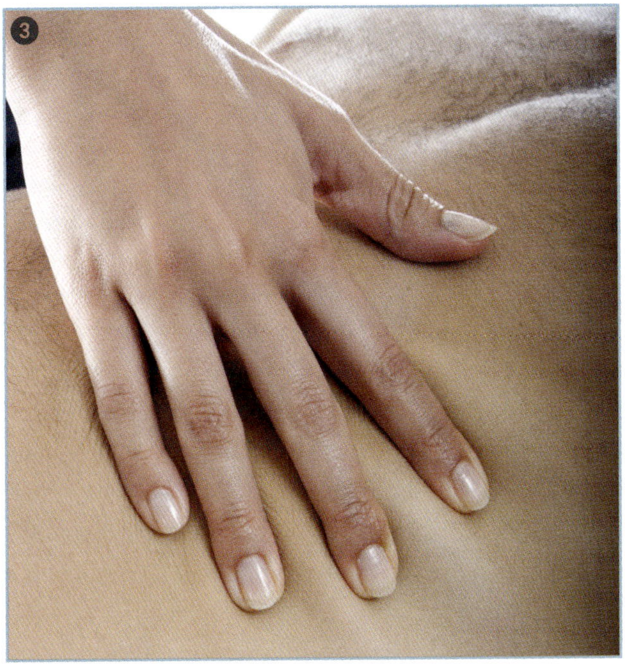
3

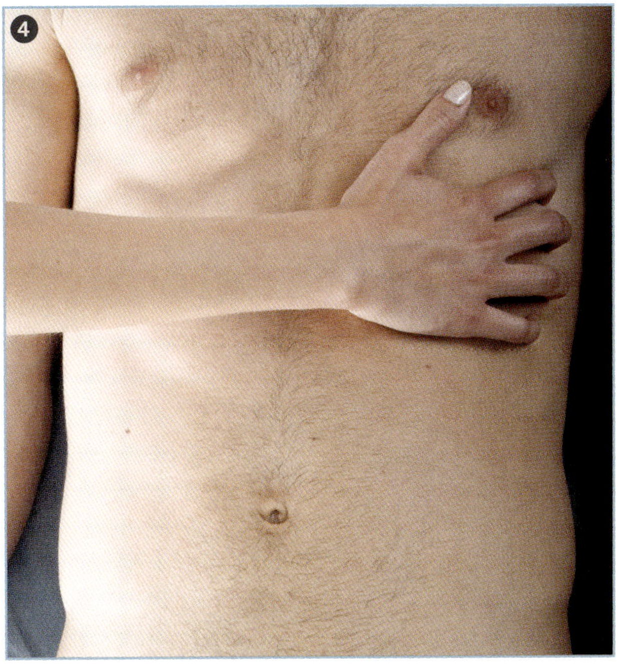
4

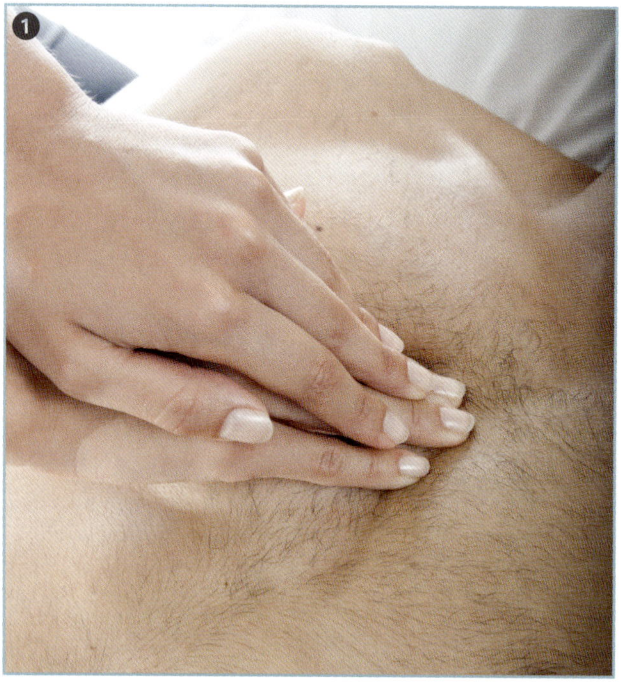

1

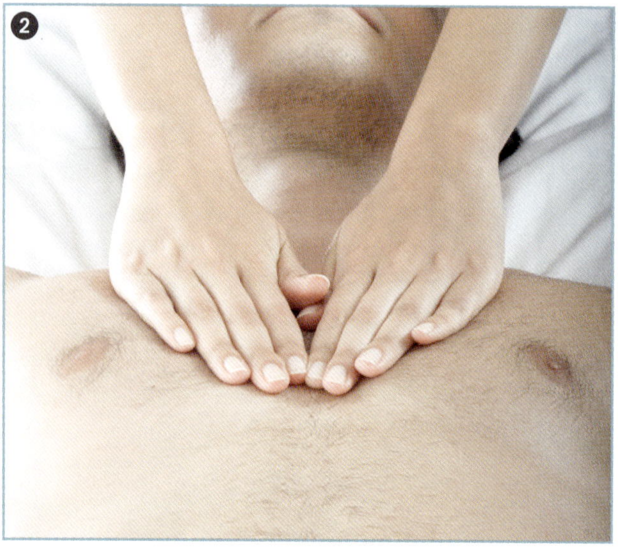

2

❶–❷ Als Nächstes legen Sie die Hände so übereinander, dass die Finger der unteren Hand von der aufliegenden Hand gestützt werden, und massieren Sie das Brustbein mit kleinen sanften Bewegungen. Üben Sie keinen direkten Druck auf den Schwertfortsatz aus – das untere Ende des Knochens – da dieser leicht Schaden nehmen kann.

❸–❹ Platzieren Sie nun die Hände auf den beiden Schlüsselbeinen, und massieren Sie die Brustmuskeln in kreisförmigen Bewegungen; fangen Sie innen an, also am Brustbein, und arbeiten Sie sich nach außen vor. Halten Sie dabei die Hände möglichst flach.

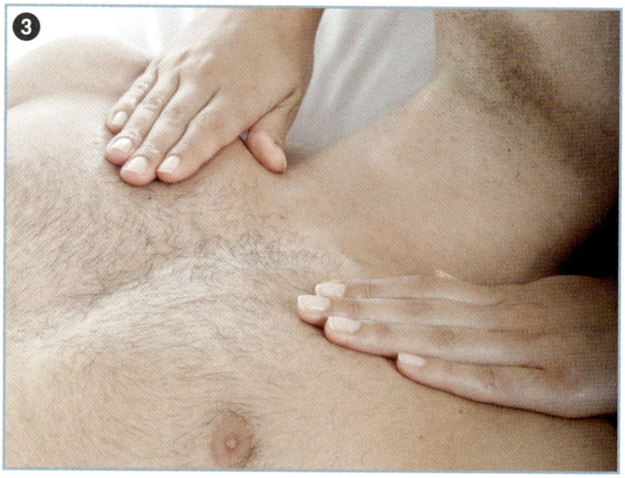

3

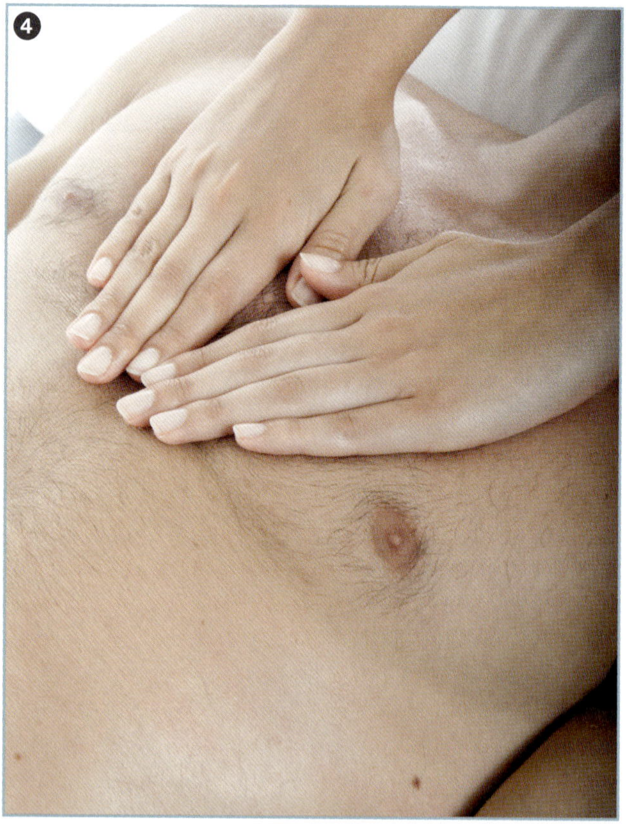

4

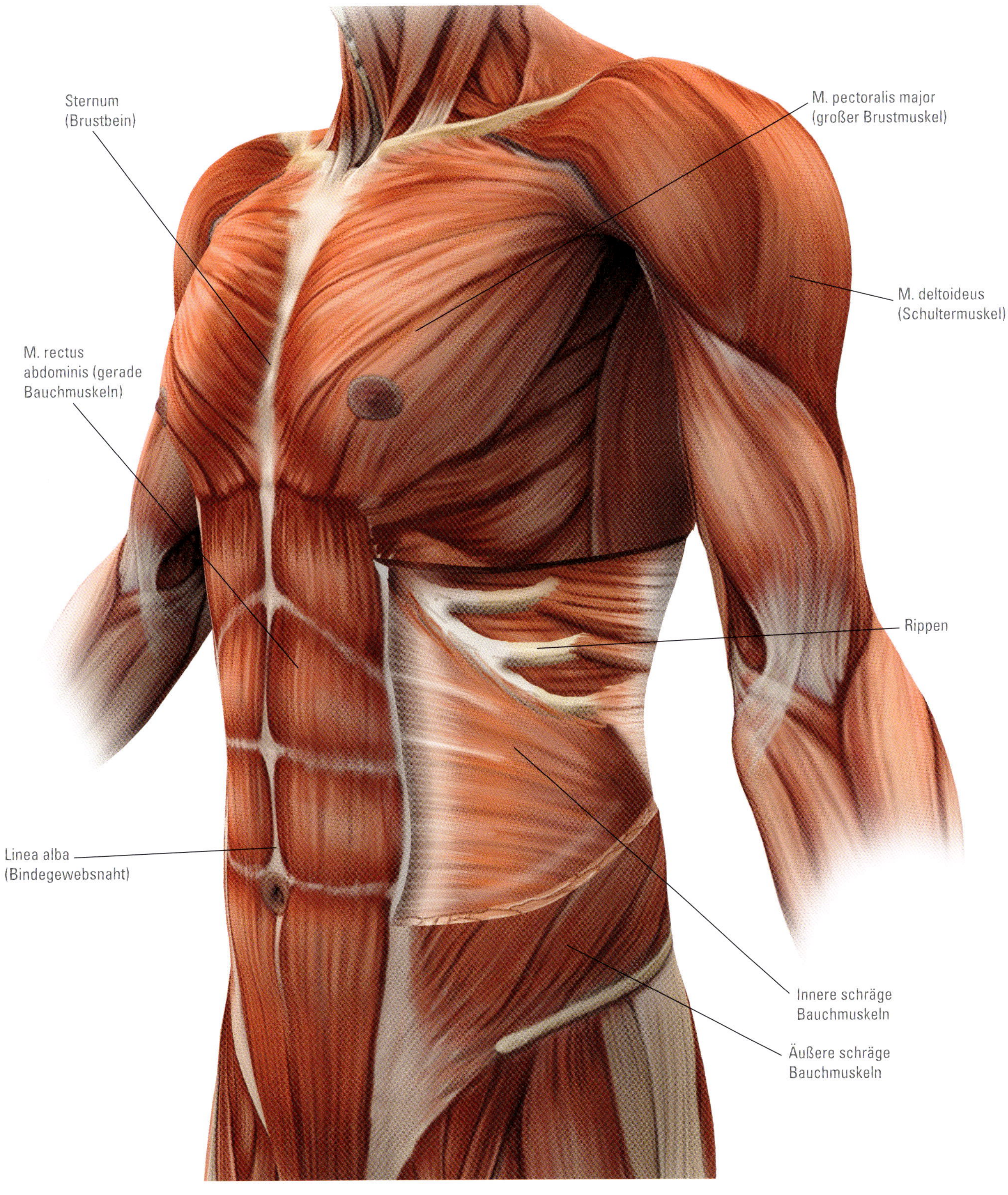
Sternum
(Brustbein)
M. pectoralis major
(großer Brustmuskel)
M. deltoideus
(Schultermuskel)
M. rectus
abdominis (gerade
Bauchmuskeln)
Rippen
Linea alba
(Bindegewebsnaht)
Innere schräge
Bauchmuskeln
Äußere schräge
Bauchmuskeln

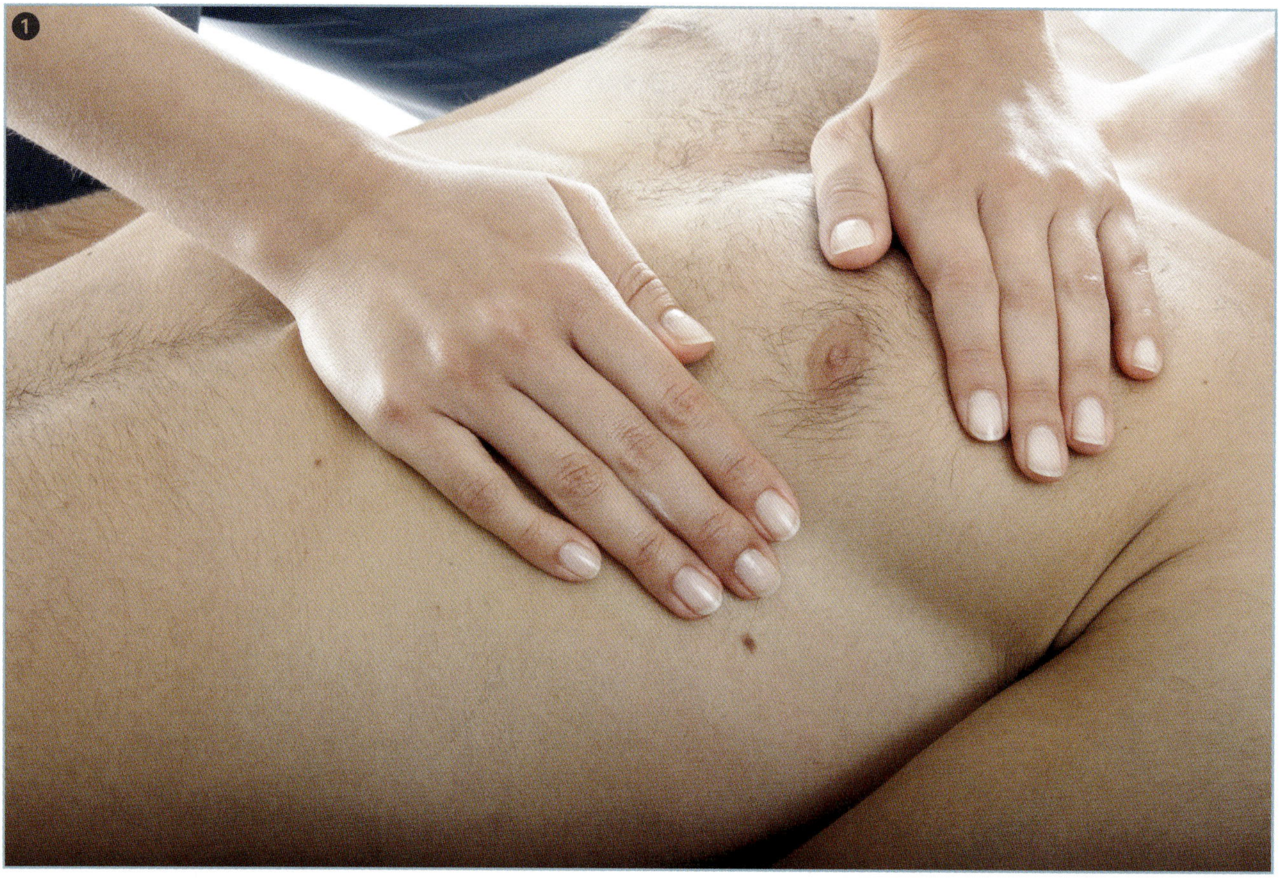

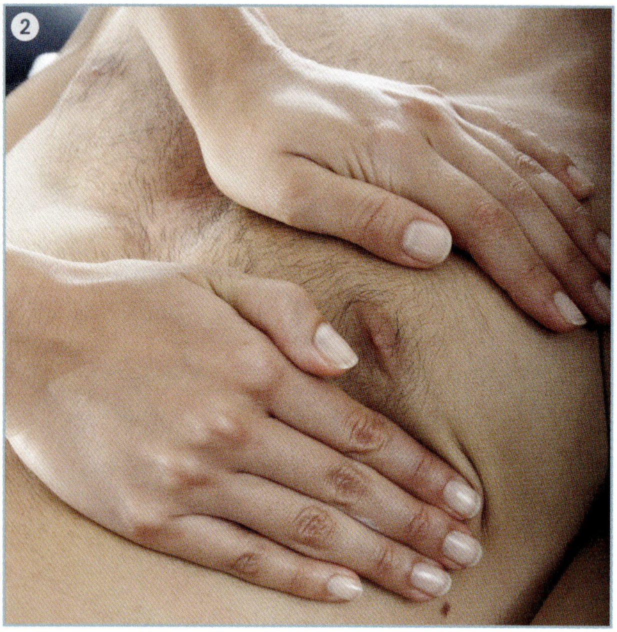

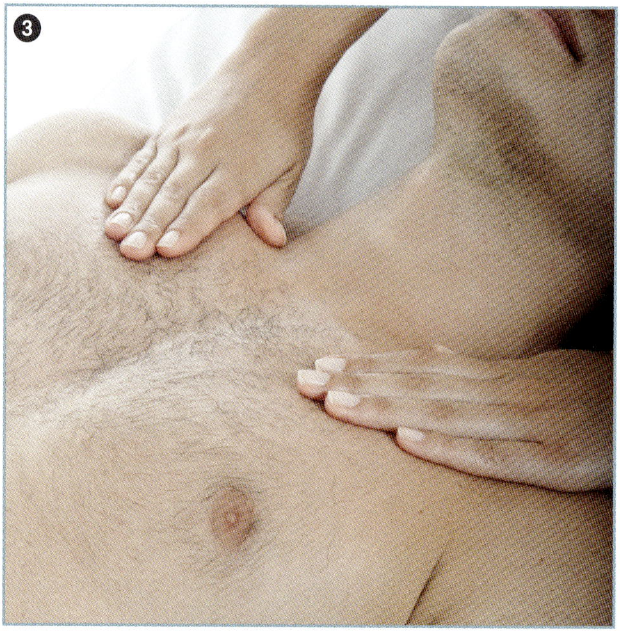

❶–❷ Widmen Sie sich weiterhin den Brustmuskeln, beginnen Sie aber diesmal so wie abgebildet. Statt die Hände über die Haut hinweggleiten zu lassen, greifen Sie jetzt richtig zu, und kneten Sie den Muskel durch die Haut hindurch.

❸ Als Nächstes legen Sie Ihre Hände von oben her auf die Schlüsselbeine, und zwar so, dass der Daumen über dem Knochen ruht, während die Finger auf dem Brustmuskel zu liegen kommen. Drücken Sie sehr sanft, und lassen Sie die Fingerspitzen das Schlüsselbein entlang in Richtung Brustbein fahren.

VORSICHT

Wenn Sie die Partie rund um das Schlüsselbein massieren, sollten Sie sehr behutsam vorgehen und nicht zu fest drücken. In diesem Bereich befinden sich viele Nerven und Blutgefäße.

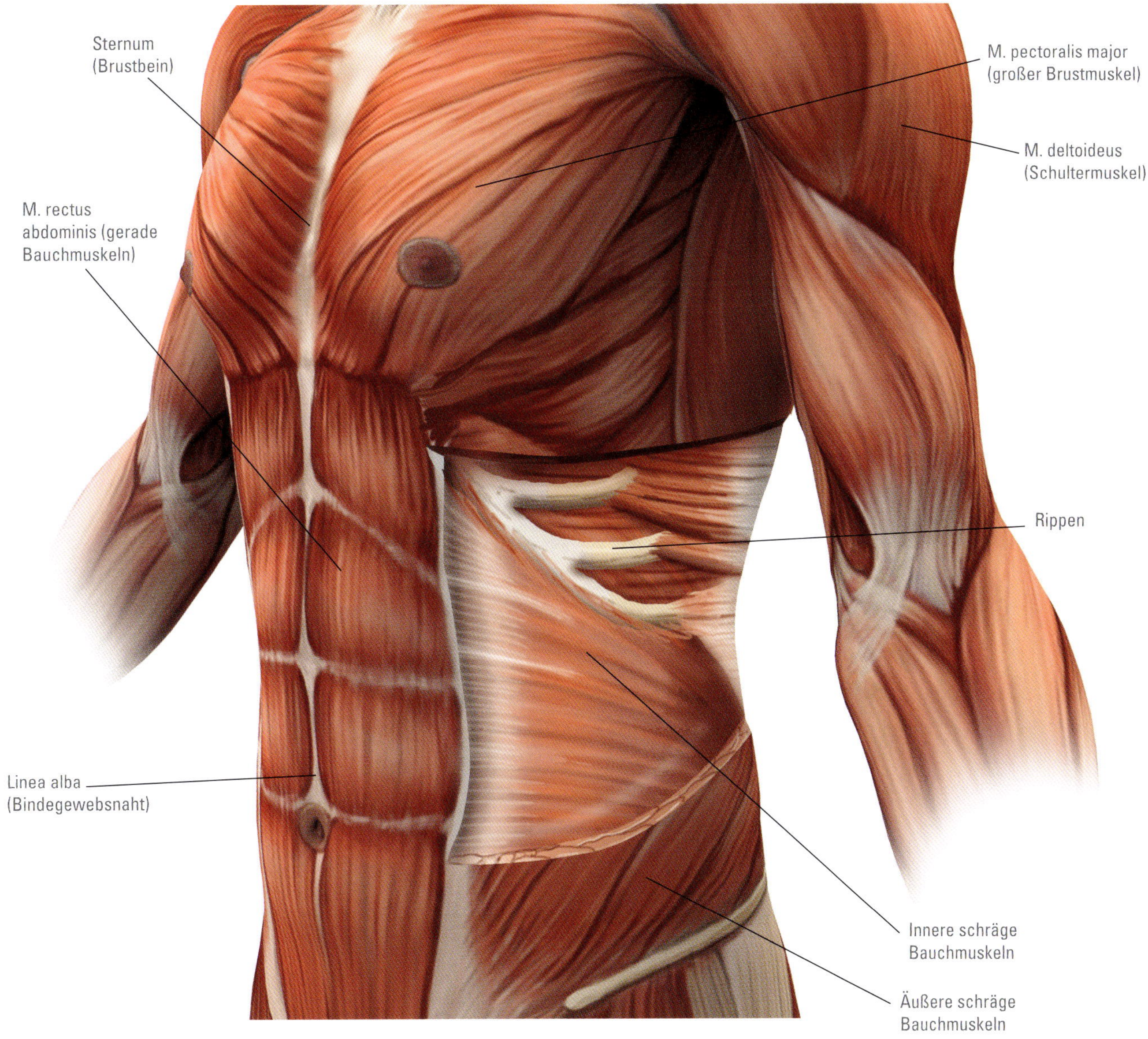

Verspannte Brustmuskeln ziehen die Schultern und vor allem den Kopf nach vorne. Um dies auszugleichen und eine aufrechte Körperhaltung zu erzielen, müssen sich die oberen Schulter- und Nackenmuskeln deutlich stärker anstrengen, was weitere schmerzhafte Verspannungen in Schultern und Nacken zur Folge haben kann. Mit der nächsten Streichung werden wir versuchen, die Brustmuskeln etwas zu lockern.

Halten Sie das linke Handgelenk wie abgebildet, und achten Sie darauf, dass der linke Arm stets auf derselben Höhe bleibt wie der Körper.

❶ Bilden Sie mit der linken Hand eine lockere Faust, und legen Sie sie unterhalb des Schlüsselbeins ab, in der Nähe des Brustbeins.

❷–❹ Nun gleiten Sie mit der Faust in Richtung Achselhöhle, während Sie gleichzeitig den linken Arm zum Kopf hin bewegen und ihn weiterhin auf Körperhöhe halten.

Wiederholen Sie diese Bewegung mehrmals, wobei Sie statt der lockeren Faust auch die flache Hand benutzen können.

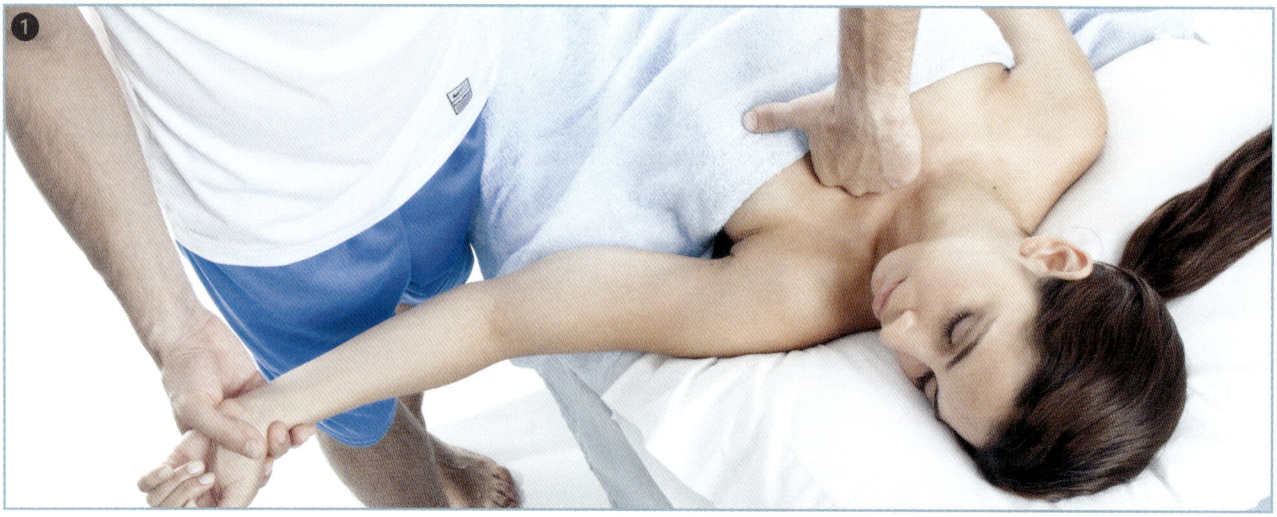

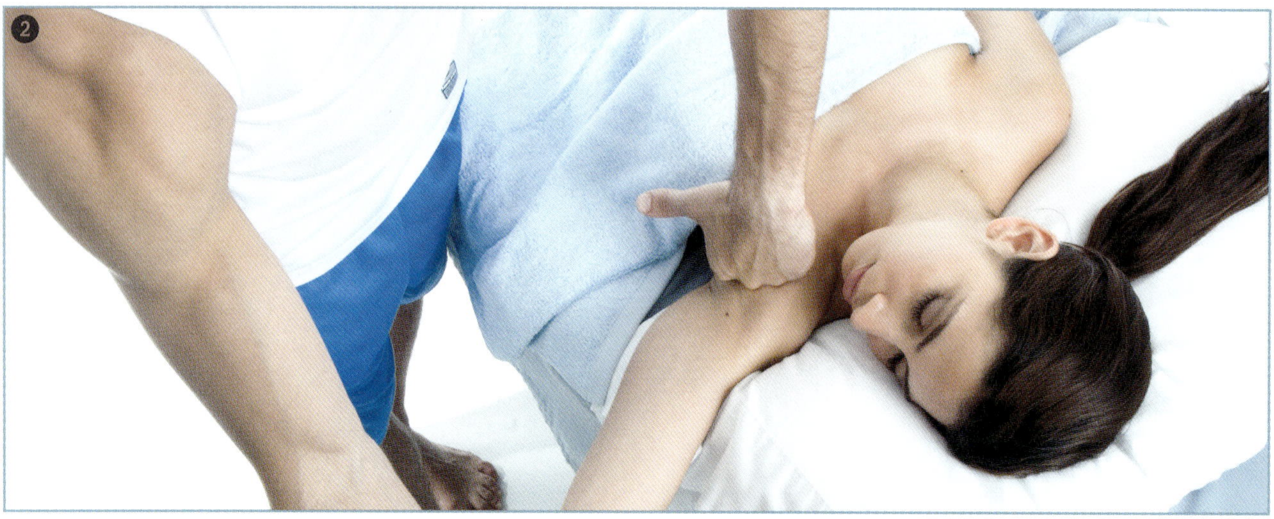

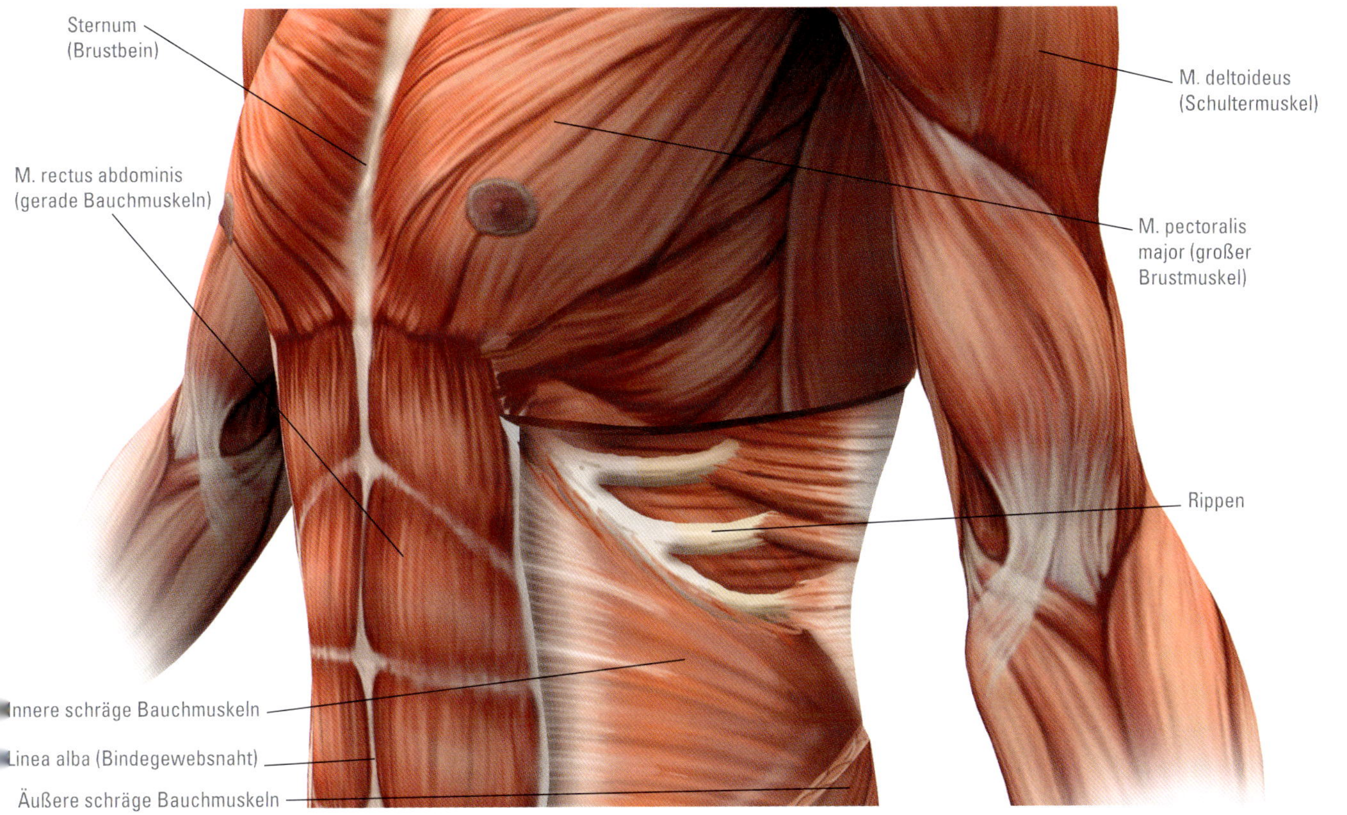

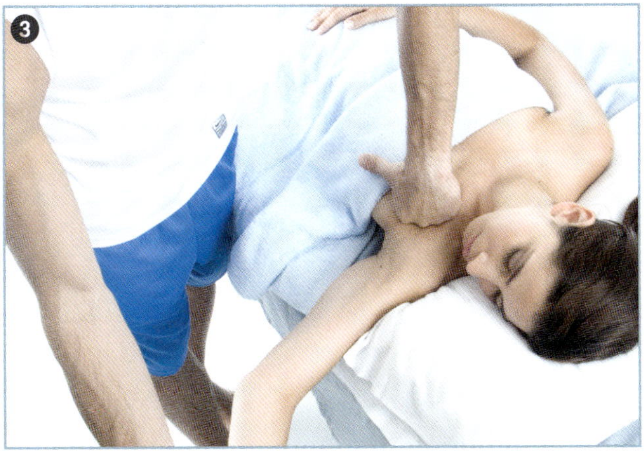

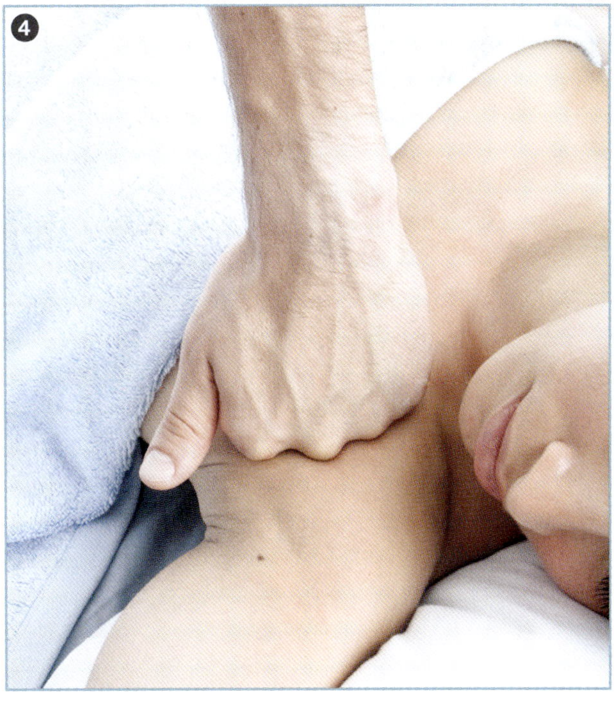

VORSICHT

Die Menge des vorhandenen Muskel- und Bindegewebes bestimmt, wie viel Druck Sie auf die Brust ausüben dürfen. Berücksichtigen Sie daher stets die körperliche Konstitution Ihres Partners.

ARME & SCHULTERN

Wir setzen unsere Arme und Schultern auf so vielfältige Weise ein, dass die meisten von uns sie für selbstverständlich halten. Ohne sie könnten wir weder einen Tennis- oder Golfschläger schwingen noch einen Computer bedienen, das Haus putzen oder einen Telefonhörer ans Ohr halten. Und weil unsere Arme und Schultern permanent aktiv sind, sind sie für eine Massage fast immer dankbar.

VORSICHT

- Im Arm verlaufen drei wichtige Nerven. Einer davon, der Ellennerv, erstreckt sich vom Schlüsselbein bis zum kleinen Finger. Am Ellbogen liegt er direkt unter der Haut, weshalb er an dieser Stelle (dem »Musikantenknochen«) sehr empfindlich ist. Wenn man sich dort stößt, ist dies in aller Regel sehr schmerzhaft. Aus diesem Grund sollte man vorsichtig sein, wenn man die Ellbogenpartie und Schultergelenke massiert.
- Gelenken sollte man grundsätzlich besondere Aufmerksamkeit widmen. Es kann leicht passieren, dass man ein Gelenk überstreckt, weshalb man die Gliedmaßen stets sachte und behutsam bewegen sollte.

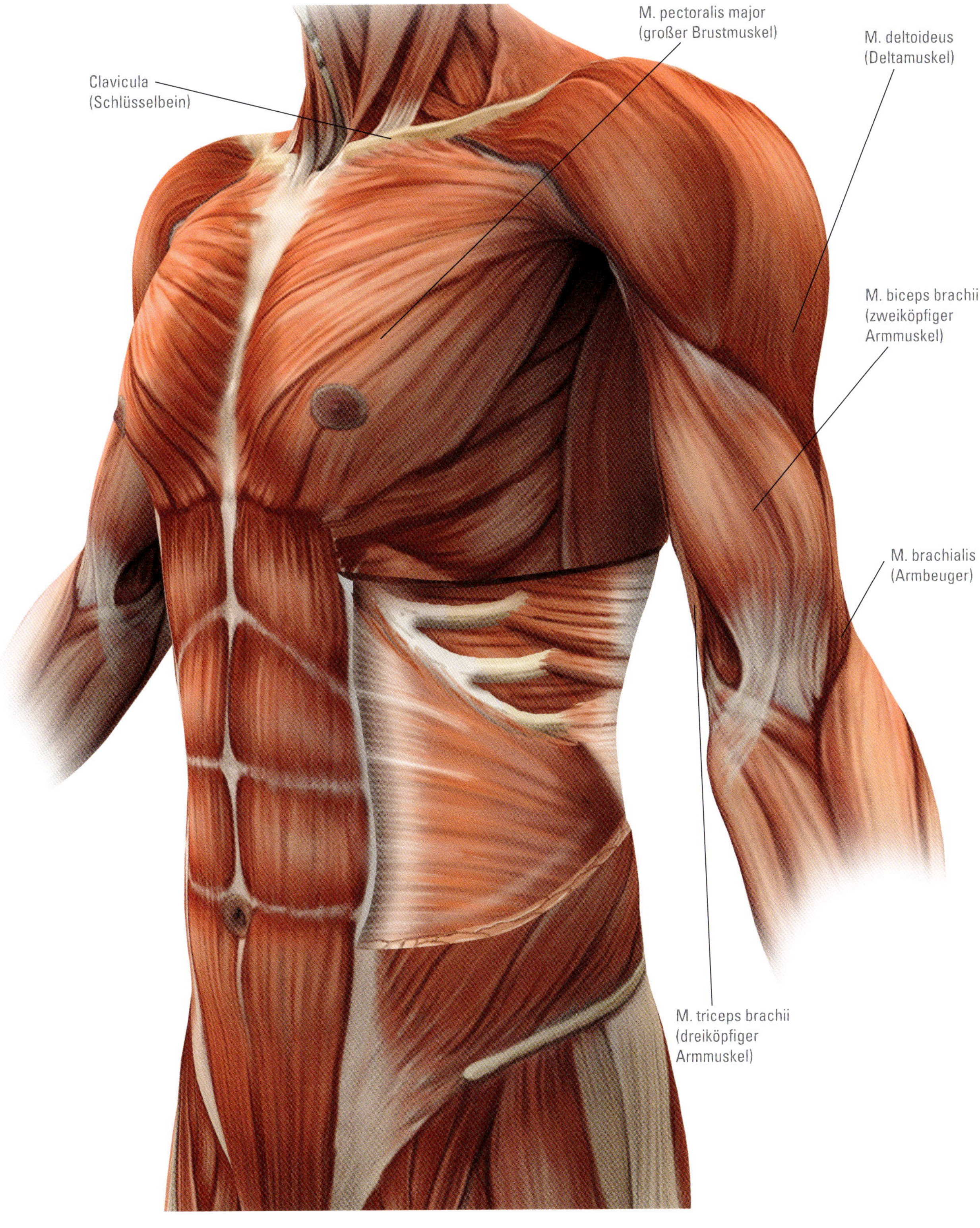
M. pectoralis major
(großer Brustmuskel)
M. deltoideus
(Deltamuskel)
Clavicula
(Schlüsselbein)
M. biceps brachii
(zweiköpfiger
Armmuskel)
M. brachialis
(Armbeuger)
M. triceps brachii
(dreiköpfiger
Armmuskel)

❶–❸ Beginnen Sie wie immer mit dem Anwärmen des Massageöls, und streichen Sie dann sanft von den Handgelenken zu den Schultern (Effleurage), um den Arm aufzuwärmen und die Durchblutung anzuregen.

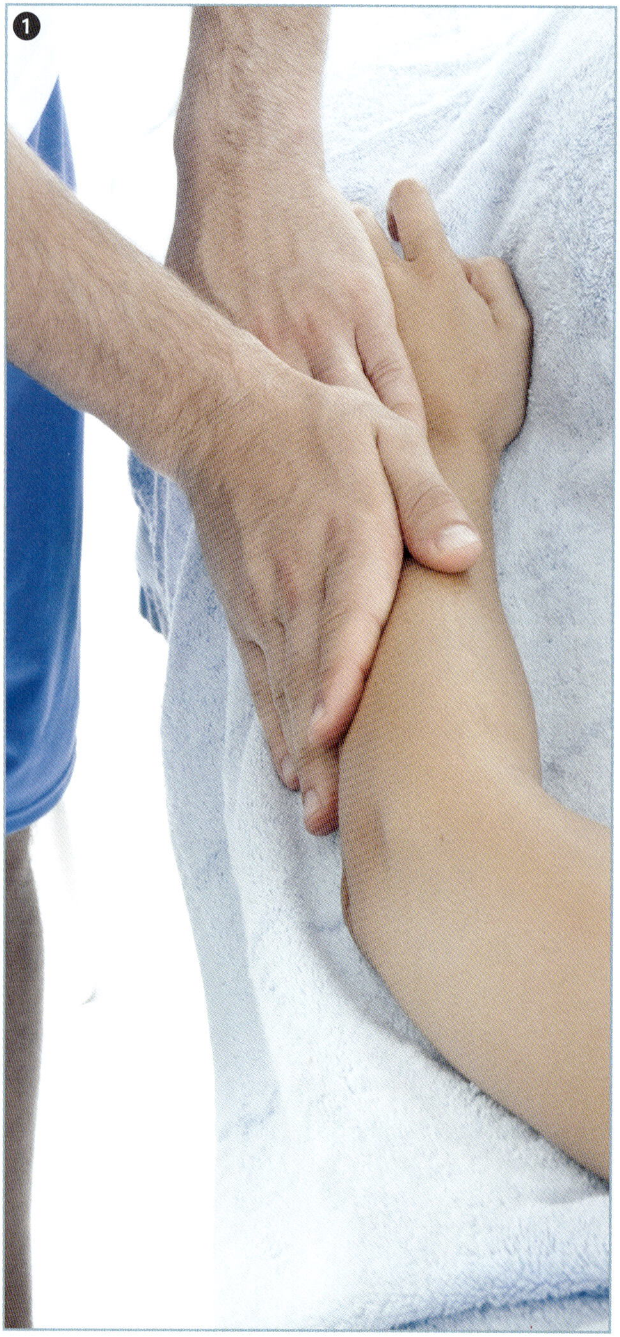

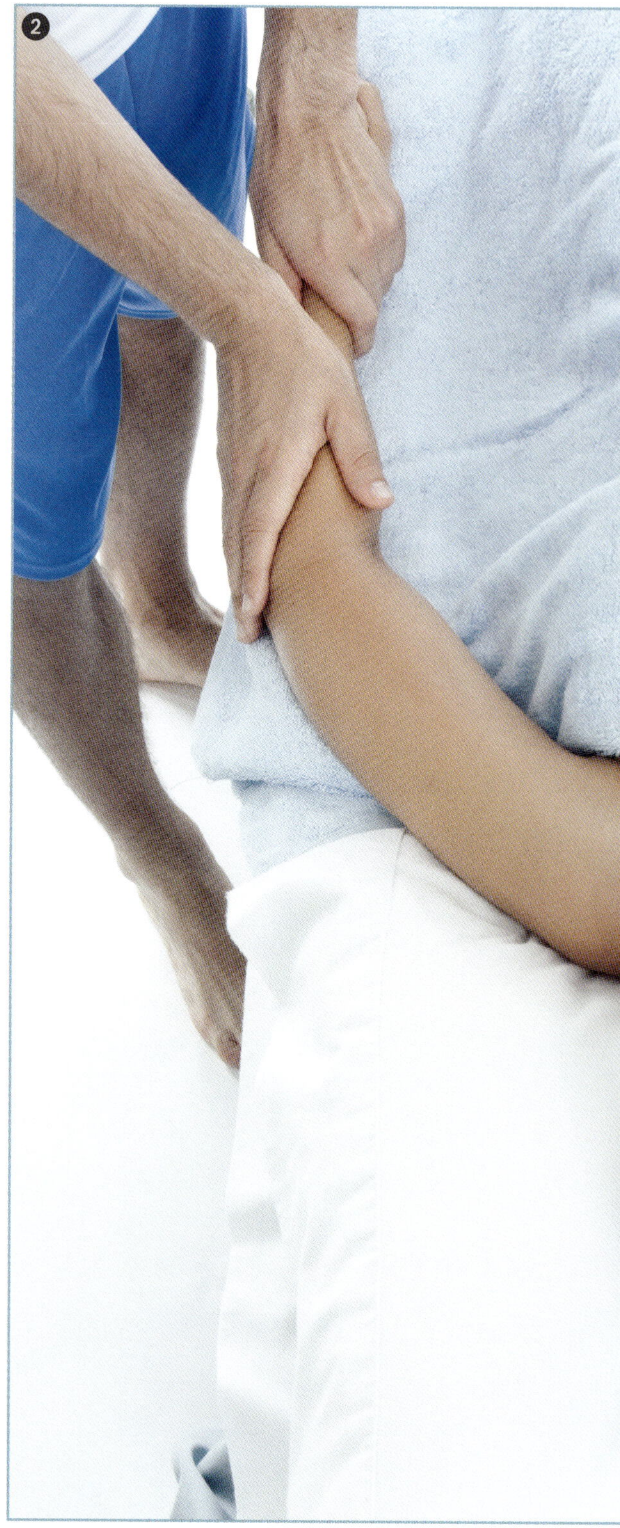

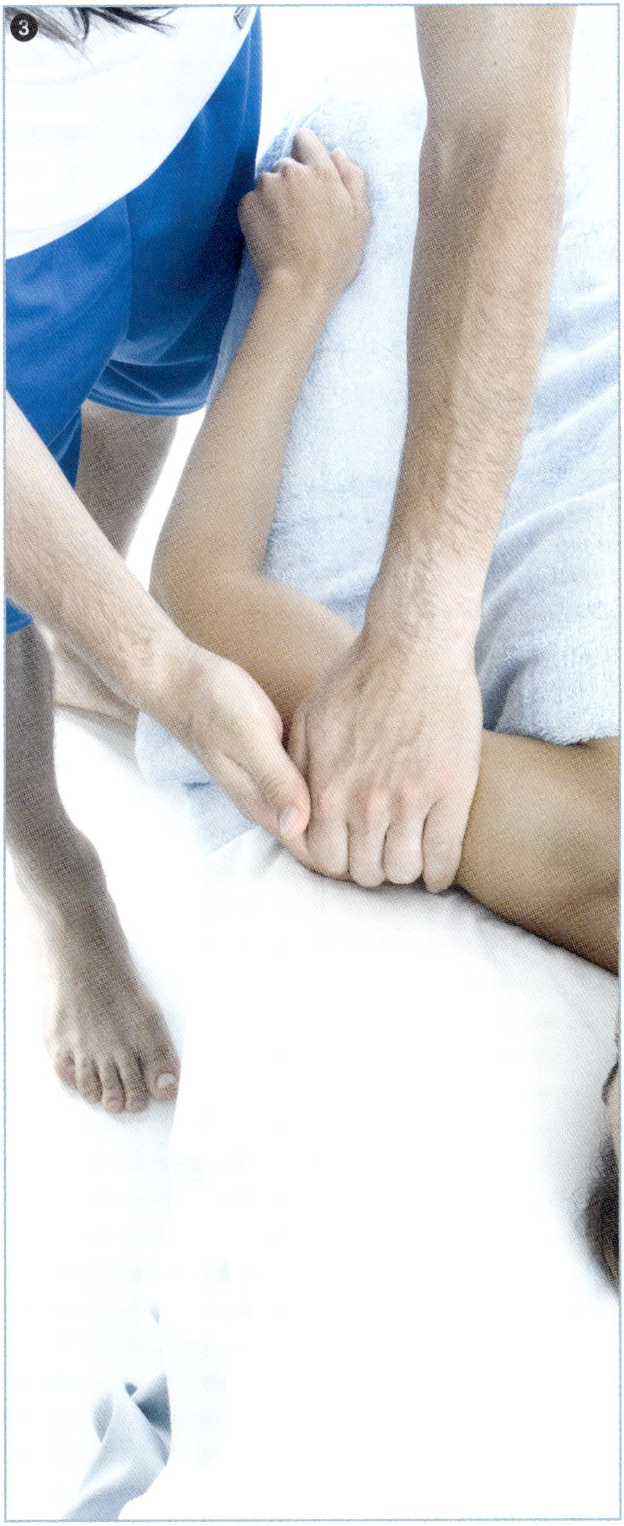

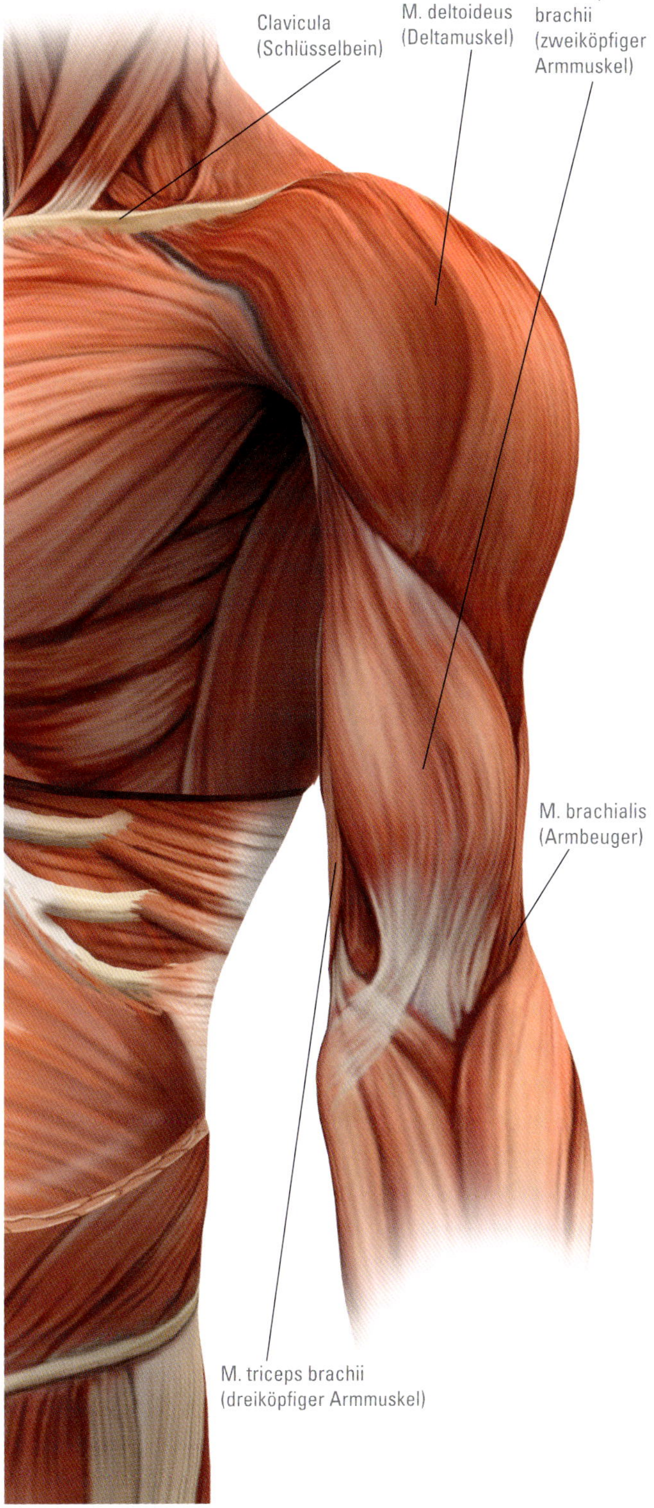
Clavicula
(Schlüsselbein)
M. deltoideus
(Deltamuskel)
M. biceps
brachii
(zweiköpfiger
Armmuskel)
M. brachialis
(Armbeuger)
M. triceps brachii
(dreiköpfiger Armmuskel)

❶–❸ Legen Sie anschließend Ihre Finger auf das Schlüsselbein. Üben Sie leichten Druck aus, und lassen Sie die Finger vom Schlüsselbein nach außen in Richtung Achselhöhlen gleiten. Das fühlt sich sehr angenehm an und wirkt außerdem ähnlich wie eine leichte Lymphdrainage.

❶

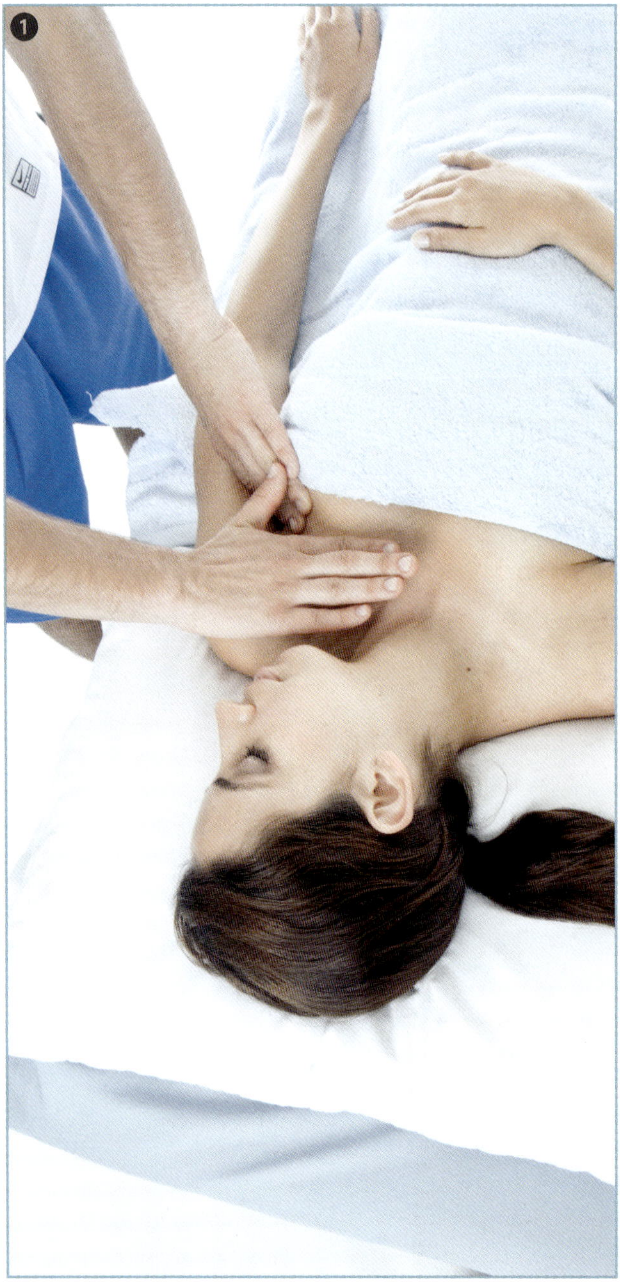

❷

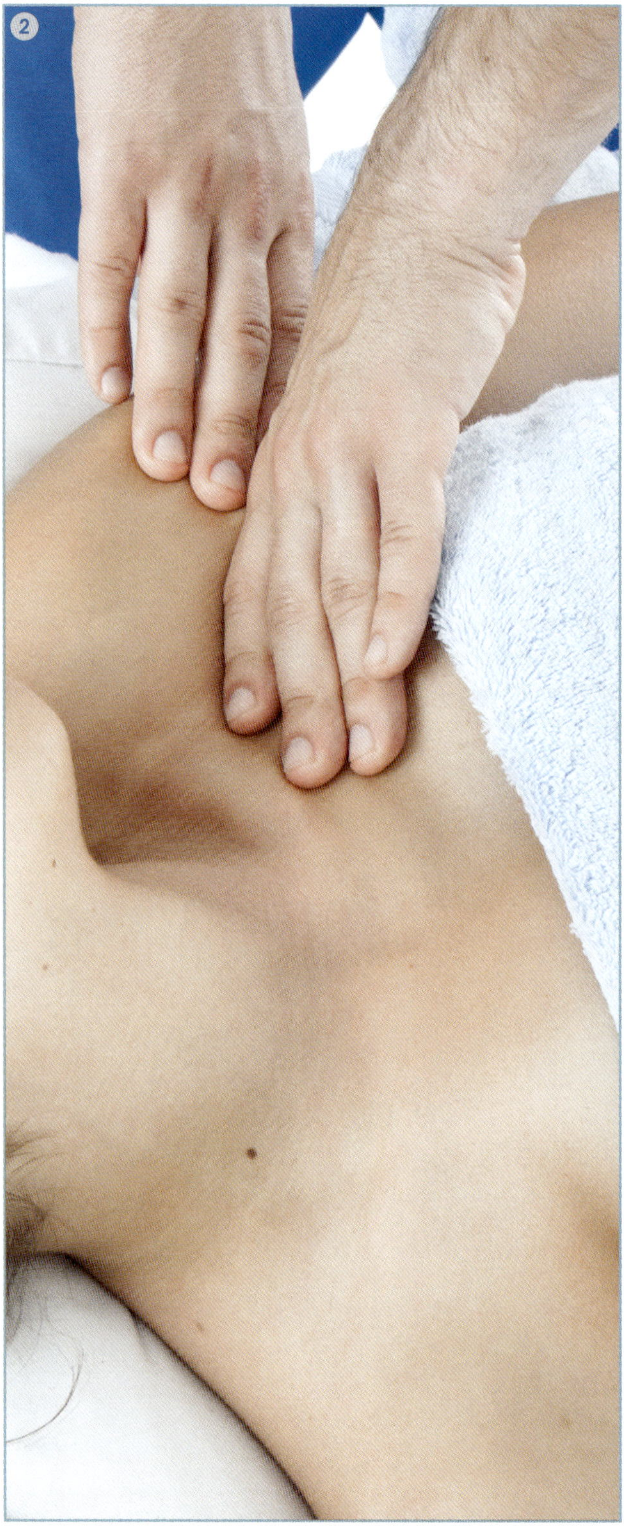

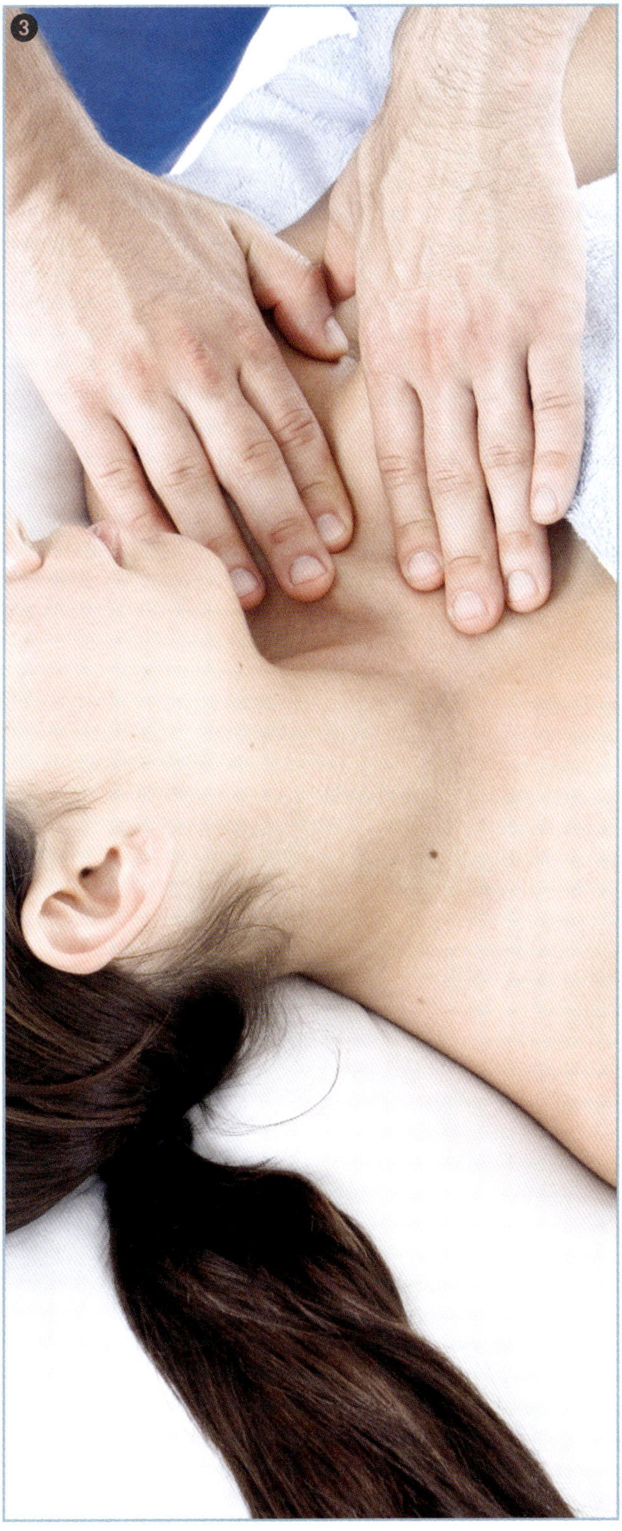

MASSAGETIPPS

Lymphflüssigkeit ist eine klare Substanz, die durch den Körper zirkuliert und Schlackenstoffe abtransportiert – beispielsweise während und nach Infektionen. Die Anregung des Lymphflusses hilft dabei, solche Giftstoffe aus dem Körper zu schwemmen. Außerdem hat sich herausgestellt, dass Massagen den Bewegungsradius von Gelenken verbessern, Muskeln entspannen und die Ausschüttung von Endorphinen begünstigen – den körpereigenen Glückshormonen.

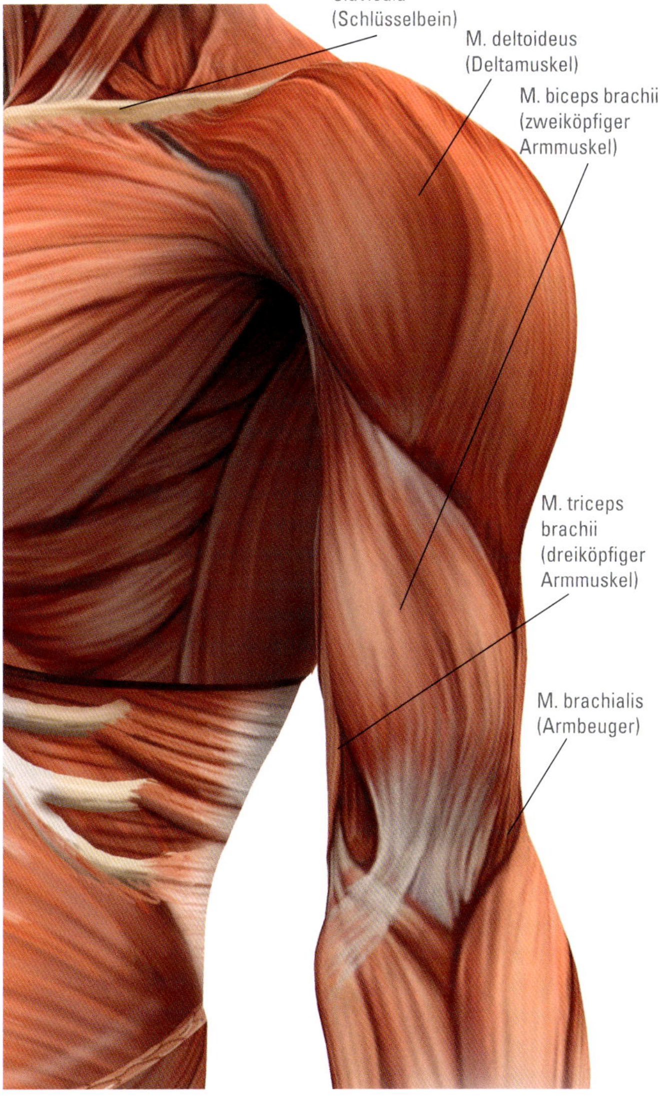

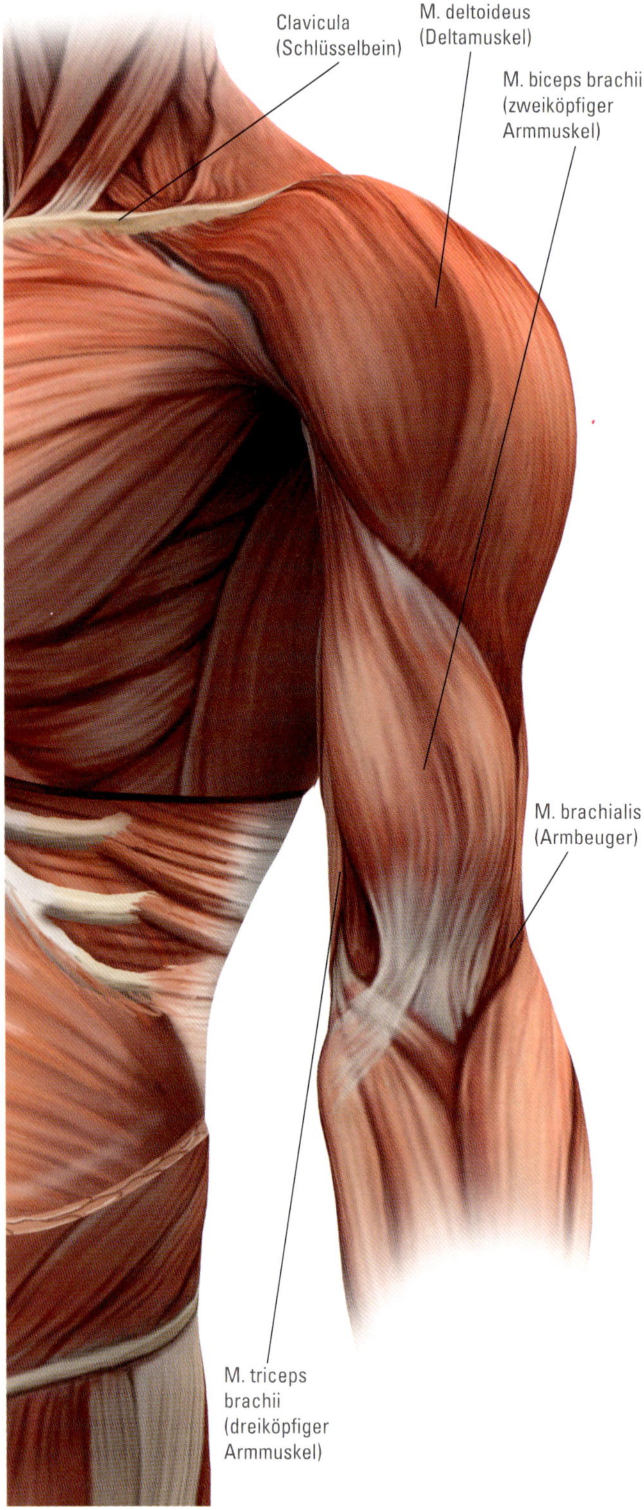

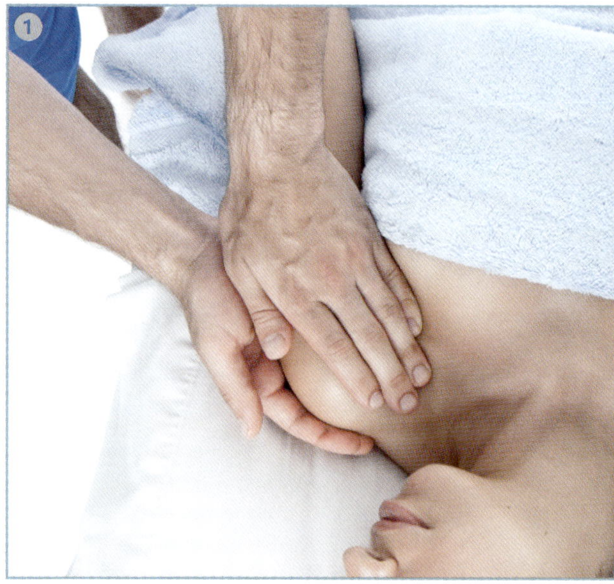

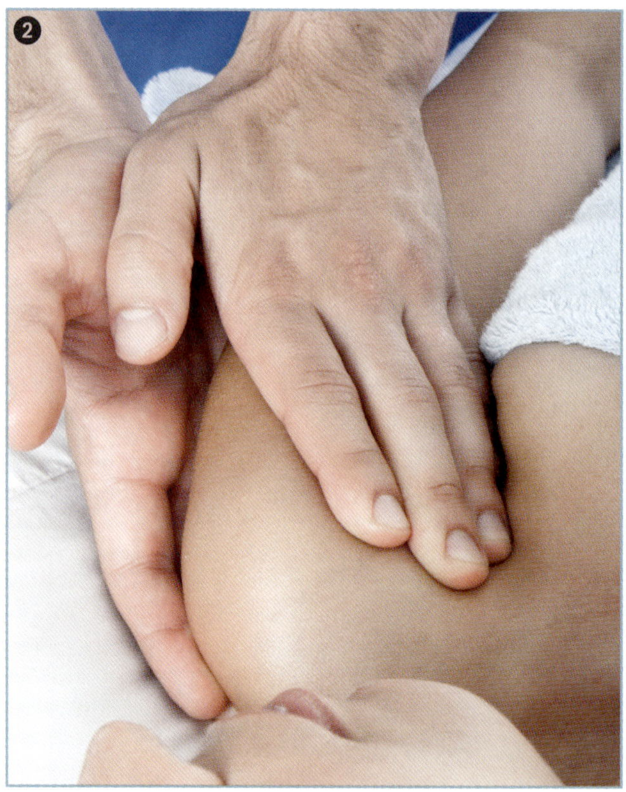

❶–❷ Formen Sie Ihre Hände zu Schalen, umfassen Sie die Schulter, und reiben Sie vorwärts und rückwärts über die Haut.

❸–❺ Greifen Sie nun den Bizeps wie dargestellt, und kneten Sie ihn abwechselnd mit der linken und rechten Hand, wandern Sie dabei den Arm entlang bis zum Handgelenk. Sparen Sie dabei das Ellbogengelenk bitte aus.

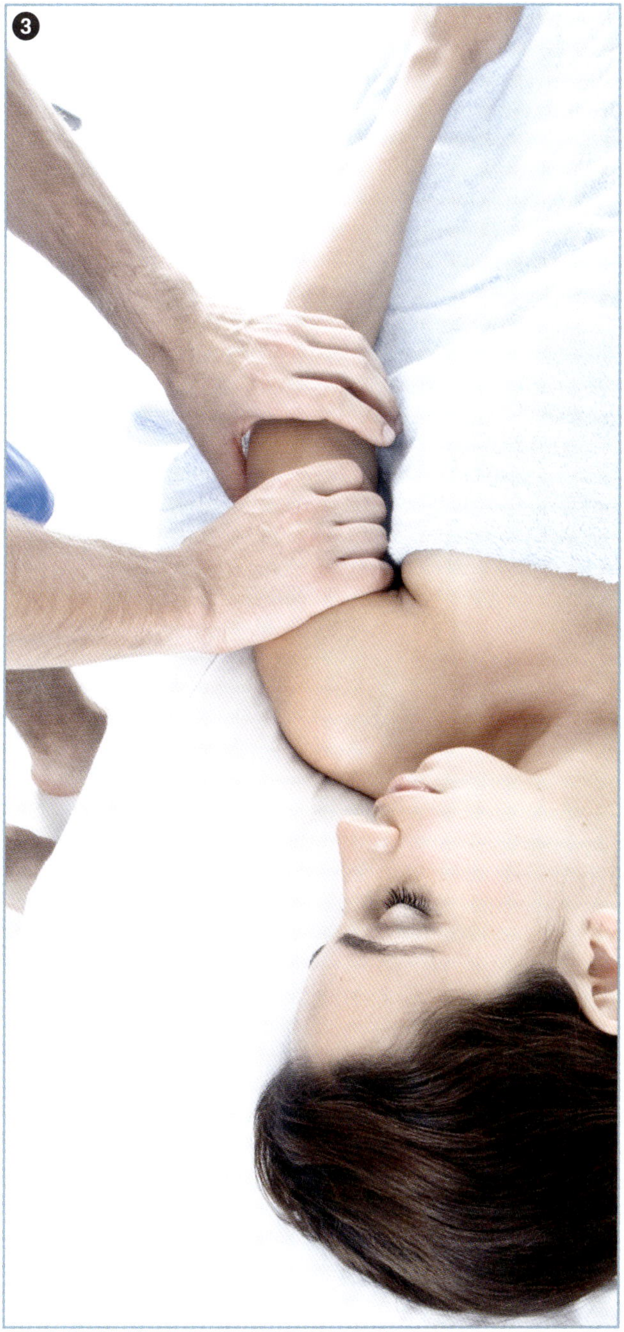

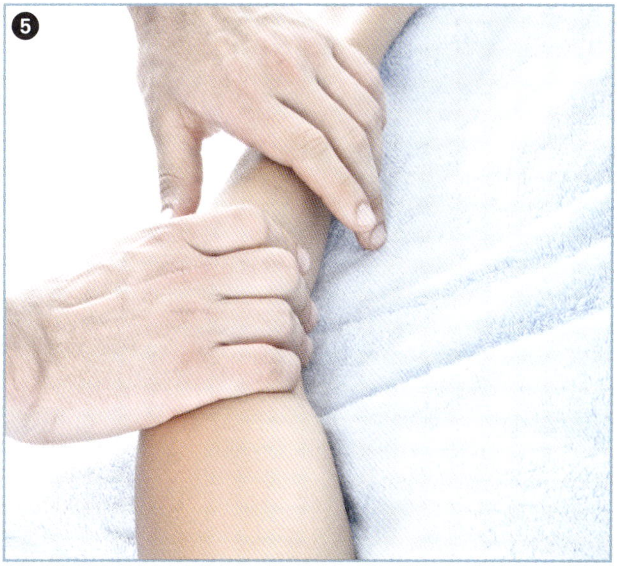

❶–❸ Nehmen Sie nun die linke Hand Ihres Partners wie abgebildet in Ihre rechte – achten Sie darauf, die Hand zu halten und nicht nur das Handgelenk. Ihre linke Hand legen Sie auf den linken Oberarm. Während Sie nun den Arm vorsichtig zu sich rotieren, schieben Sie den Trizeps gewissermaßen sanft von sich weg.

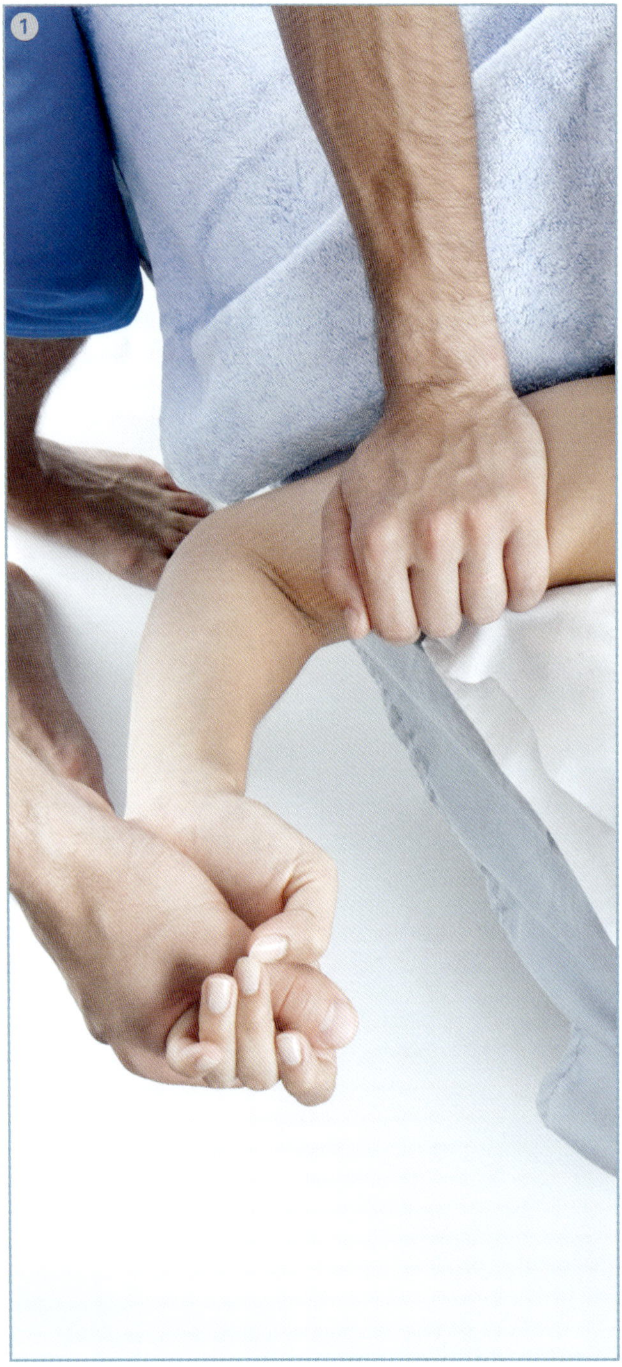

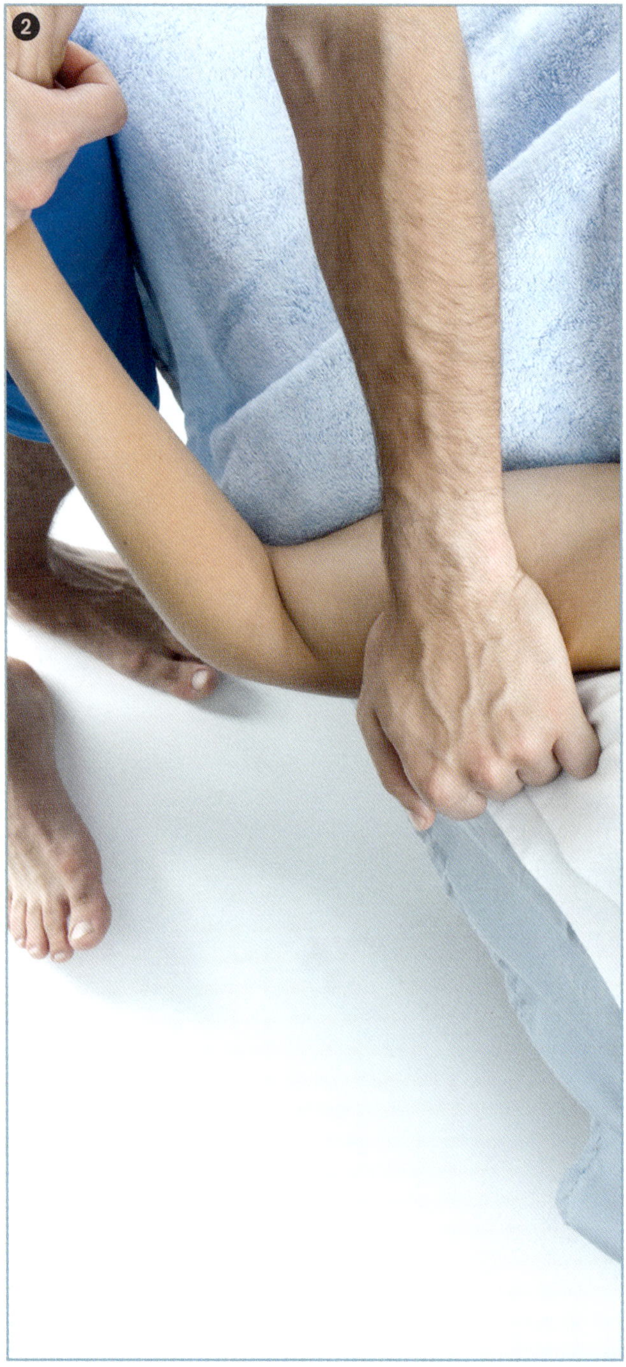

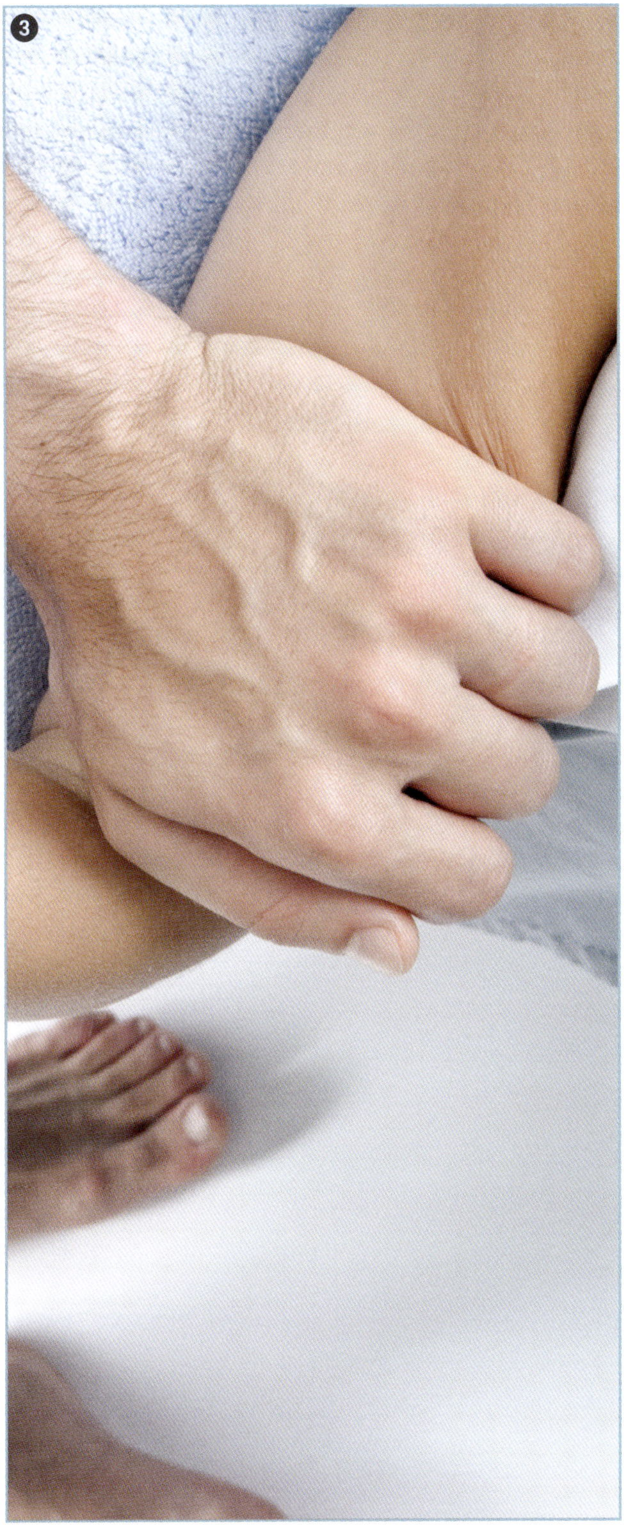
3

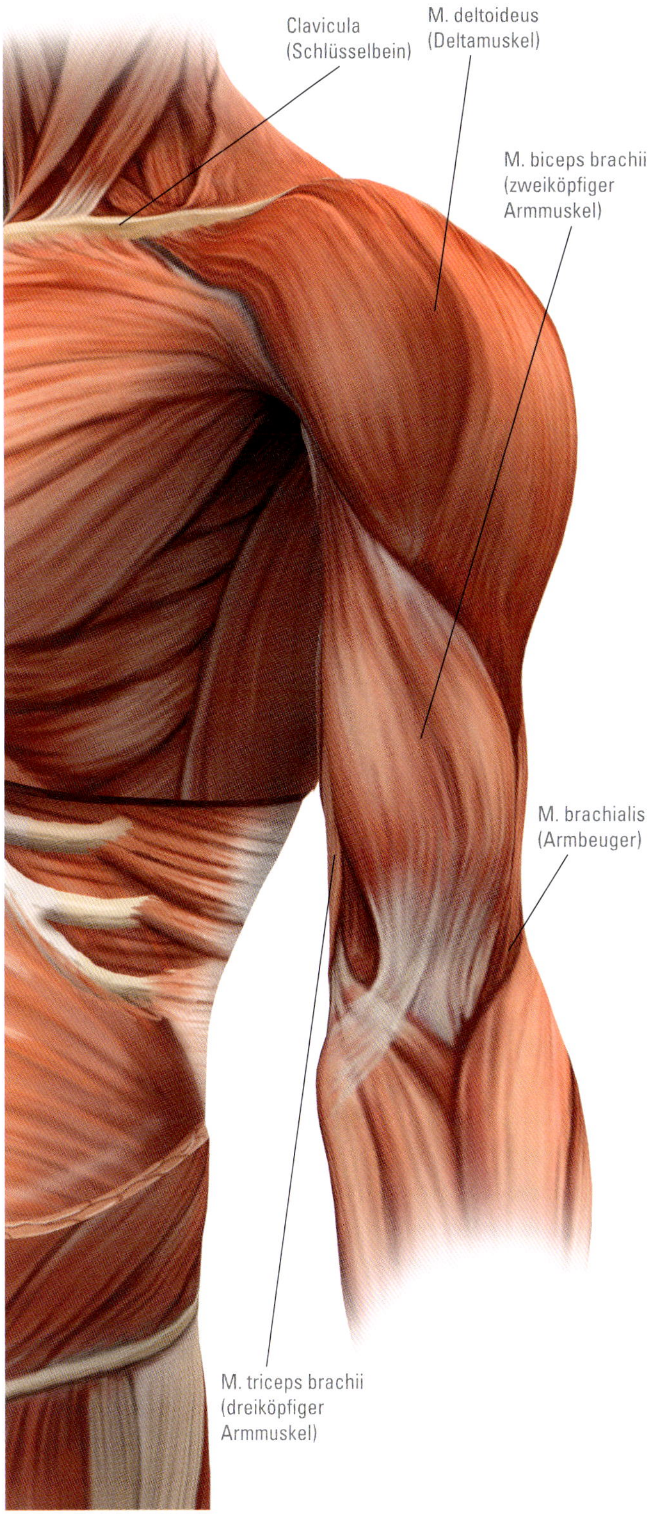
Clavicula
(Schlüsselbein)
M. deltoideus
(Deltamuskel)
M. biceps brachii
(zweiköpfiger
Armmuskel)
M. brachialis
(Armbeuger)
M. triceps brachii
(dreiköpfiger
Armmuskel)

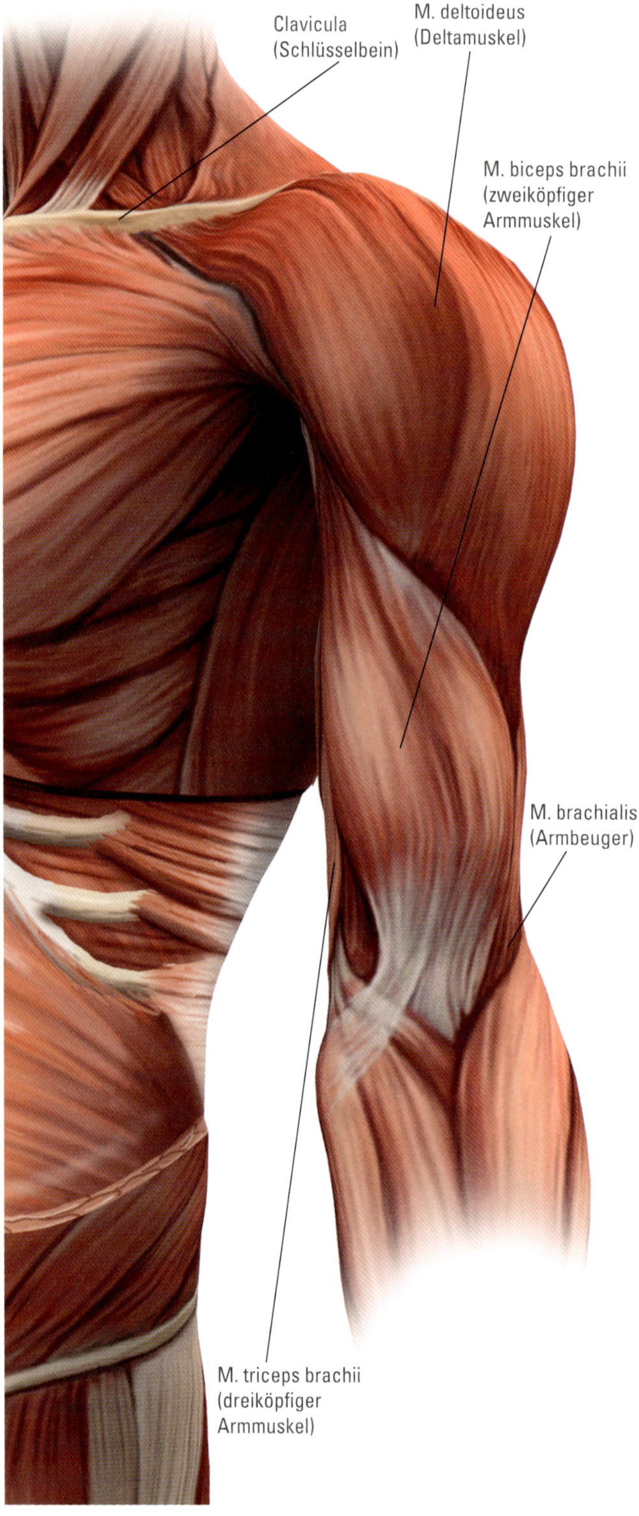

❶–❸ Streichen Sie nun die Seiten des Brachioradialis (Oberarmspeichenmuskel), den größten Muskel des Unterarms. Ergreifen Sie den Muskelansatz mit Daumen und Zeigefinger wie abgebildet, als wollten Sie ihn »zwicken«, und fahren Sie mit sanftem Druck daran entlang in Richtung Ellbogen.

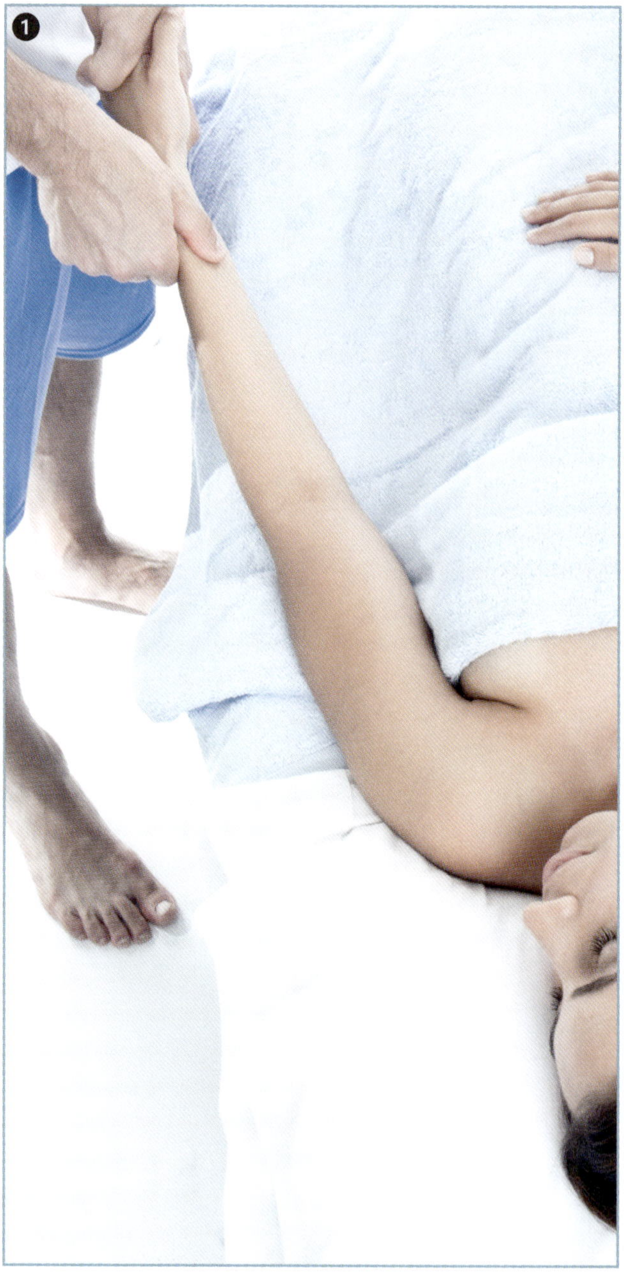

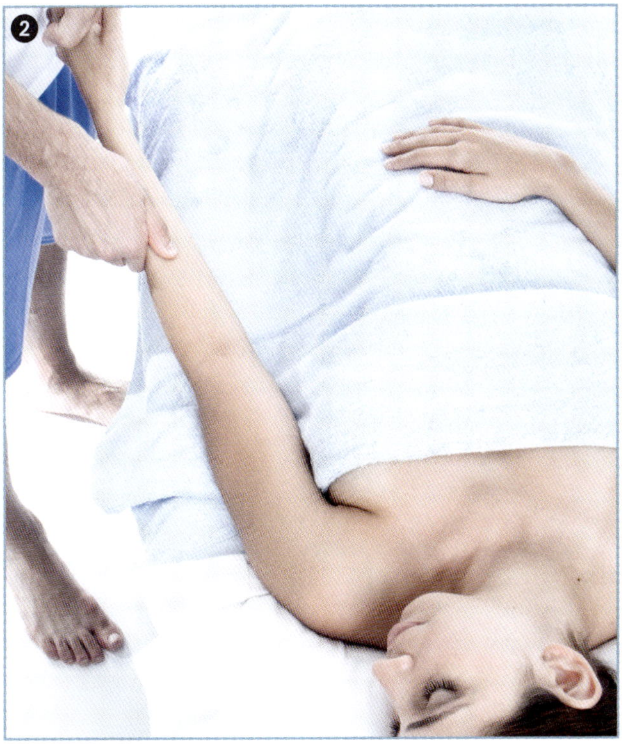

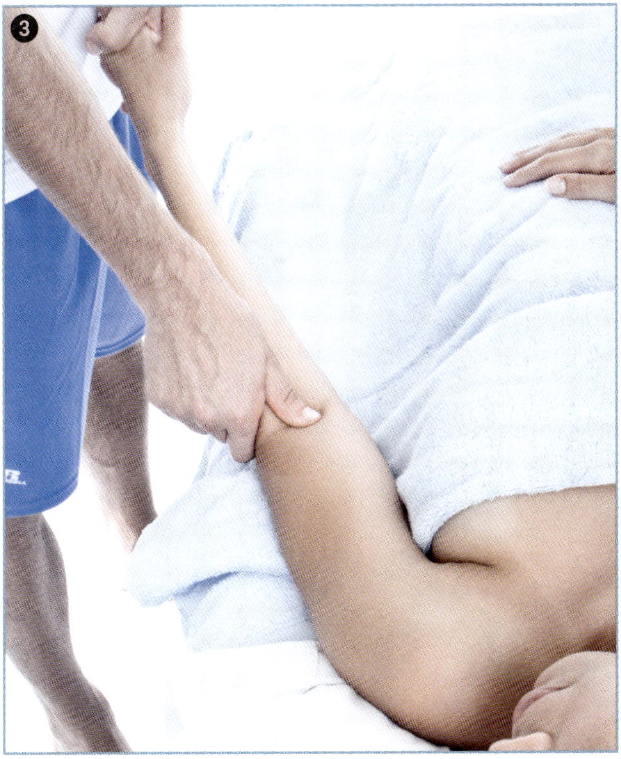

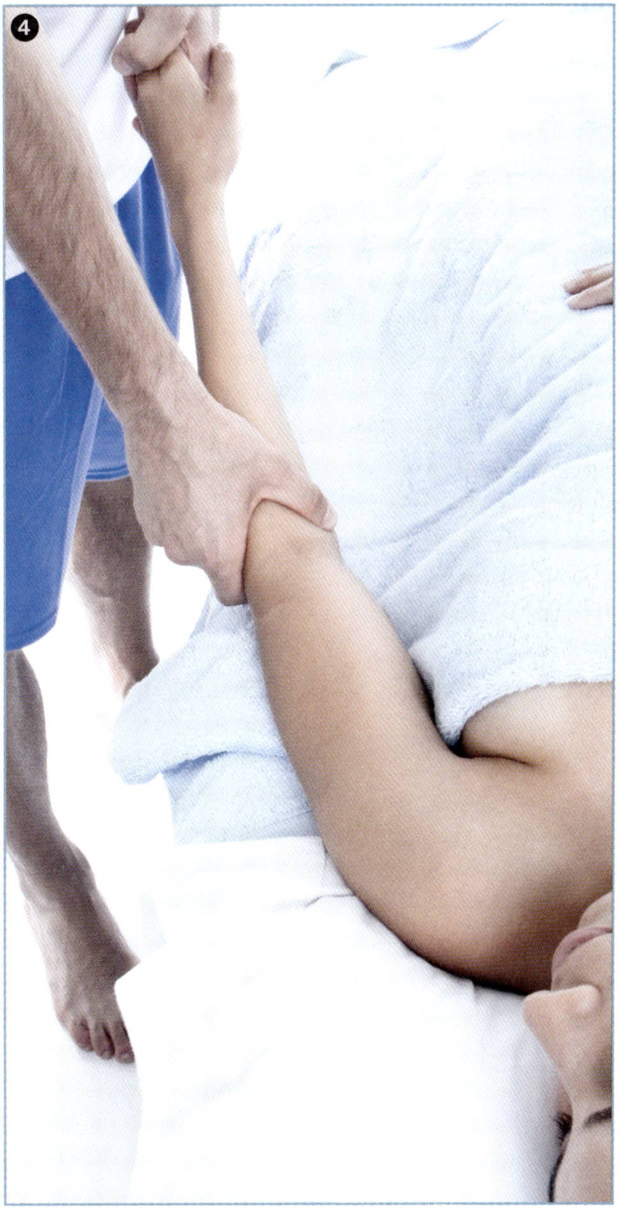

❹ Wiederholen Sie diese Bewegung, umgreifen Sie den Arm aber stärker, sodass Sie diesmal mit der Hautfalte zwischen Daumen und Zeigefinger am Muskel entlangstreichen.

Wenn Sie mit Schulter und Arm der einen Seite fertig sind, wiederholen Sie die gesamte Massage-Sequenz auf der anderen Seite.

DIE HÄNDE

Unsere Hände zählen zu den filigransten und komplexesten Teilen des menschlichen Körpers und unterscheiden uns von allen anderen Lebewesen. Unser Daumen und der dadurch mögliche Klammergriff erlauben es uns, beispielsweise Werkzeuge zu halten und selbst feinste Arbeiten auszuführen. Und weil unsere Hände – mit ihren 27 Knochen und 25 Muskeln – fast immer aktiv sind, ist es nicht verwunderlich, dass die meisten von uns eine Handmassage als überaus wohltuend empfinden.

VORSICHT

Seien Sie behutsam, wenn Sie jemanden massieren, der an Arthritis leidet. Gehen Sie äußerst sachte vor, und bitten Sie immer wieder um Feedback.

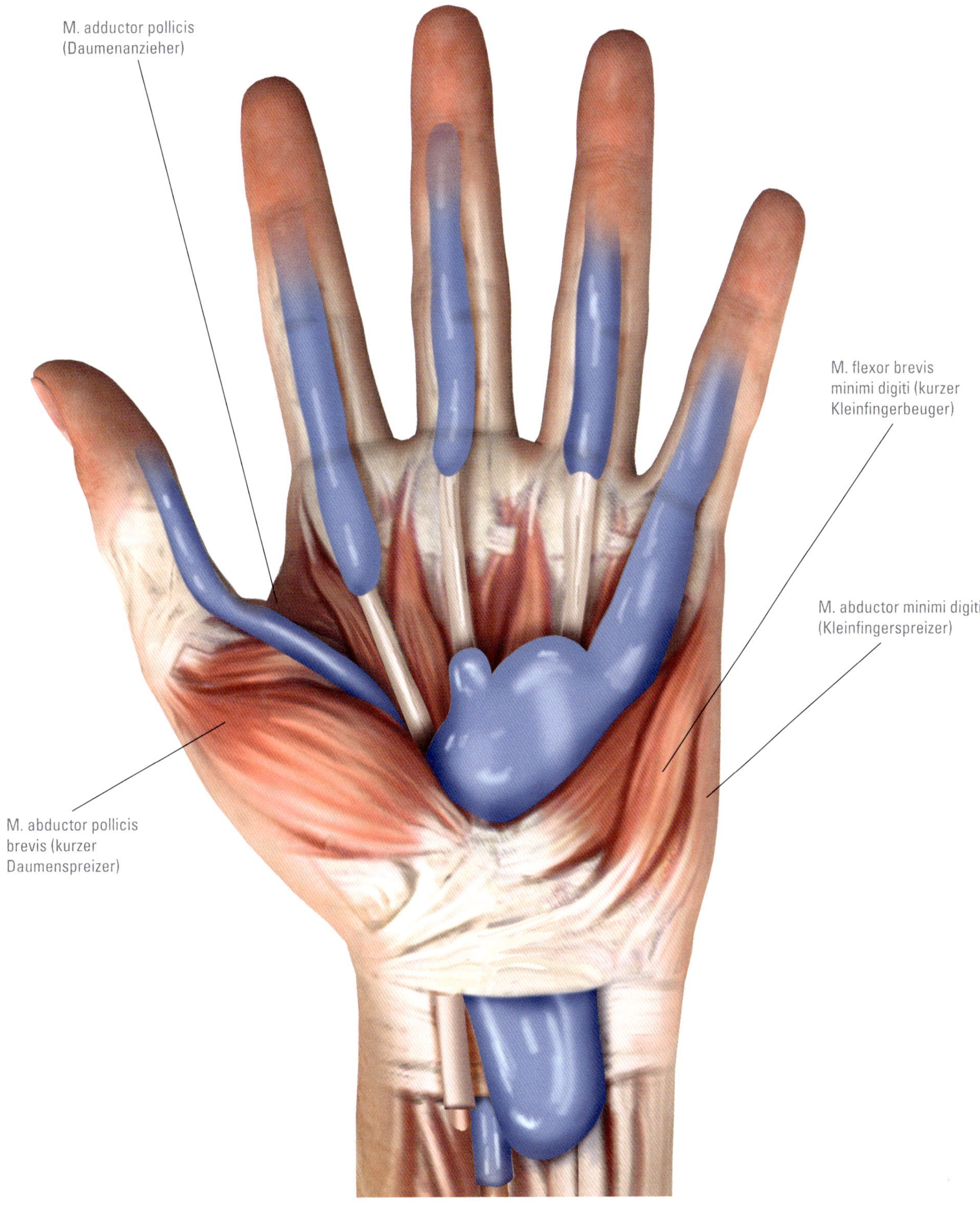
M. adductor pollicis
(Daumenanzieher)
M. flexor brevis
minimi digiti (kurzer
Kleinfingerbeuger)
M. abductor minimi digiti
(Kleinfingerspreizer)
M. abductor pollicis
brevis (kurzer
Daumenspreizer)

❶–❷ Beginnen Sie damit, die Hand wie abgebildet zu halten und zugleich zu stützen. Mit Ihren Daumen bearbeiten Sie nun vorsichtig das Handgelenk, genauer gesagt, den Bereich zwischen der Handwurzel und den Unterarmknochen.

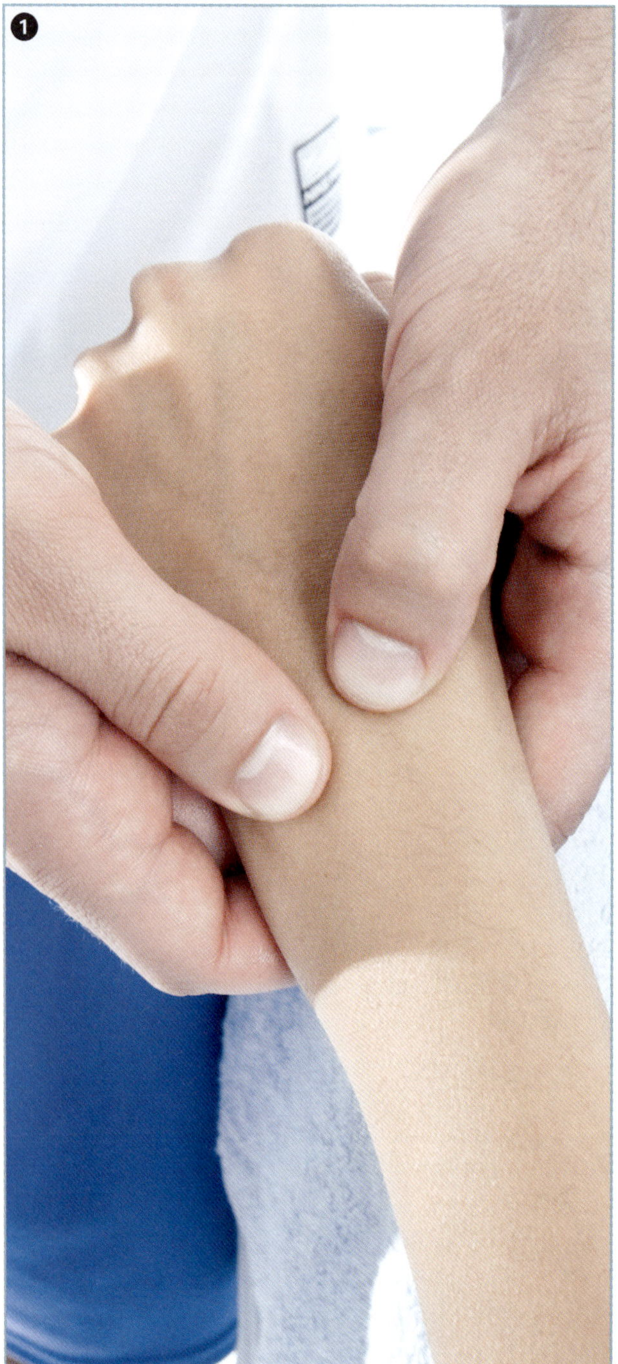

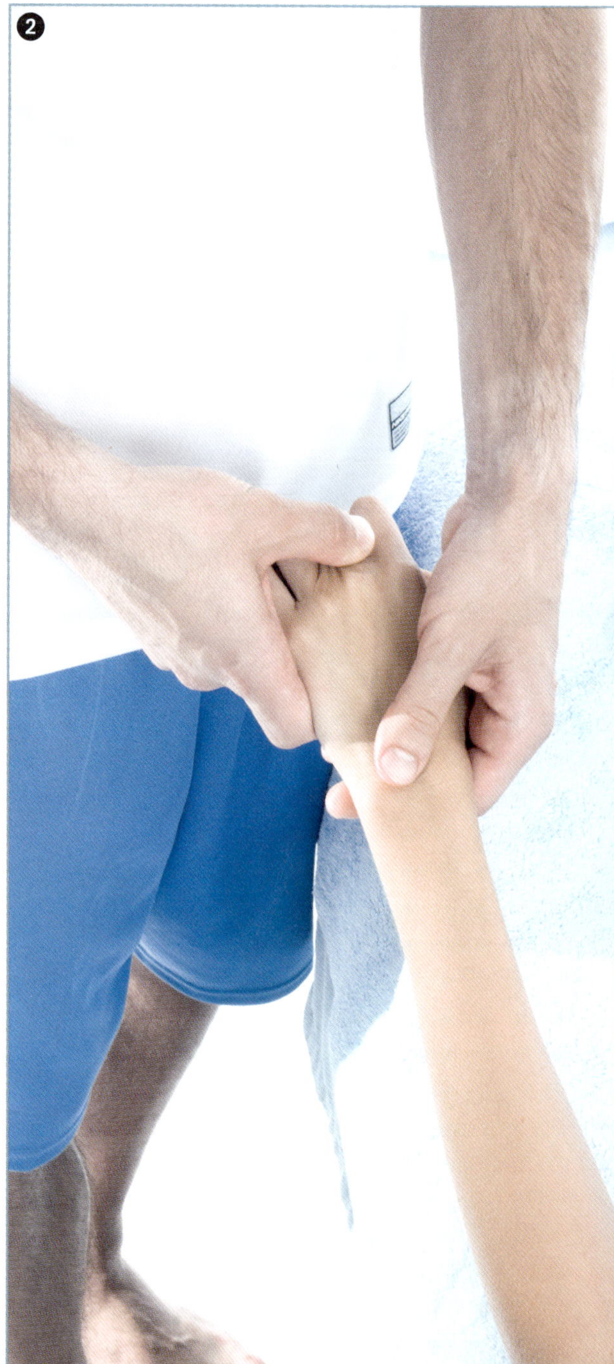

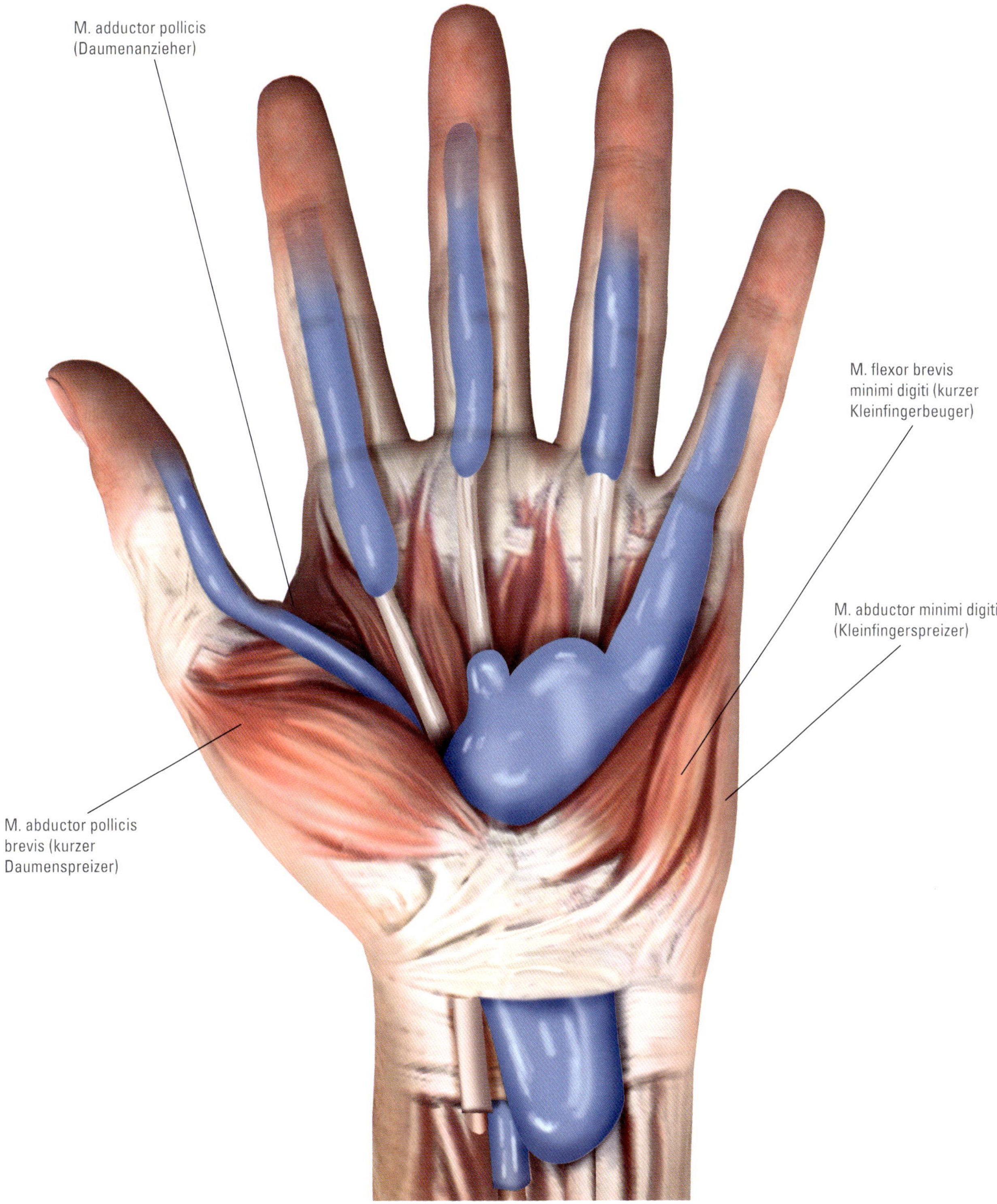
M. adductor pollicis
(Daumenanzieher)
M. flexor brevis
minimi digiti (kurzer
Kleinfingerbeuger)
M. abductor minimi digiti
(Kleinfingerspreizer)
M. abductor pollicis
brevis (kurzer
Daumenspreizer)

❶–❸ Nehmen Sie als Nächstes eine Hand Ihres Partners wie abgebildet: Ein Daumen befindet sich am Daumenballen, während der andere Daumen am Ansatz des kleinen Fingers aufliegt. Stützen Sie die Hand Ihres Partners nun rückwärtig mit Ihren restlichen Fingern, und massieren Sie die Handfläche mit beiden Daumen. Streichen Sie dabei vom Handballen zum Fingeransatz hin, und gehen Sie dann zu kreisförmigen Bewegungen über.

❹ Drehen Sie jetzt die Hand um, und massieren Sie jeden Finger einzeln, indem Sie ihn seiner Länge nach behutsam punktuell drücken.

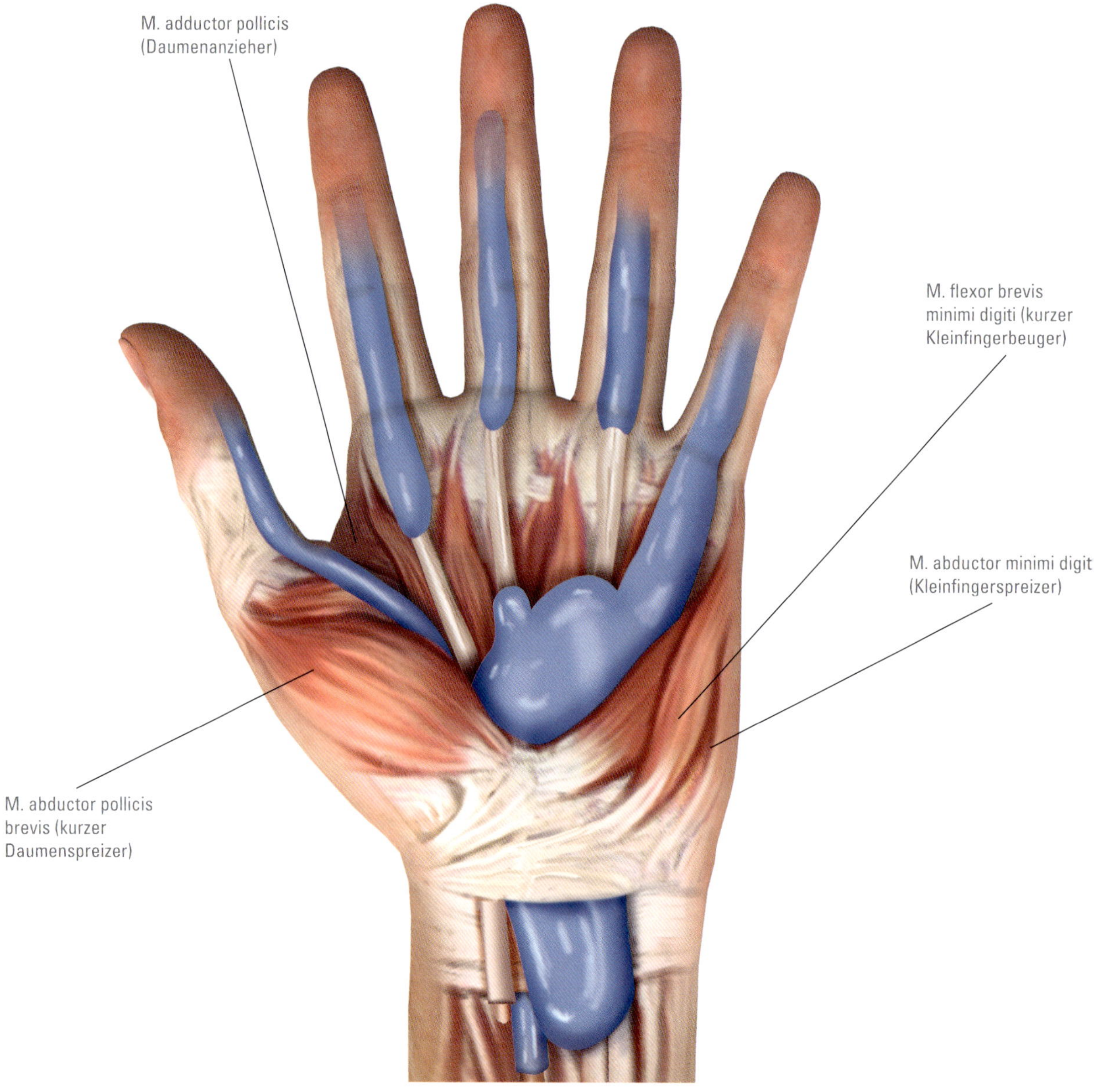

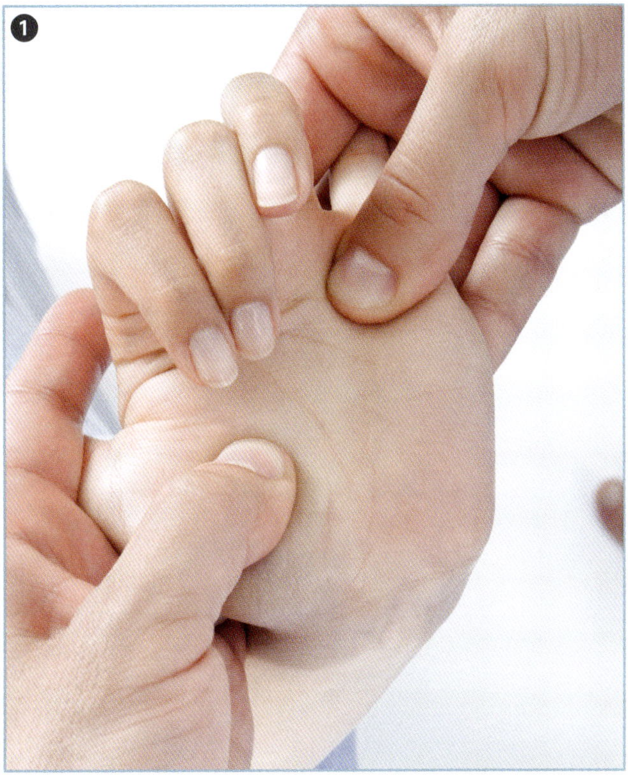
1

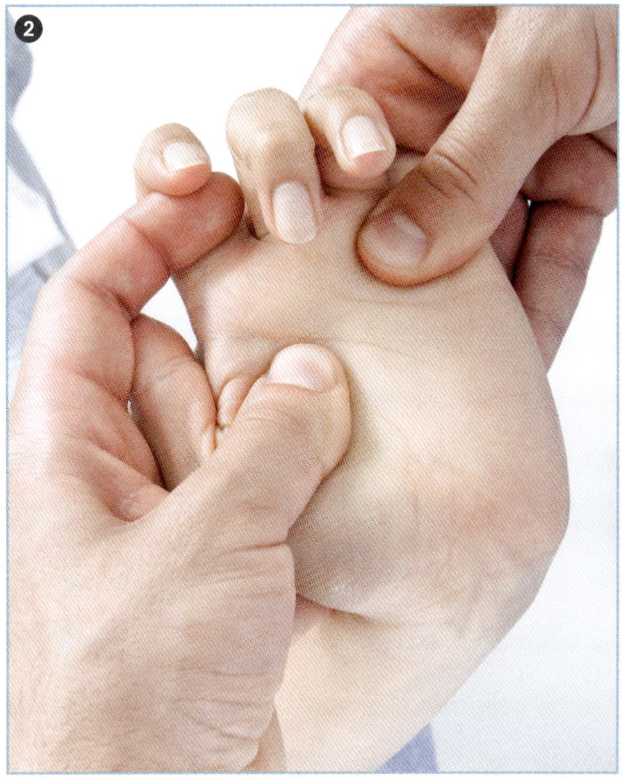
2

3

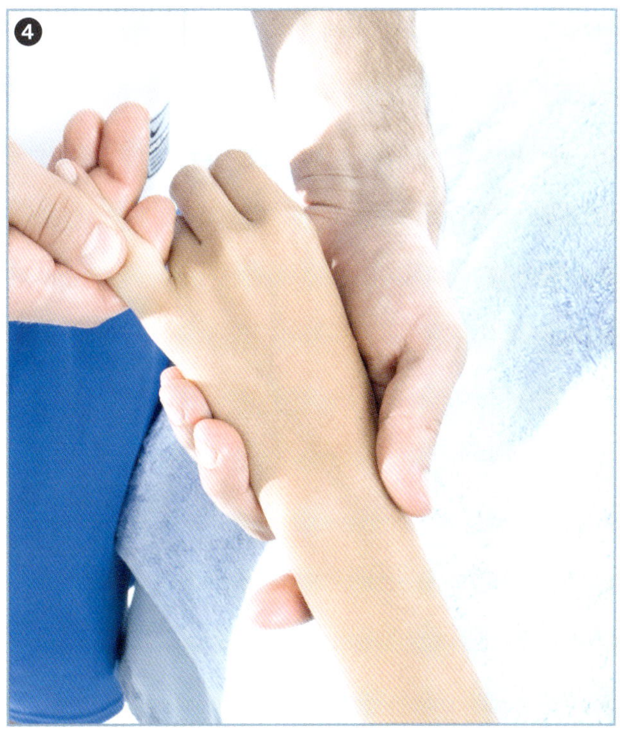
4

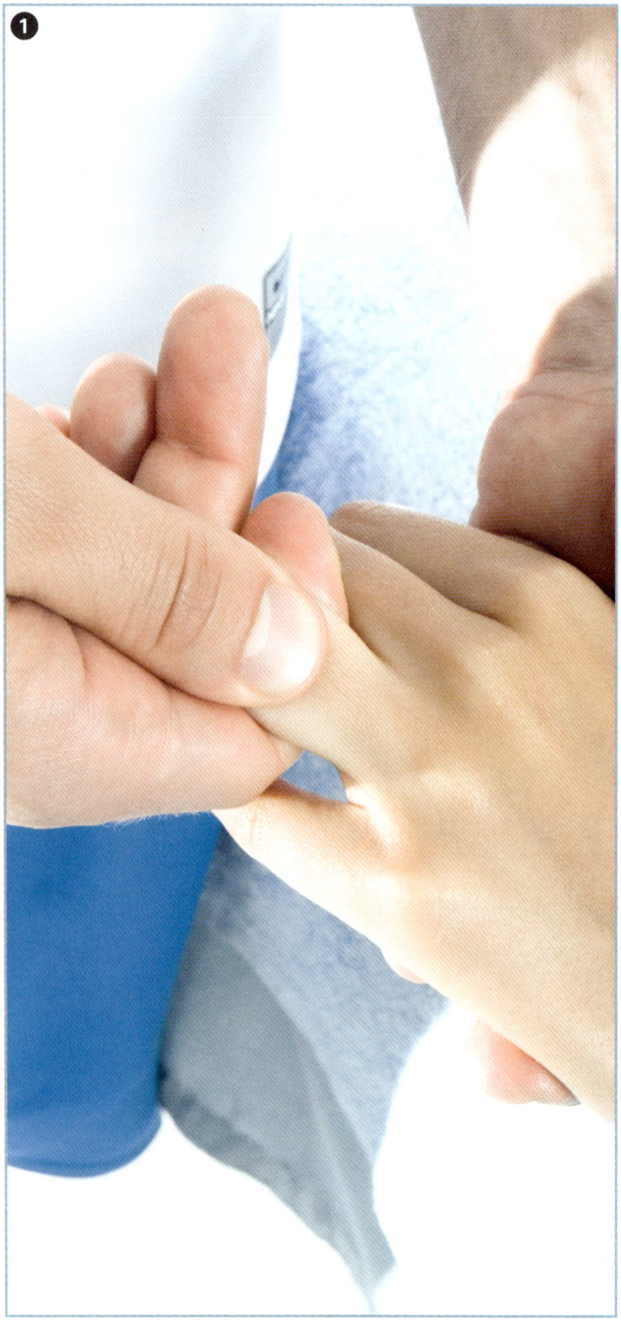

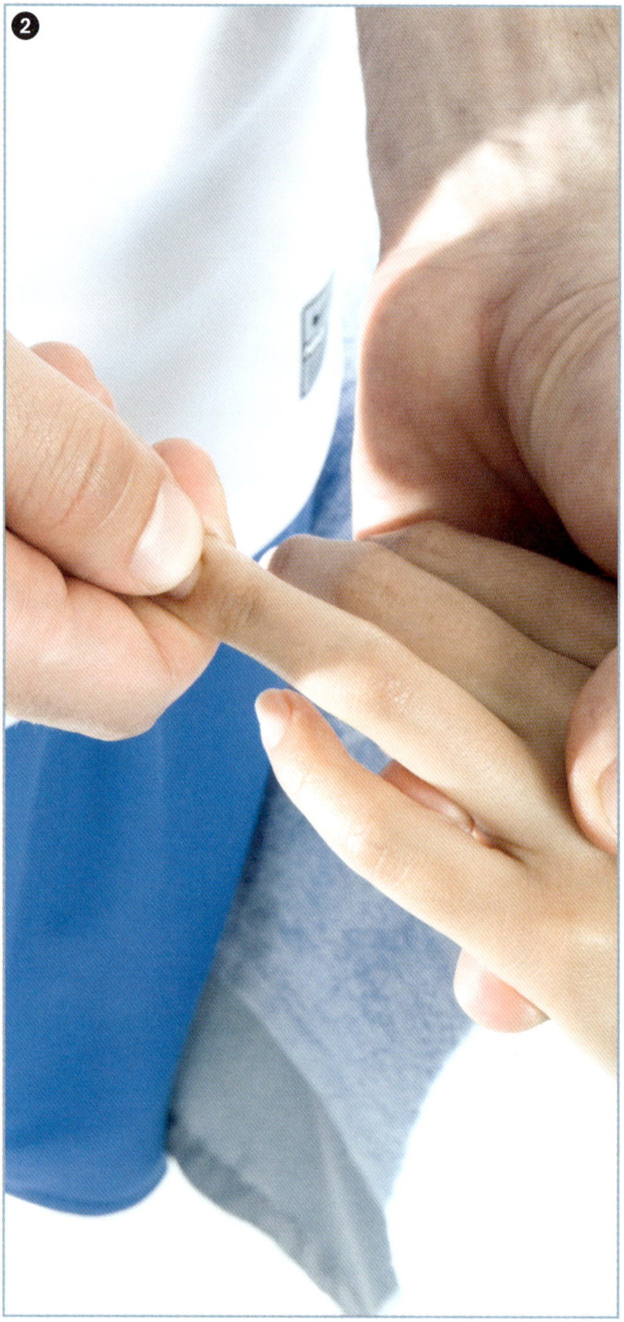

❶ Wiederholen Sie die Fingermassage. Zusätzlich zu den Druckpunkten können Sie die Finger nun auch vorsichtig in ihren Basisgelenken hin und her drehen. Achten Sie darauf, die massierte Hand die ganze Zeit über im Handgelenk zu stabilisieren.

❷ Pressen Sie abschließend möglichst behutsam auf das untere Ende eines jeden Fingernagels.

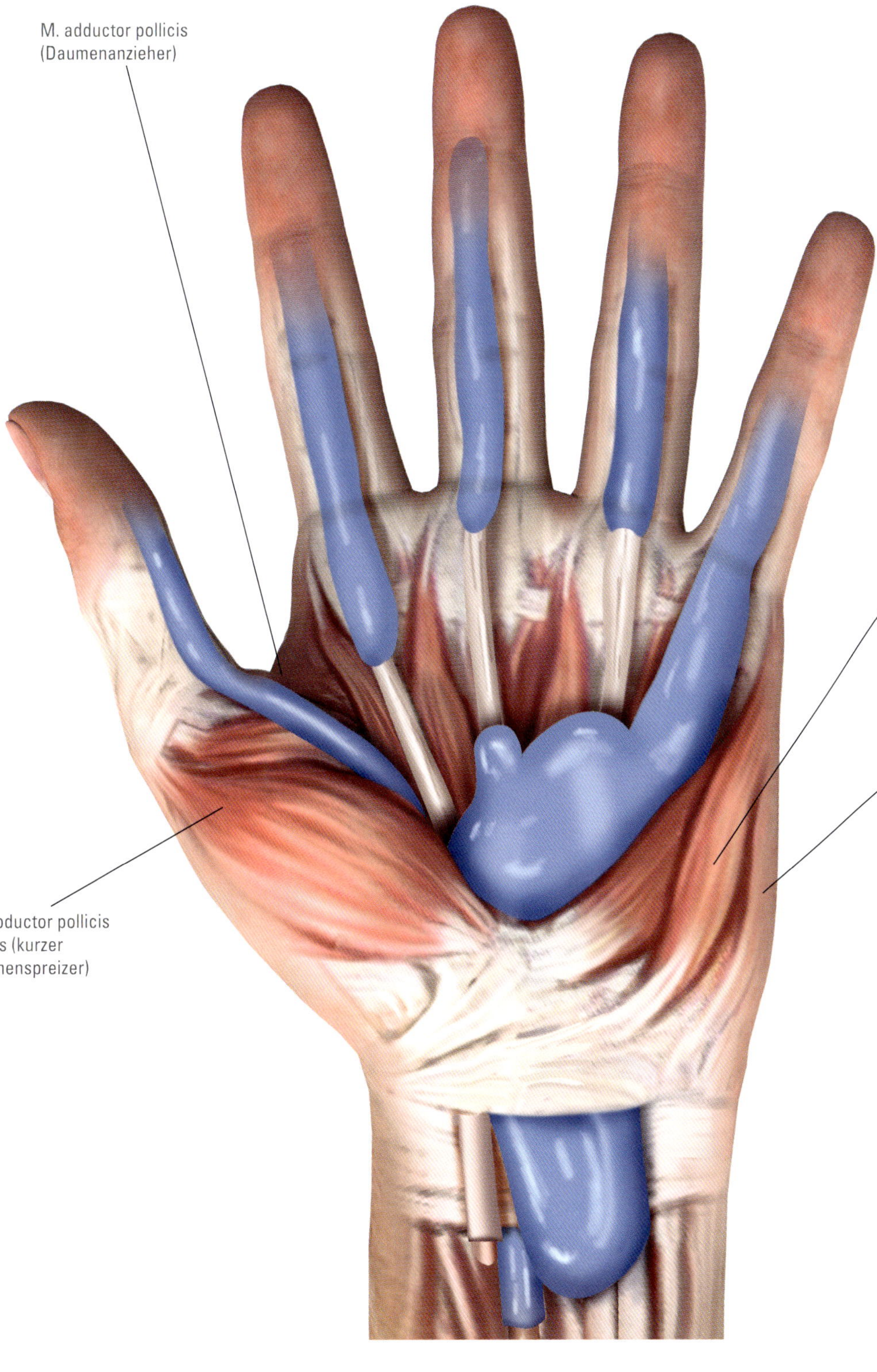
M. adductor pollicis
(Daumenanzieher)
M. flexor brevis
minimi digiti (kurzer
Kleinfingerbeuger)
M. abductor minimi digiti
(Kleinfingerspreizer)
M. abductor pollicis
brevis (kurzer
Daumenspreizer)

5 DER KOPF

Kommen wir nun zur letzten Station unserer Ganzkörpermassage: zum Kopf. Beginnen werden wir mit dem Nacken – einem Bereich, in dem praktisch jeder Mensch Verspannungen hat. Von dort aus bewegen wir uns in Richtung Gesicht und Scheitel. Am Schluss dieses Kapitels finden Sie dann einige Tipps, wie Sie die Massage stimmungsvoll ausklingen lassen können und wie es danach weitergeht.

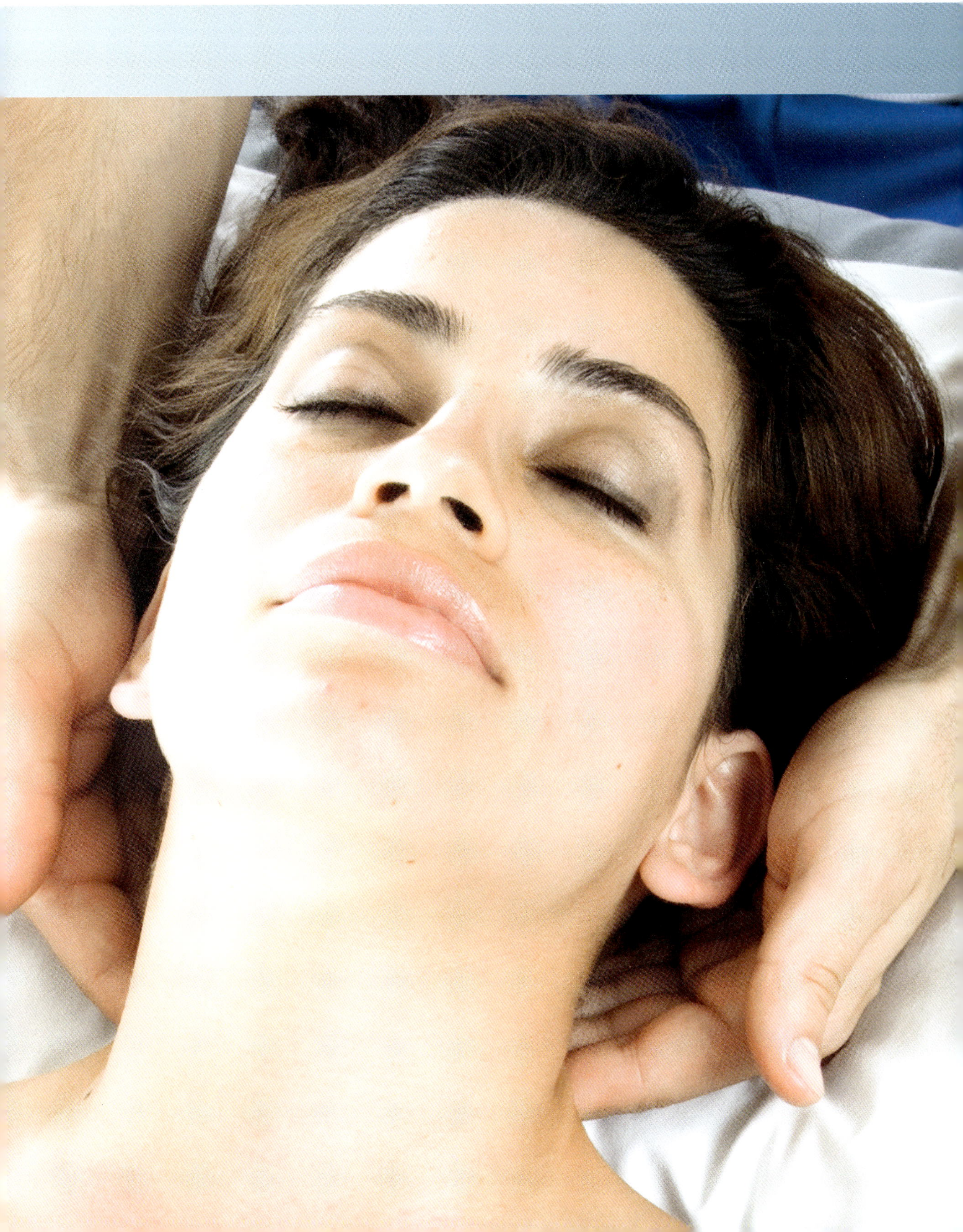

DER NACKEN

Die meisten von uns haben Verspannungen im Nacken, was sich nicht selten in Form von Kopfschmerzen äußert. Ursachen für diese Verspannungen können Stress oder eine schlechte Haltung beim Stehen, Sitzen und sogar Schlafen sein. Mit regelmäßigen Massagen in diesem Bereich kann man einen erheblichen Teil der Beschwerden lindern.

VORSICHT

Der Nacken ist ein Bereich, in dem viele Nerven und Blutgefäße verlaufen, weshalb man bei der Massage sehr vorsichtig sein muss.

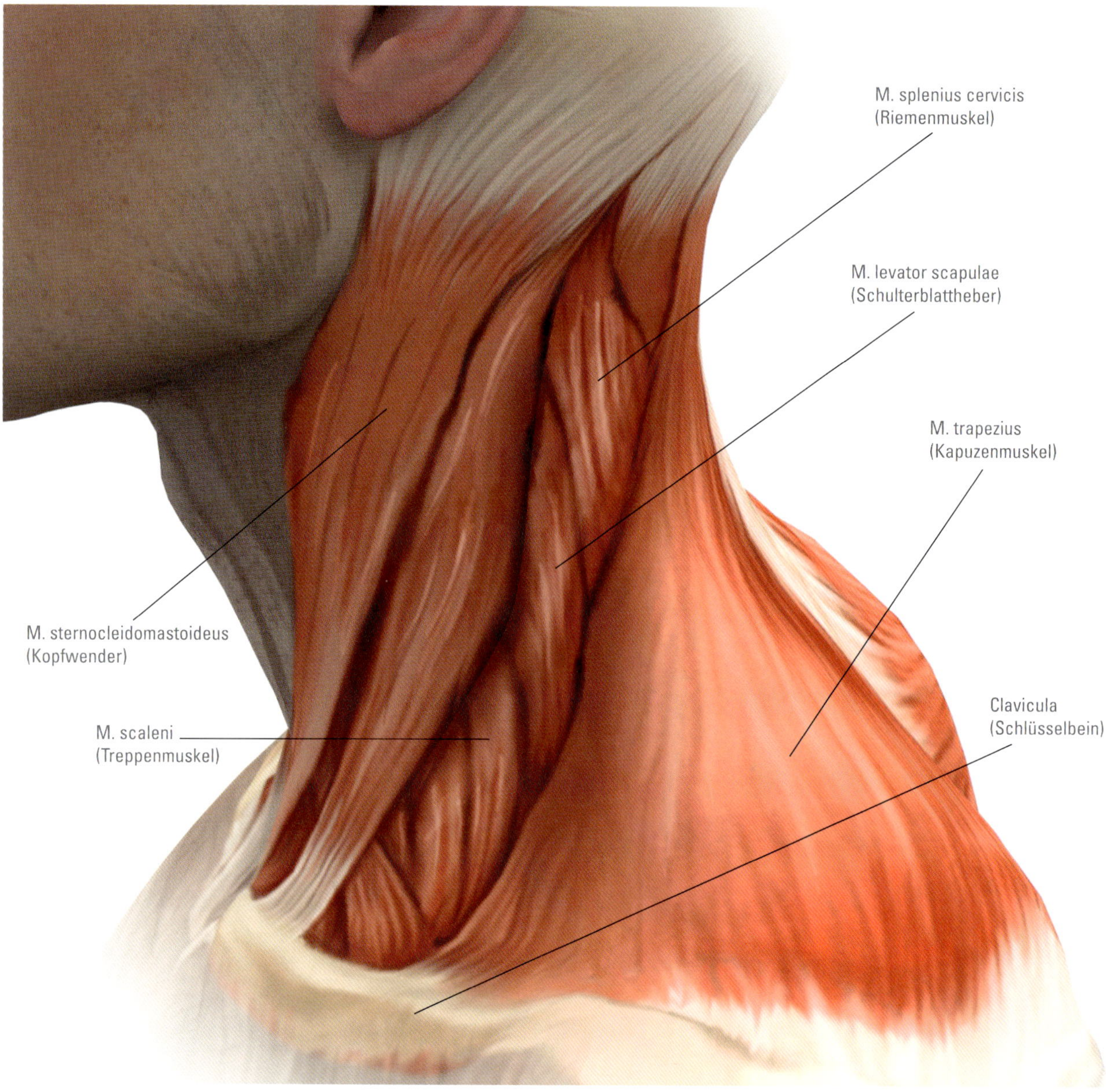

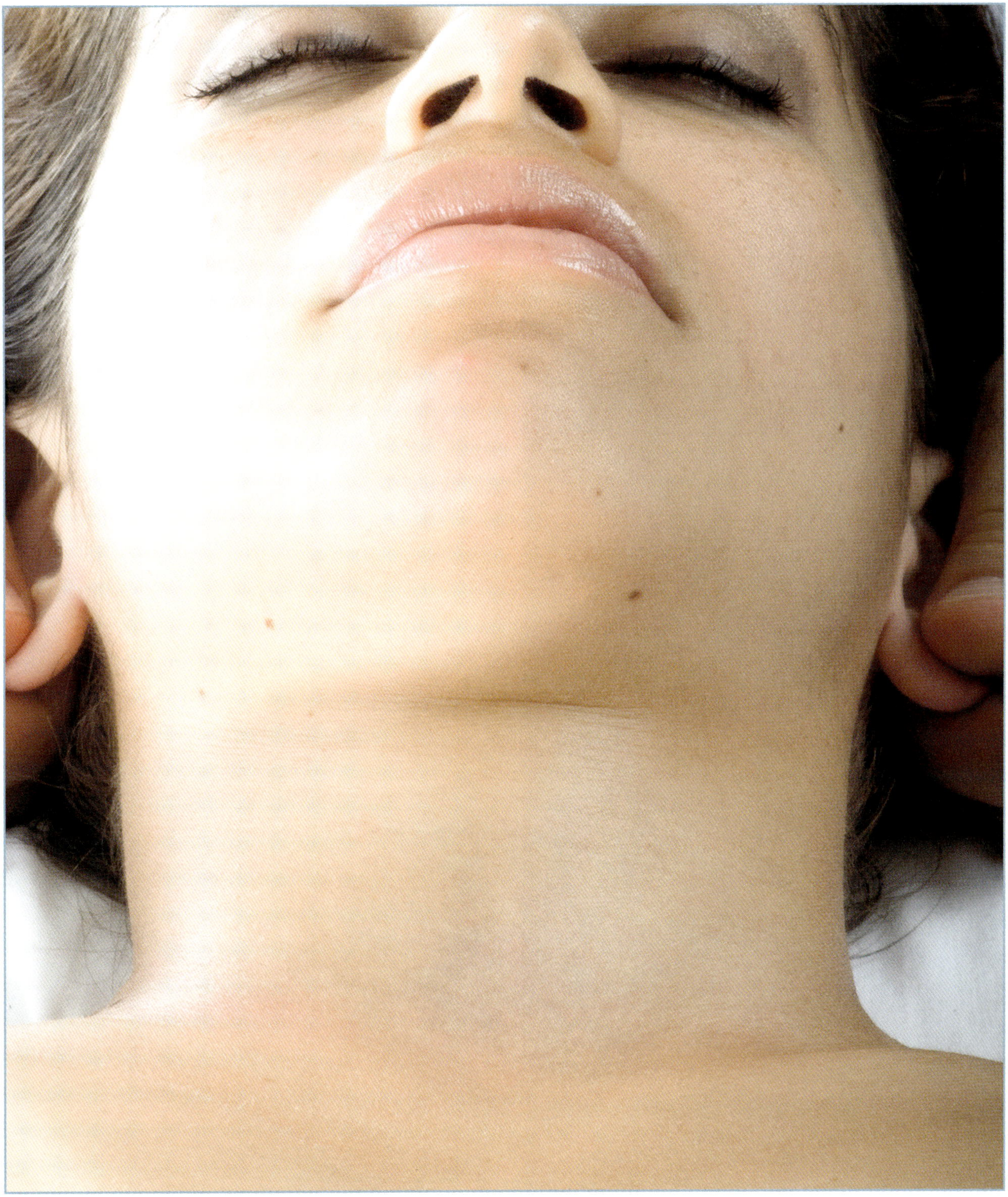

❶–❷ Bilden Sie anfangs eine lockere Faust, und platzieren Sie sie hinter dem Kopfwender. Lassen Sie die Faust unter sanftem Druck vom Haaransatz hinter dem Ohr bis zum Schulteransatz gleiten.

VORSICHT

Auch wenn der oder die Massierte Sie darum bittet, sollten Sie bei diesem Massagegriff nicht mehr Druck ausüben als unbedingt notwendig. Vor allem wenn die betreffende Person über 55 Jahre alt ist, können sich unter Umständen Ablagerungen in den Arterien lösen, die zum Gehirn führen.

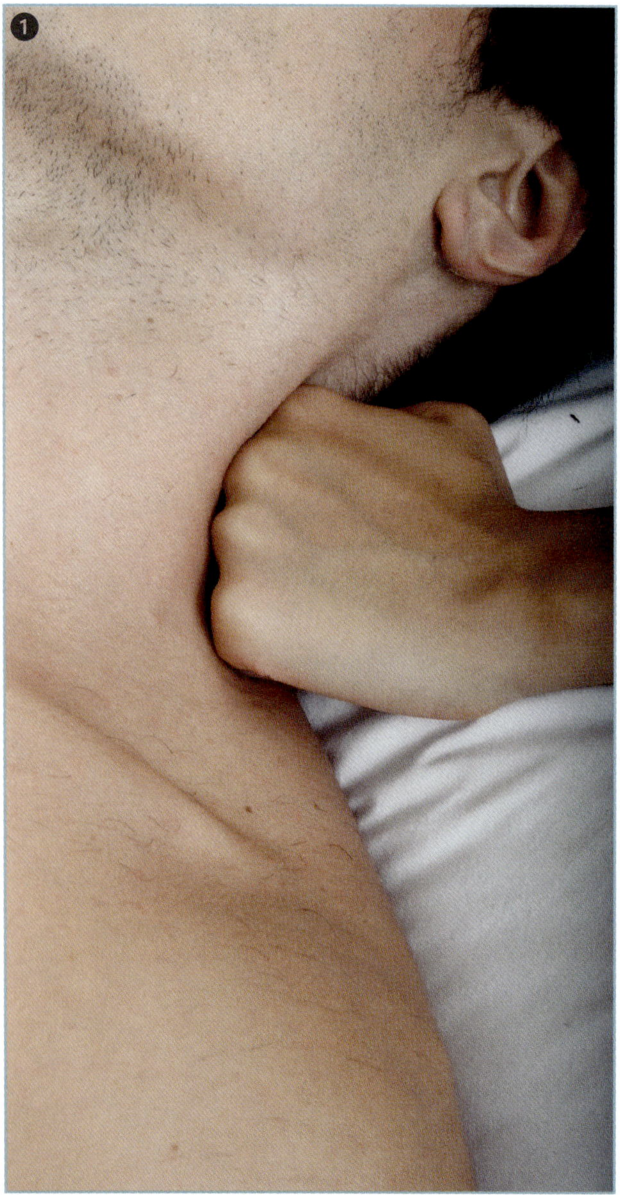

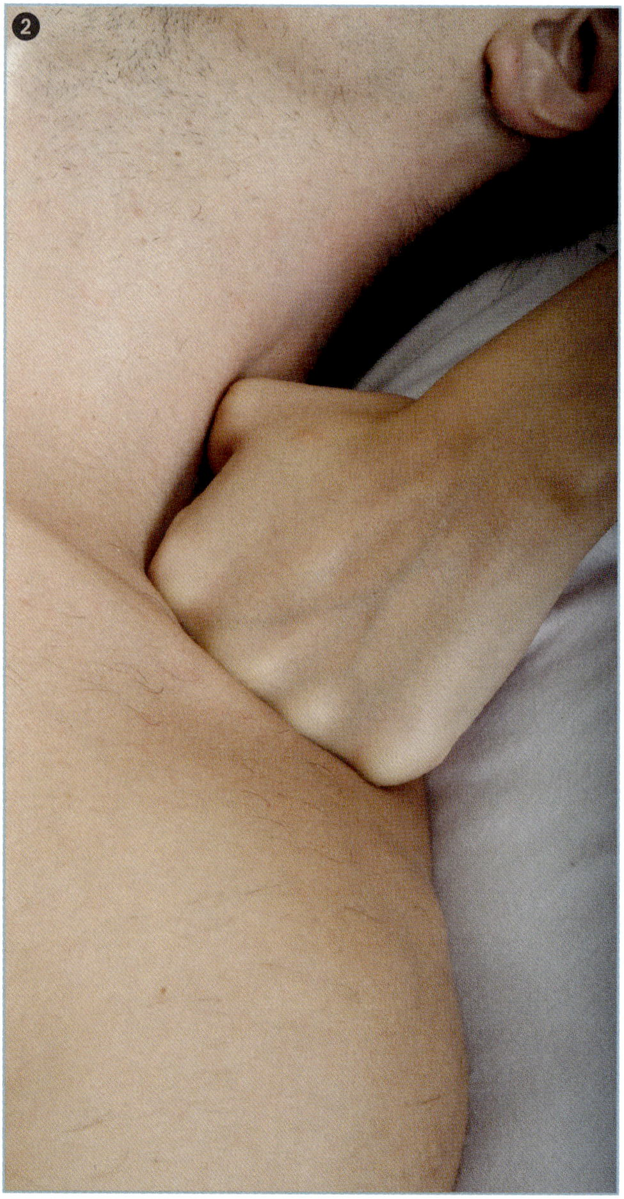

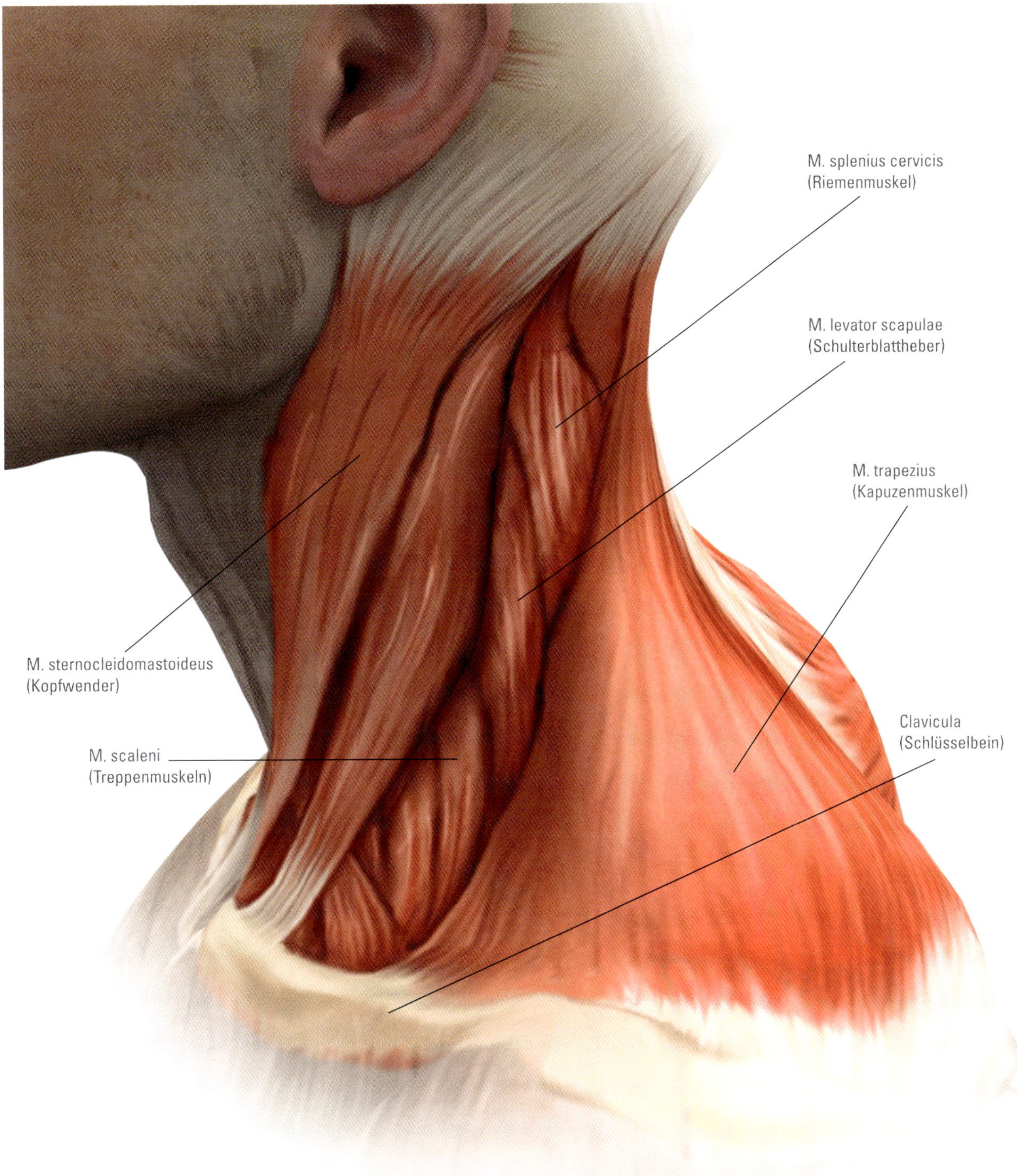
M. splenius cervicis
(Riemenmuskel)
M. levator scapulae
(Schulterblattheber)
M. trapezius
(Kapuzenmuskel)
M. sternocleidomastoideus
(Kopfwender)
Clavicula
(Schlüsselbein)
M. scaleni
(Treppenmuskeln)

❶–❷ Wiederholen Sie nun dieselbe Bewegung, doch öffnen Sie diesmal Ihre Hand ein wenig, und lassen Sie die oberen Fingerknöchel seitlich am Nacken hinuntergleiten. Üben Sie auch hier nur ganz wenig Druck aus, und bleiben Sie immer hinter dem Kopfwender.

❸–❺ Wiederholen Sie diese Streichung noch einmal, verwenden Sie diesmal aber die Hautfalte zwischen Daumen und Zeigefinger, um den Nacken seitlich zu massieren.

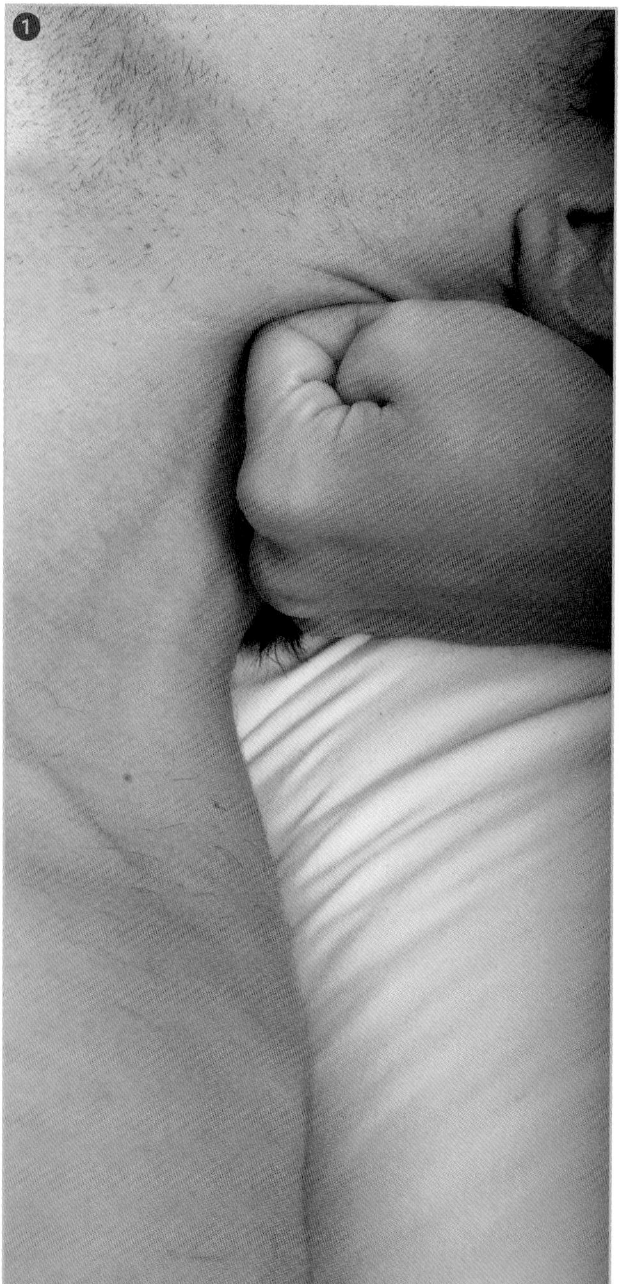

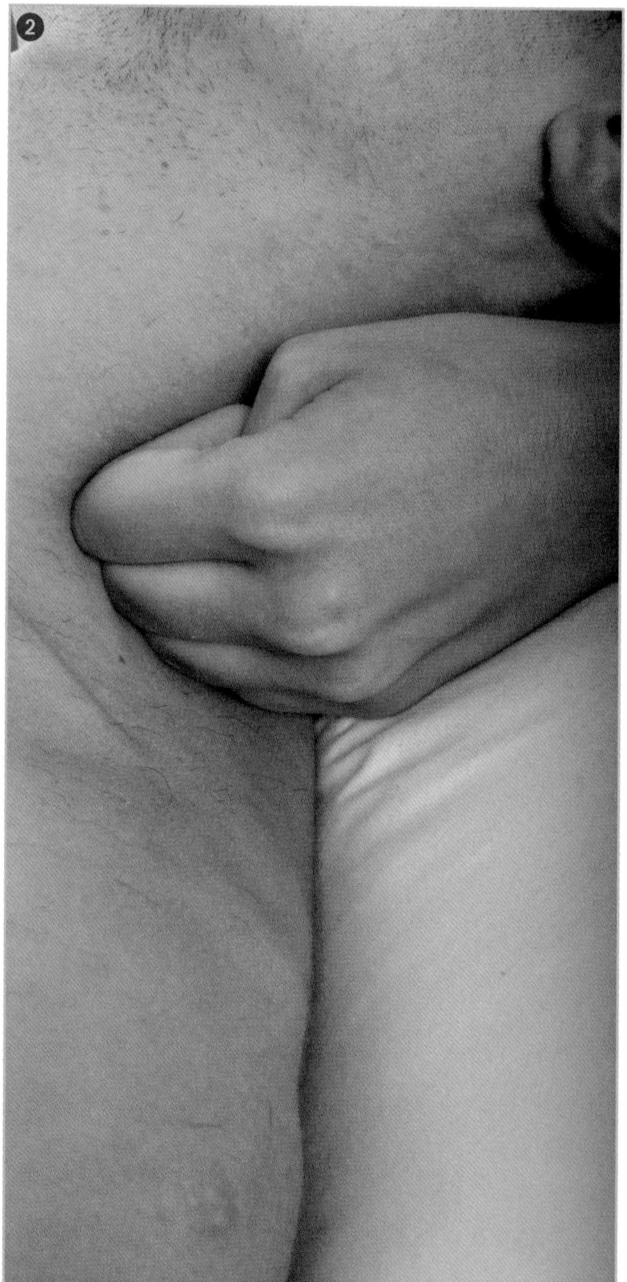

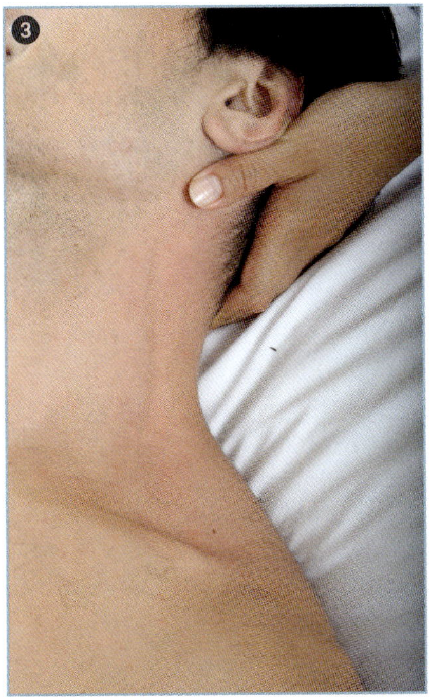
3

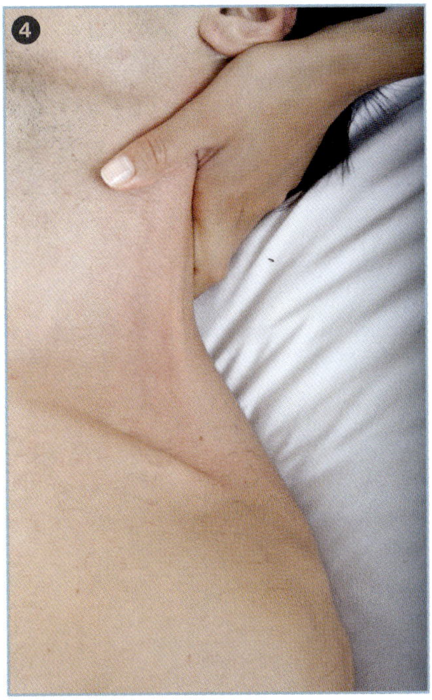
4

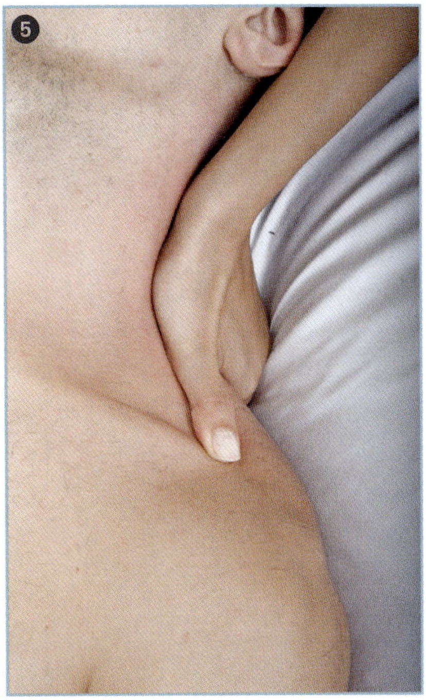
5

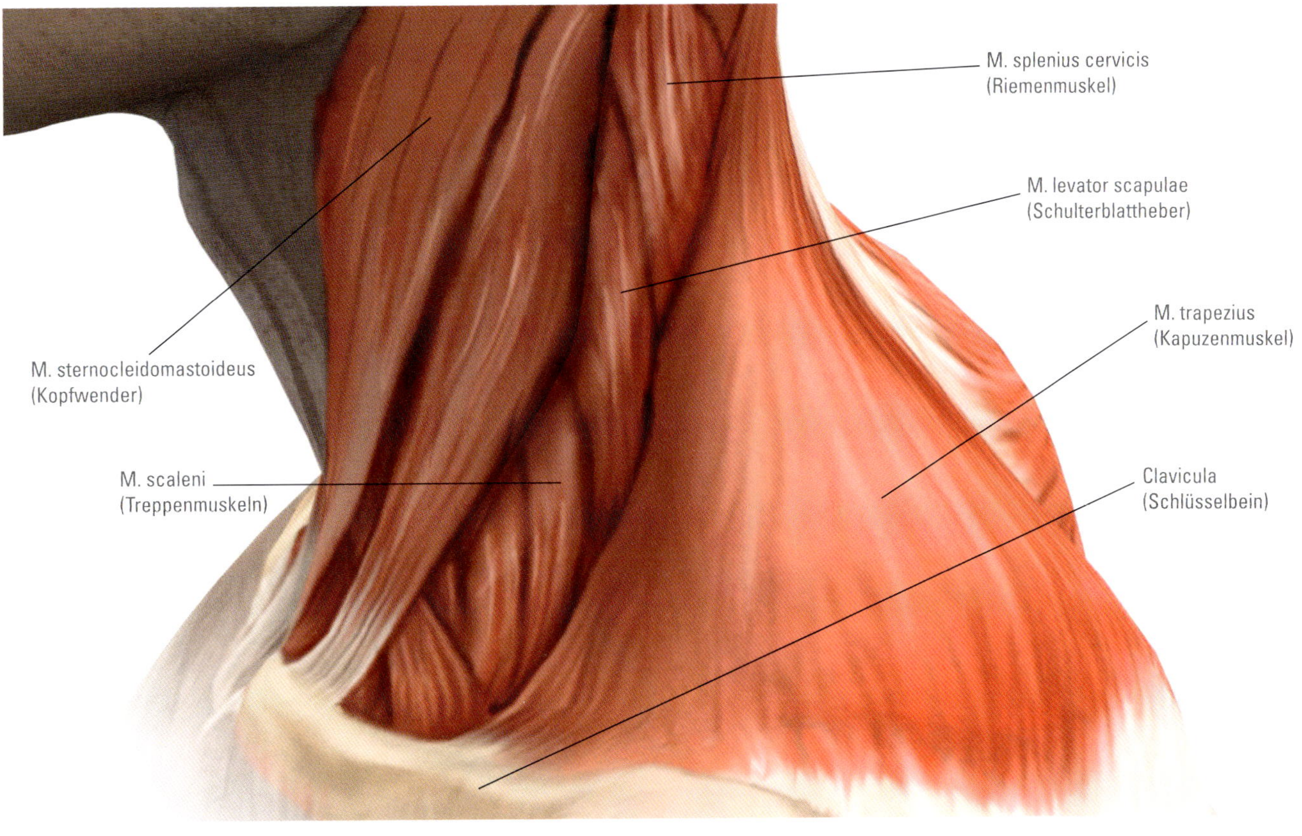
M. splenius cervicis
(Riemenmuskel)
M. levator scapulae
(Schulterblattheber)
M. trapezius
(Kapuzenmuskel)
M. sternocleidomastoideus
(Kopfwender)
M. scaleni
(Treppenmuskeln)
Clavicula
(Schlüsselbein)

DAS GESICHT

Die meisten von uns bemerken erst während der Massage, wie verspannt ihre Gesichtsmuskulatur tatsächlich ist. Im Gesicht befinden sich 43 Muskeln; diese zu massieren kann nicht nur Verspannungen lösen, sondern regt auch die Durchblutung an. Dementsprechend existiert die Theorie, dass regelmäßige Gesichtsmassagen die Faltenbildung verringern und die Haut jünger aussehen lassen. Aber auch ohne diesen kosmetischen Aspekt ist eine Gesichtsmassage sehr angenehm.

Bevor Sie zur Gesichtsmassage übergehen, sollten Sie Ihre Hände desinfizieren oder waschen – schließlich haben Sie zuvor bereits die Füße Ihres Partners massiert. Manche Menschen empfinden es als unangenehm, wenn ihnen Massageöl auf das Gesicht aufgetragen wird; andere wiederum verfügen über ausreichend Hautfett. Vergewissern Sie sich also, welche Hautbeschaffenheit oder Vorlieben vorliegen, bevor Sie mit Öl zu Werke gehen.

Bedenken Sie auch, dass die Haare Ihres Partners bei der Gesichts- und Kopfmassage in Kontakt mit Ihren Händen und dem Öl kommen. Erkundigen Sie sich daher rechtzeitig, falls dies nicht erwünscht ist.

Teilen Sie Ihrem Partner mit, wann Sie beginnen, damit er darauf vorbereitet ist, wenn Sie ihm Ihre Hände aufs Gesicht legen.

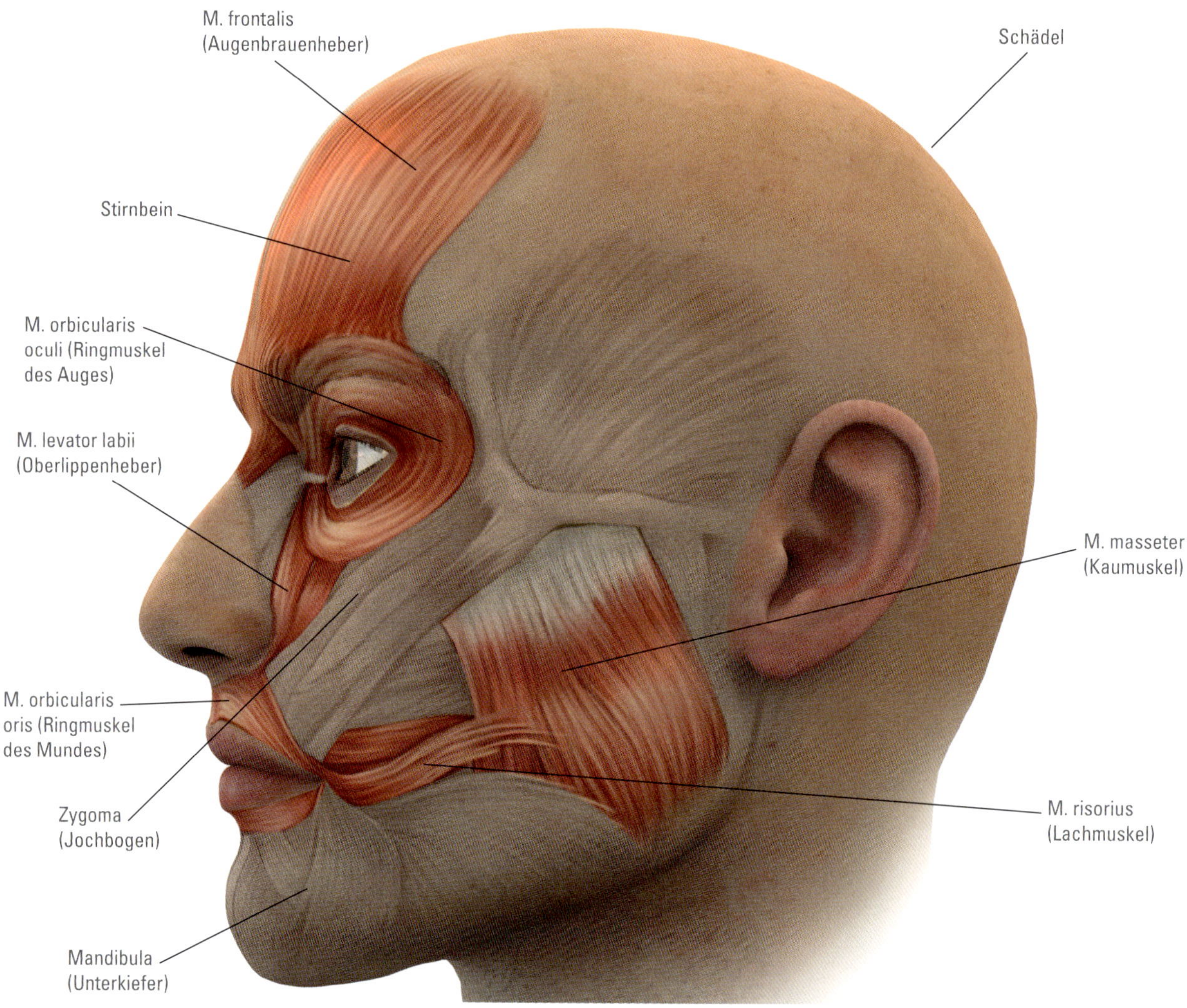

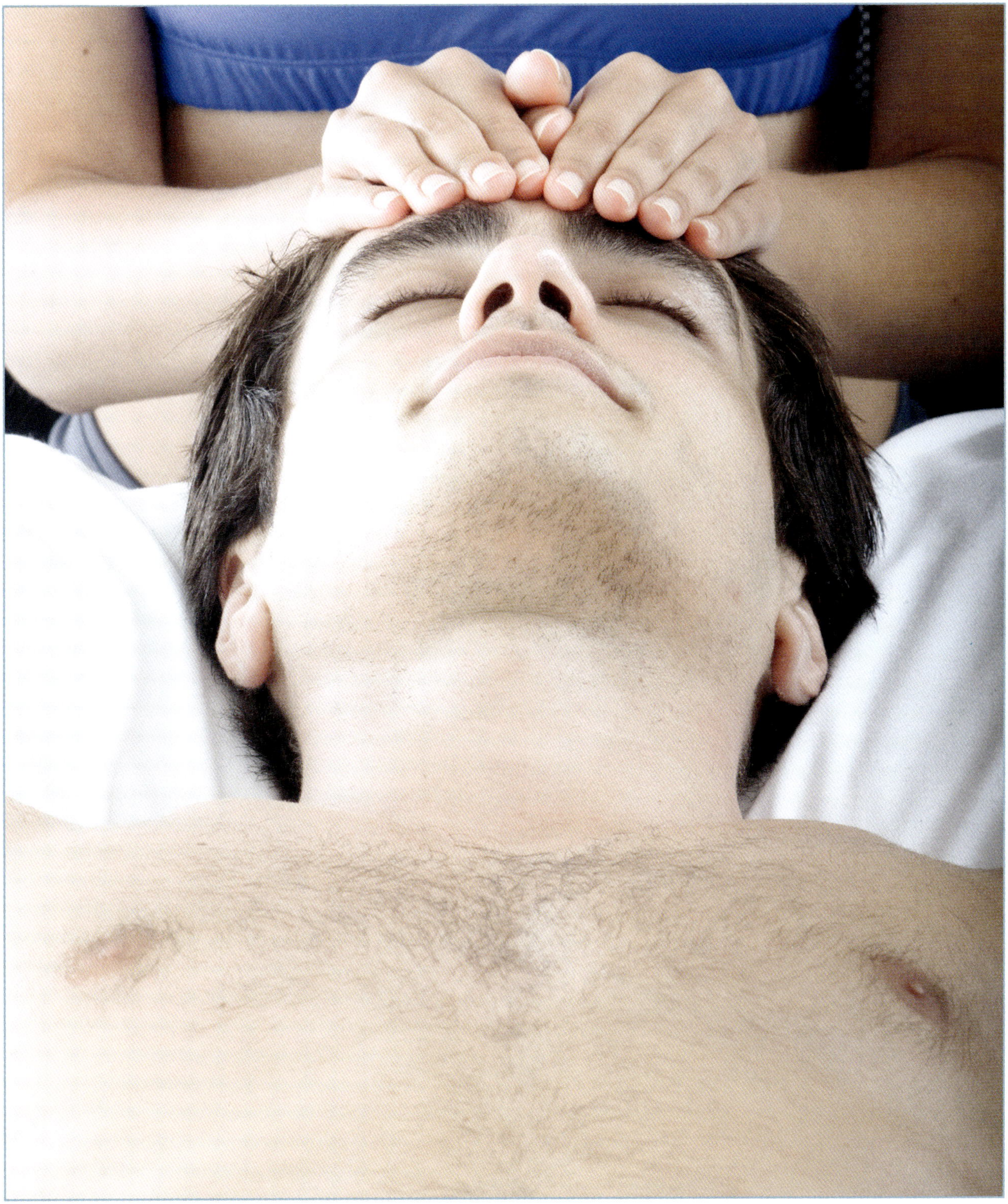

❶–❷ Legen Sie die Fingerspitzen sanft auf die Stirn. Lassen Sie sie langsam vom Brauenansatz zur Schläfe gleiten und wieder zurück.

❸ Fahren Sie mit dieser Bewegung fort, gehen Sie diesmal über die Schläfen hinaus, bis Sie fast an den Ohren angelangt sind, und kehren Sie dann wieder zur Ausgangsposition zurück.

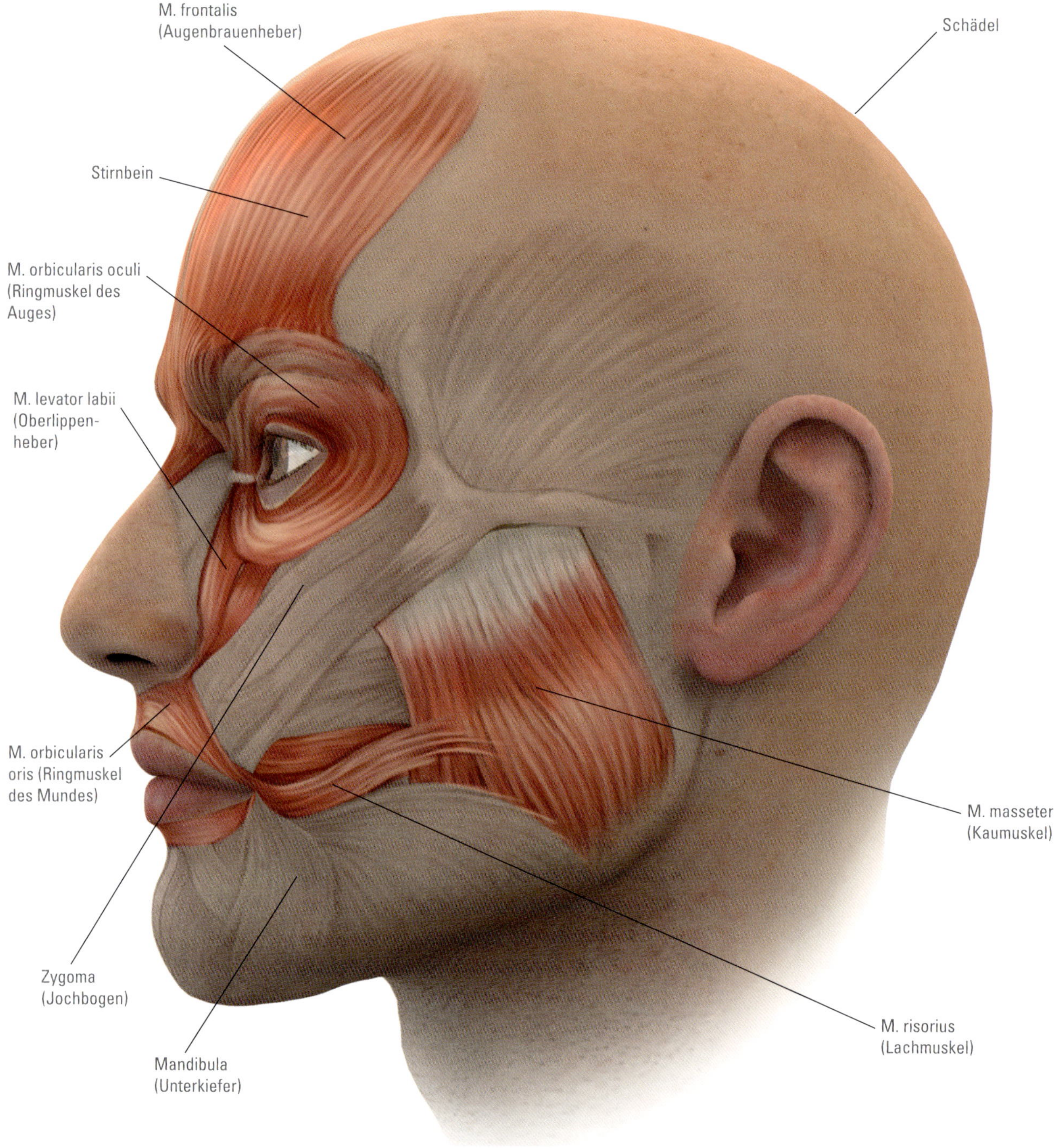

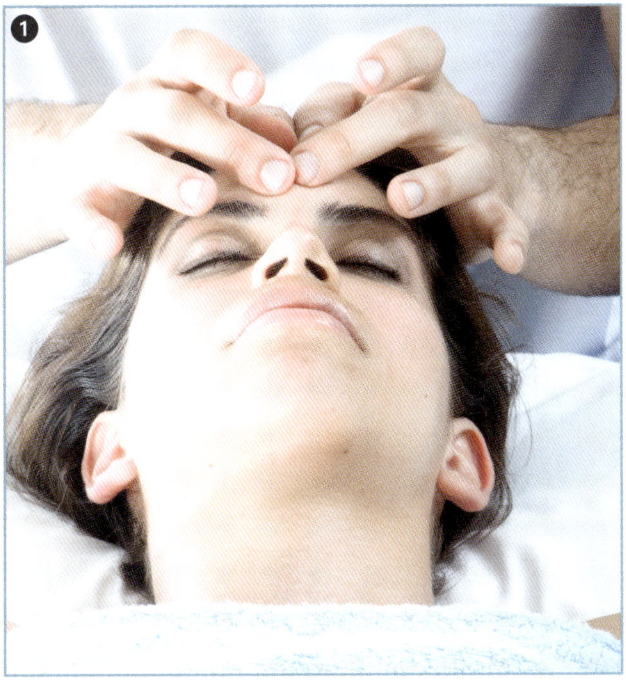
1

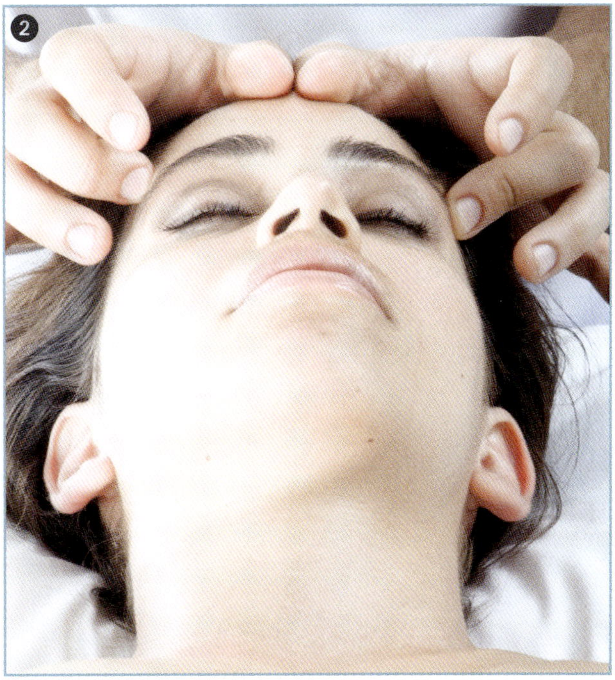
2

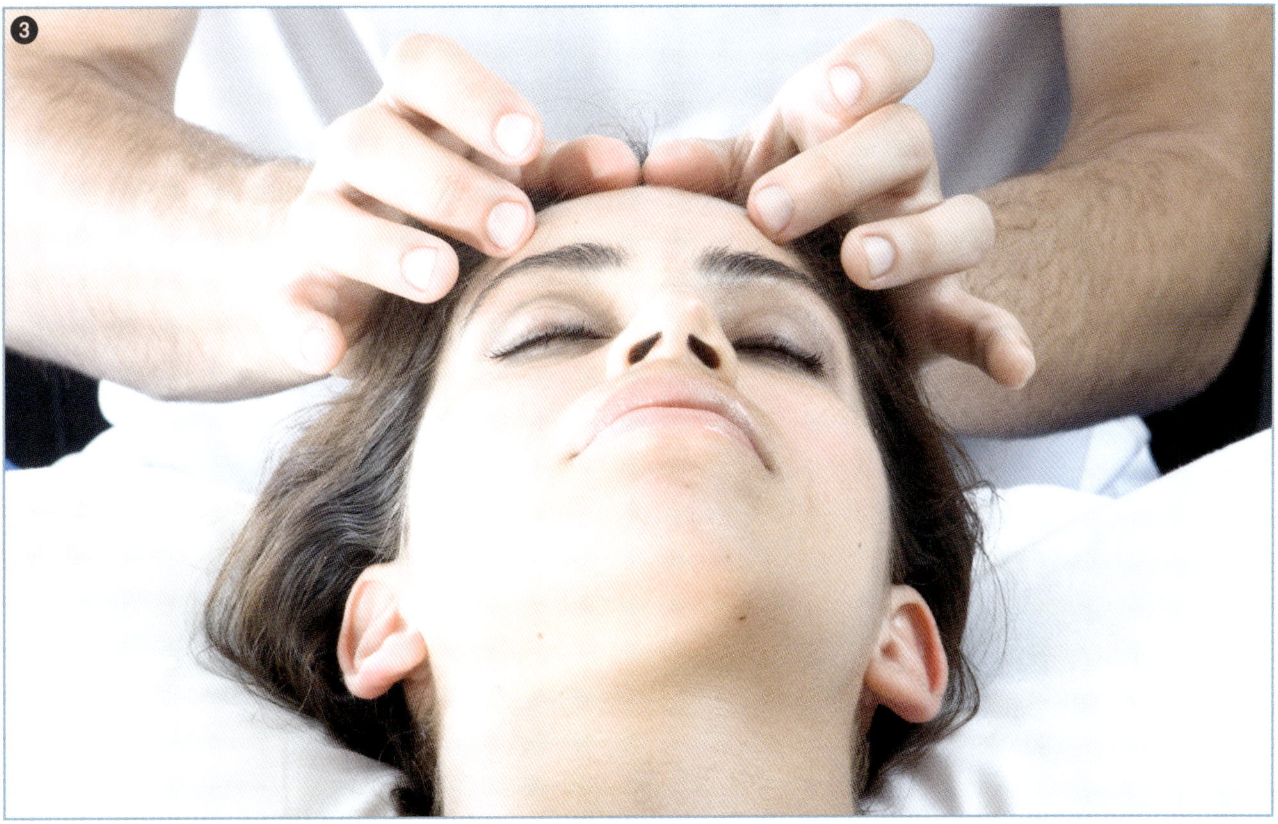
3

❶–❷ Legen Sie beide Daumen an die Stirn. Fahren Sie nun mit einem Daumen oberhalb der Augenbraue hin und her, und achten Sie dabei auf fließende Bewegungen.

VORSICHT

Achten Sie darauf, nicht innerhalb der Augenhöhle zu massieren.

❸ Legen Sie anschließend die Mittelfinger an den Brauenansatz. Lassen Sie die Finger bis zur Nasenwurzel gleiten, dann rund um die Augen und bis hin zu den Schläfen, die Sie behutsam mit kleinen Kreisen massieren.

❶
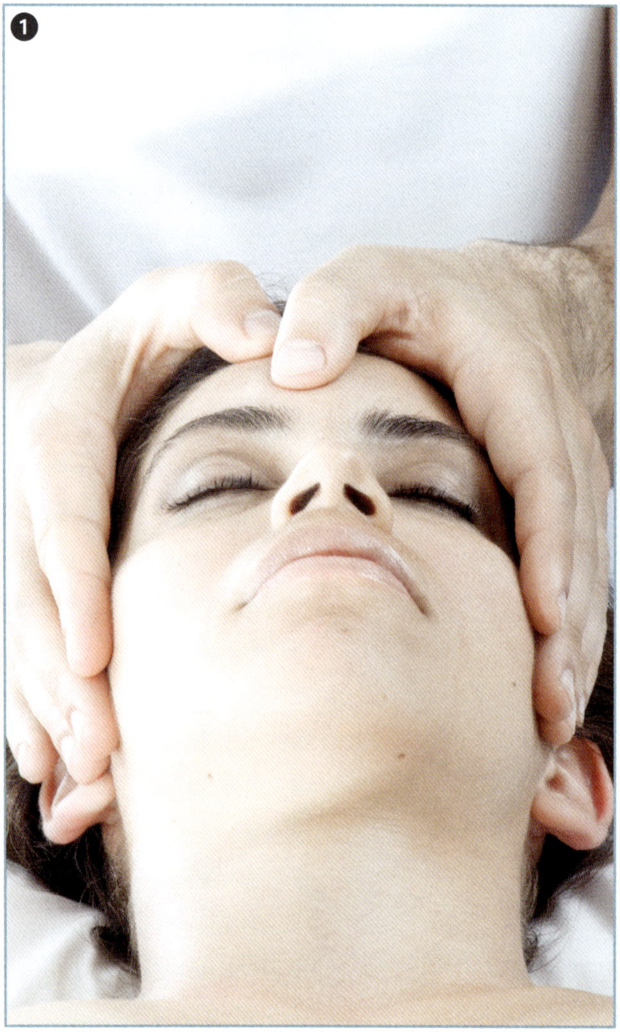

❷
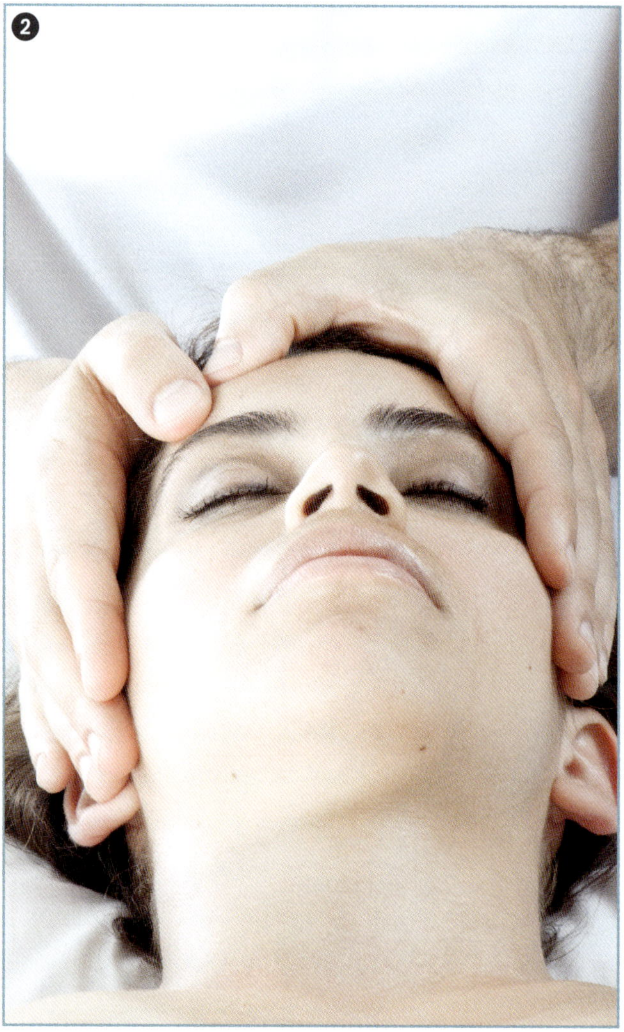

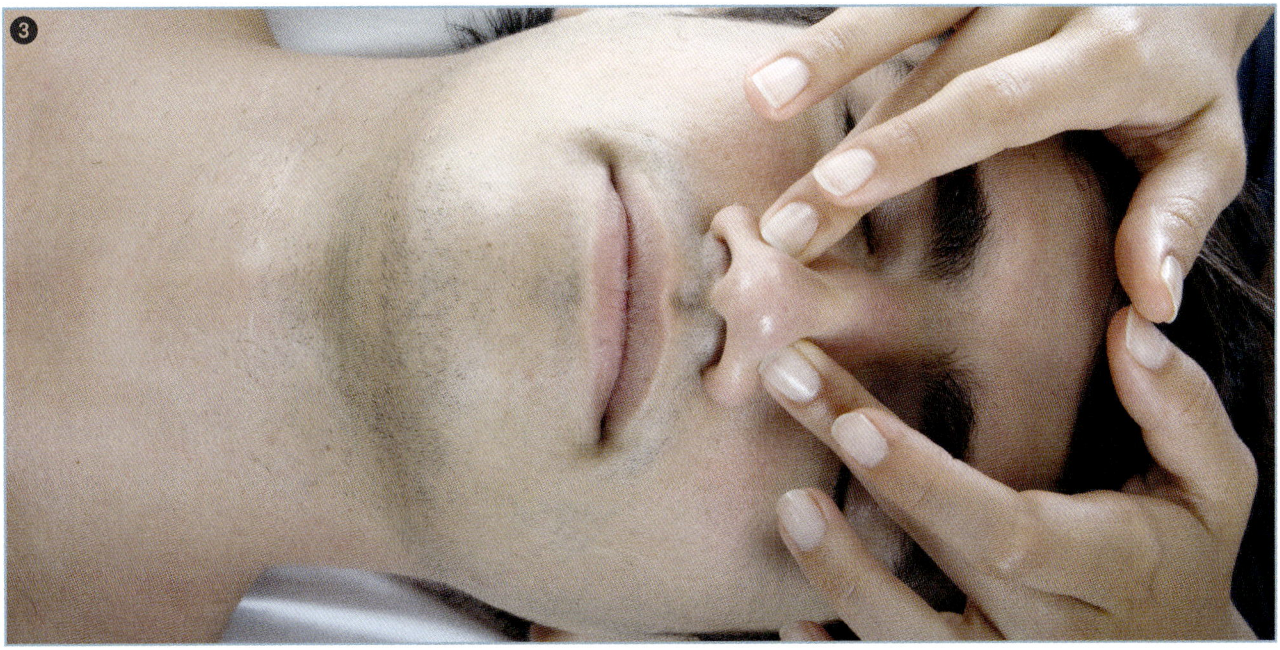
3

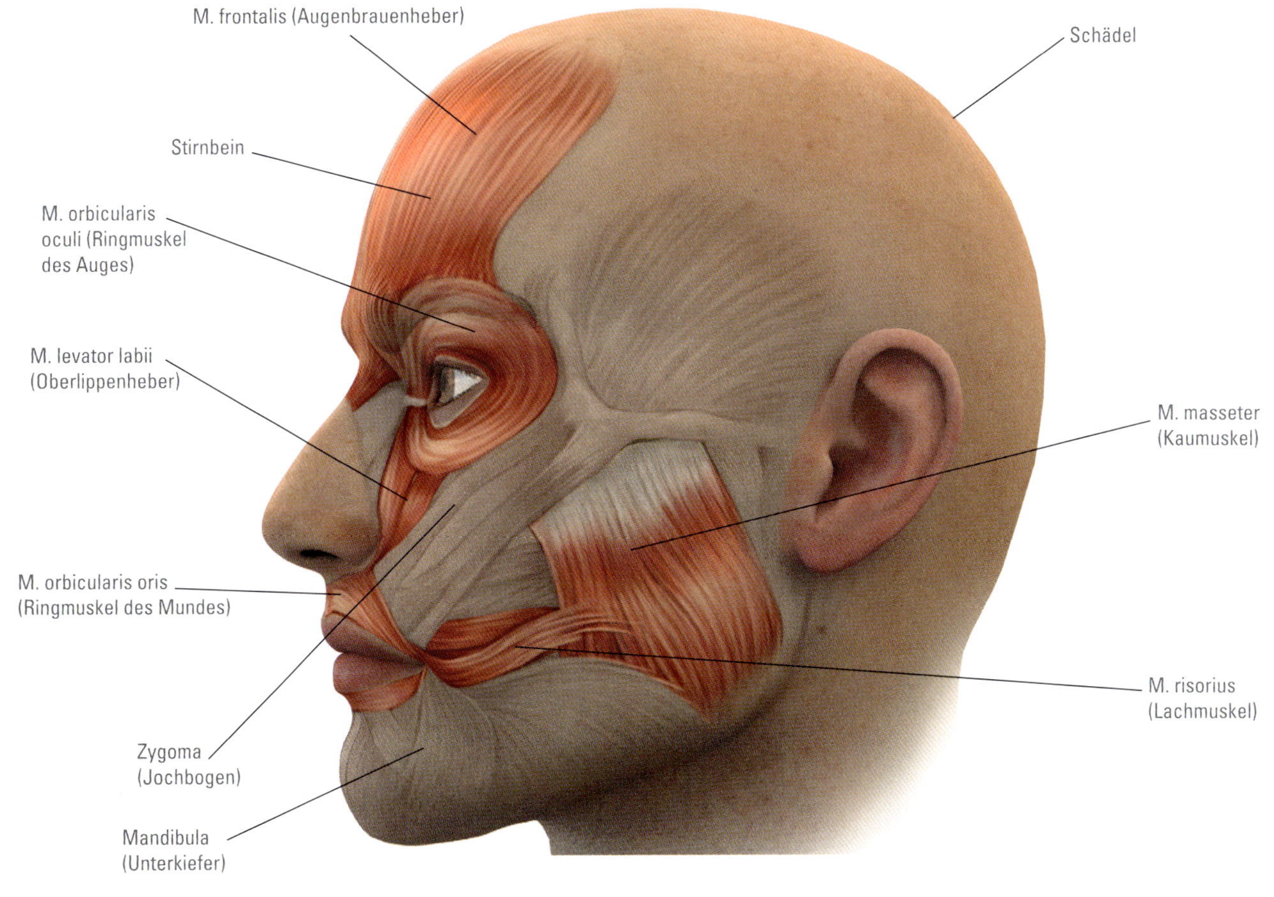
M. frontalis (Augenbrauenheber)
Schädel
Stirnbein
M. orbicularis oculi (Ringmuskel des Auges)
M. levator labii (Oberlippenheber)
M. masseter (Kaumuskel)
M. orbicularis oris (Ringmuskel des Mundes)
M. risorius (Lachmuskel)
Zygoma (Jochbogen)
Mandibula (Unterkiefer)

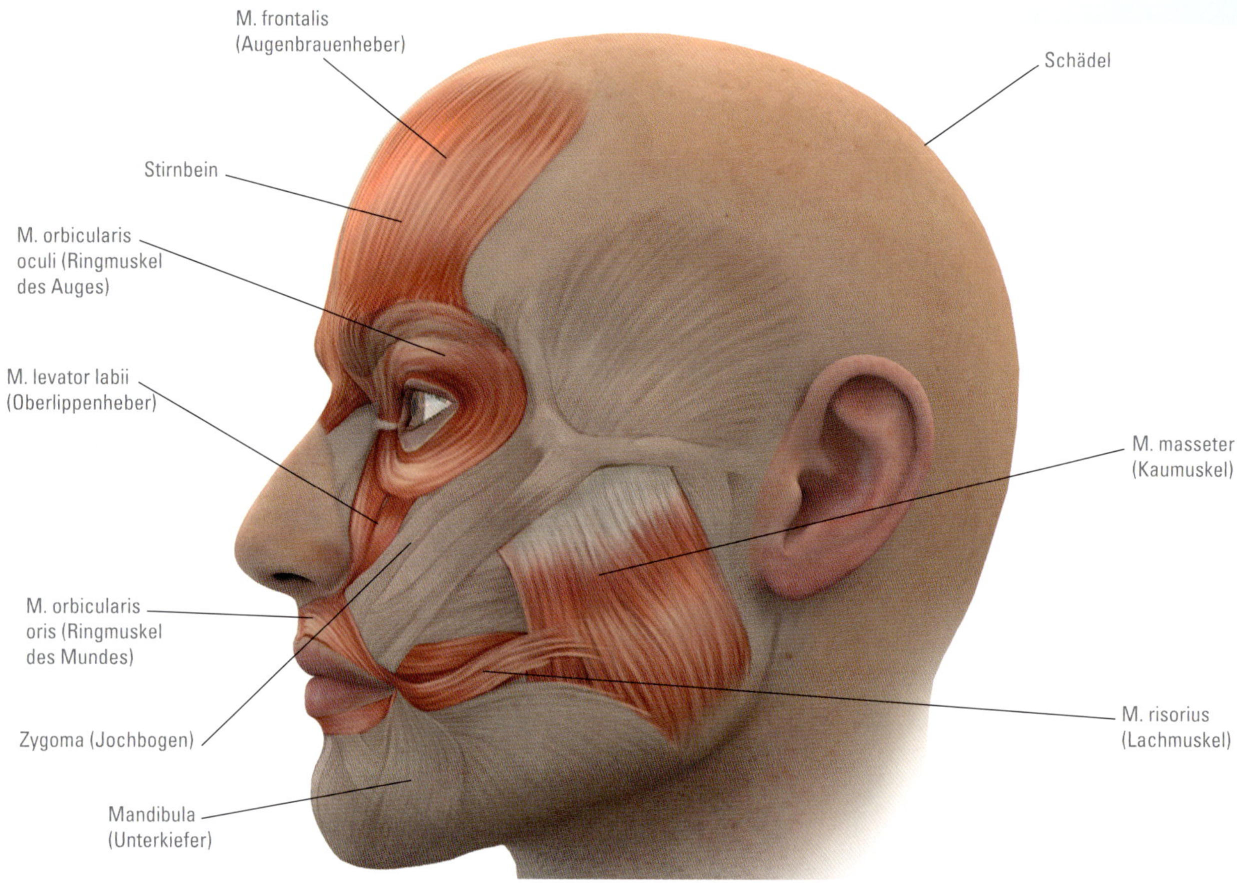
M. frontalis
(Augenbrauenheber)
Schädel
Stirnbein
M. orbicularis
oculi (Ringmuskel
des Auges)
M. levator labii
(Oberlippenheber)
M. masseter
(Kaumuskel)
M. orbicularis
oris (Ringmuskel
des Mundes)
M. risorius
(Lachmuskel)
Zygoma (Jochbogen)
Mandibula
(Unterkiefer)

1

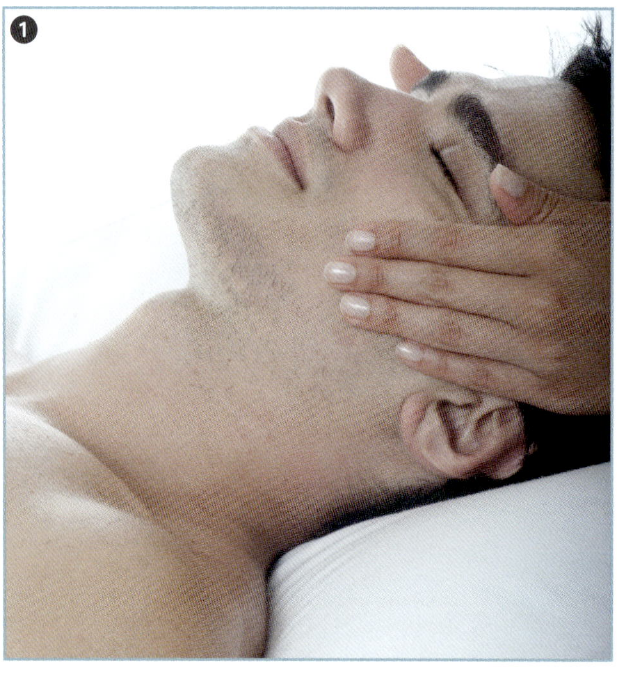

2

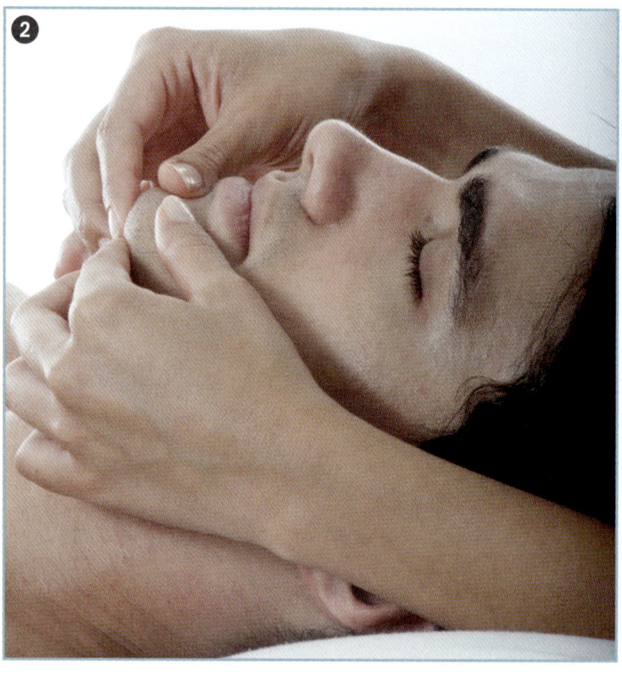

❶–❷ Fahren Sie fort, indem Sie Ihre Hände von den Schläfen aus jeweils seitlich auf das Gesicht legen und kleine kreisförmige Bewegungen ausführen. Bearbeiten Sie sanft das Kinn.

❸ Beginnen Sie erneut am Kinn, und kneifen Sie vorsichtig in das Gewebe am Rand des Unterkiefers. Folgen Sie der Kontur des Unterkiefers bis fast zum Ohr.

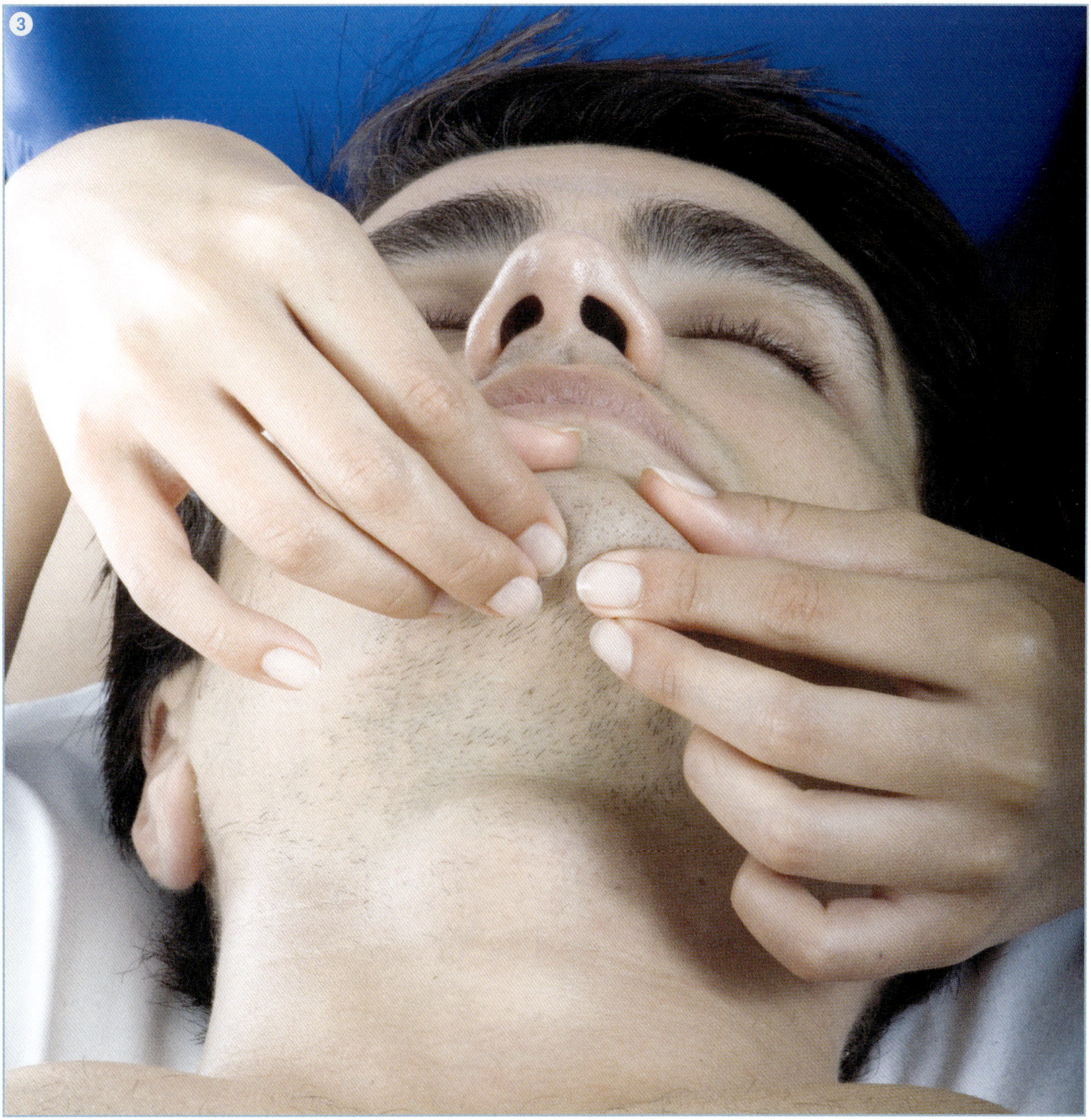

❶–❷ Platzieren Sie die Daumen nun unterhalb der Wangenknochen, die restlichen Finger an der Unterseite des Kiefers, und massieren Sie so behutsam die Muskeln unter dem Kinn.

❸–❹ Um Verletzungen oder Unbehagen vorzubeugen, üben Sie bitte rund um den Hals grundsätzlich nur ganz wenig Druck aus.

❶

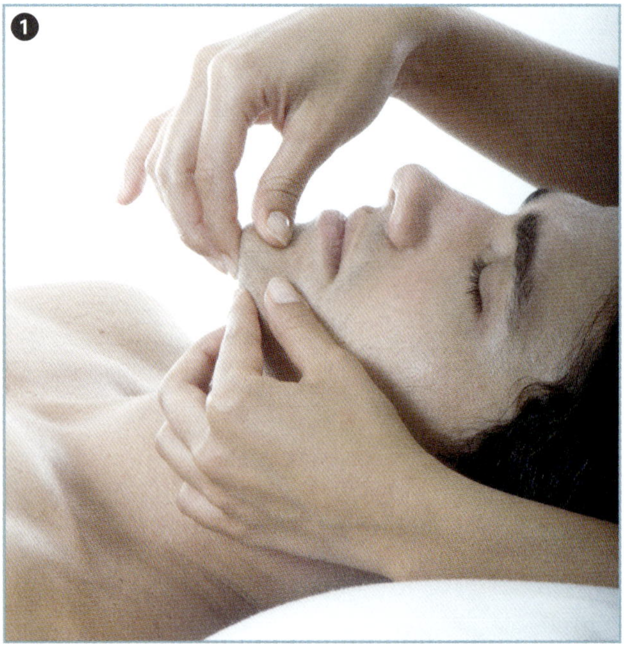

❷

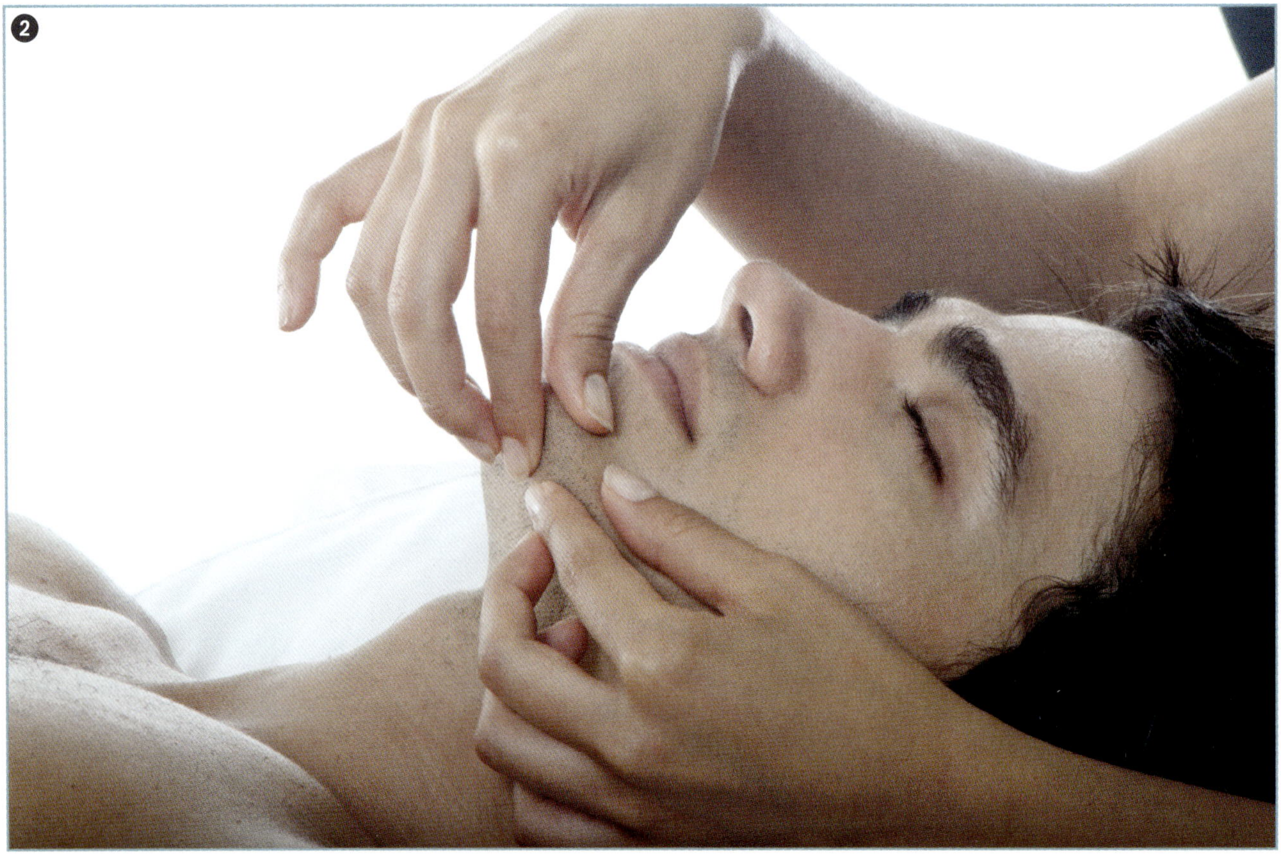

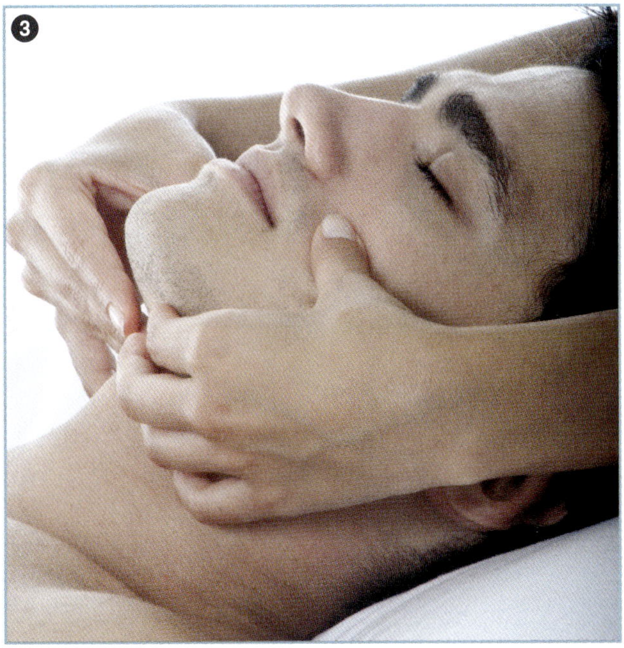
3

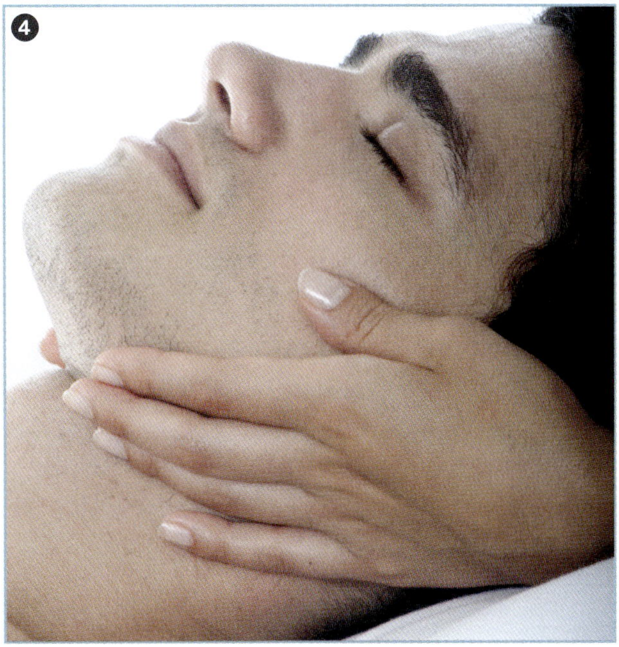
4

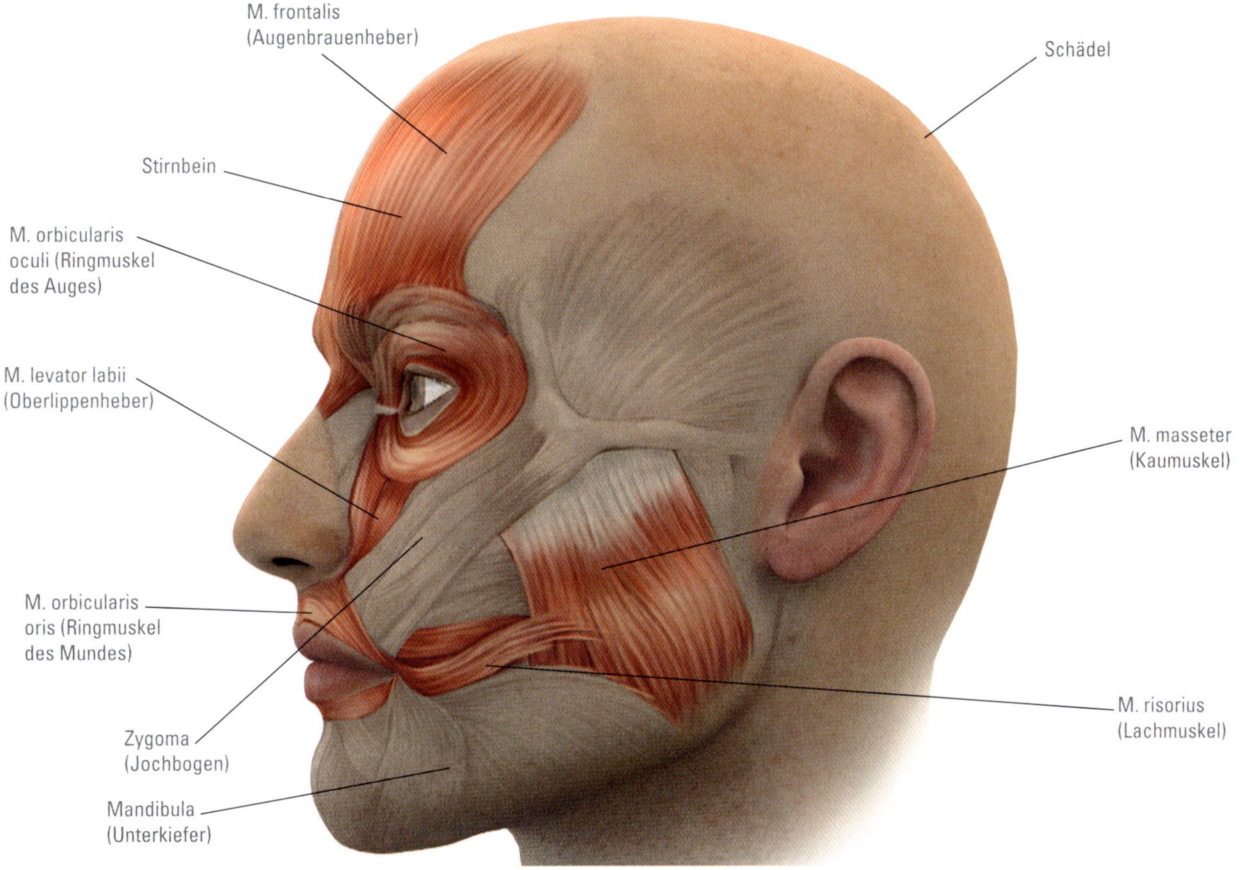
M. frontalis (Augenbrauenheber)
Schädel
Stirnbein
M. orbicularis oculi (Ringmuskel des Auges)
M. levator labii (Oberlippenheber)
M. masseter (Kaumuskel)
M. orbicularis oris (Ringmuskel des Mundes)
M. risorius (Lachmuskel)
Zygoma (Jochbogen)
Mandibula (Unterkiefer)

❶ Die Hände befinden sich in derselben Position; gleiten Sie nun mit den Daumen vom inneren Rand der Augen bis zum unteren Ende der Wangenknochen. Diese Streichung hilft auch bei entzündeten Nebenhöhlen.

❷–❸ Fahren Sie anschließend mit den Händen in einer durchgehenden Aufwärtsbewegung über die Wangen.

❶

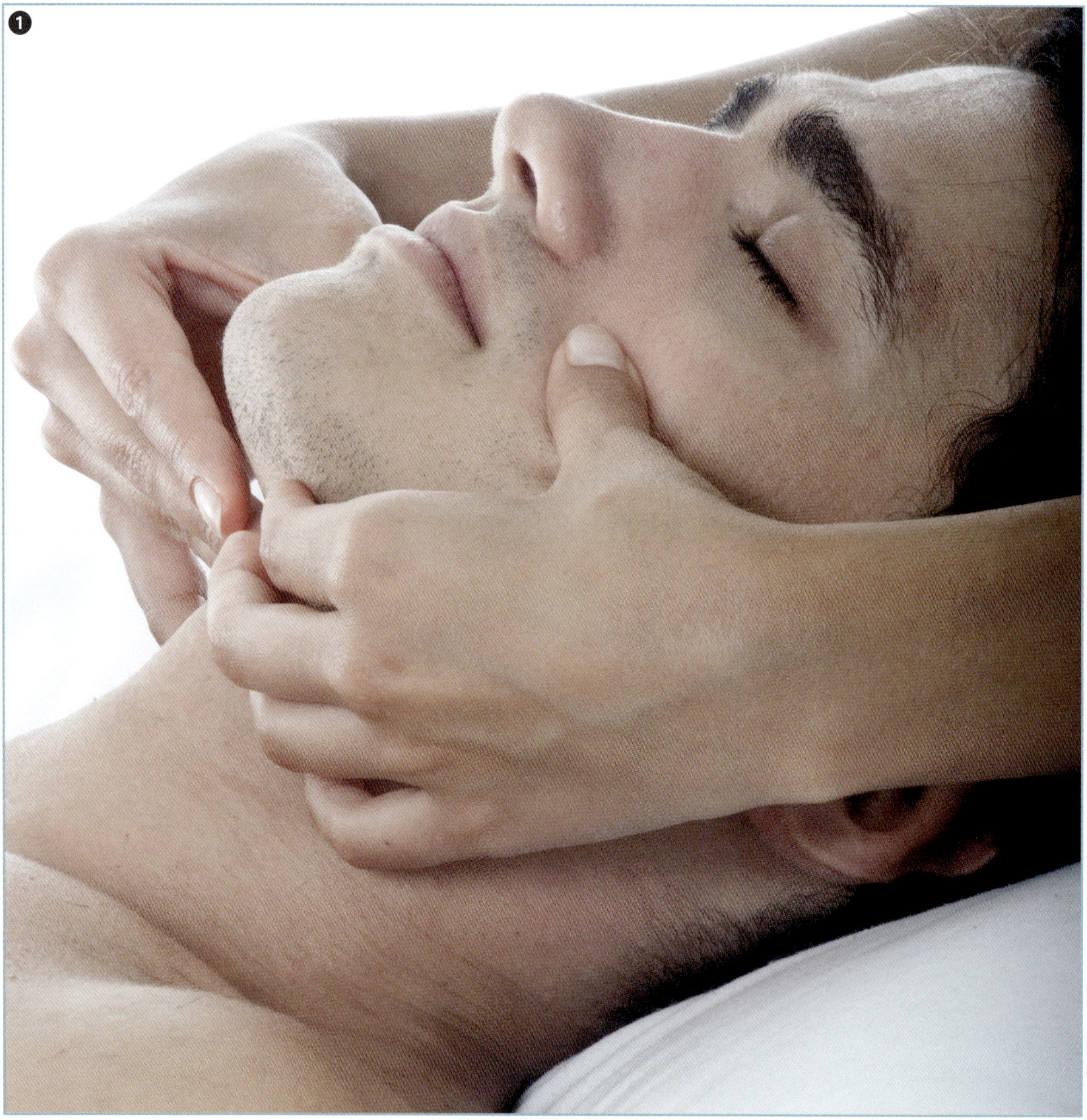

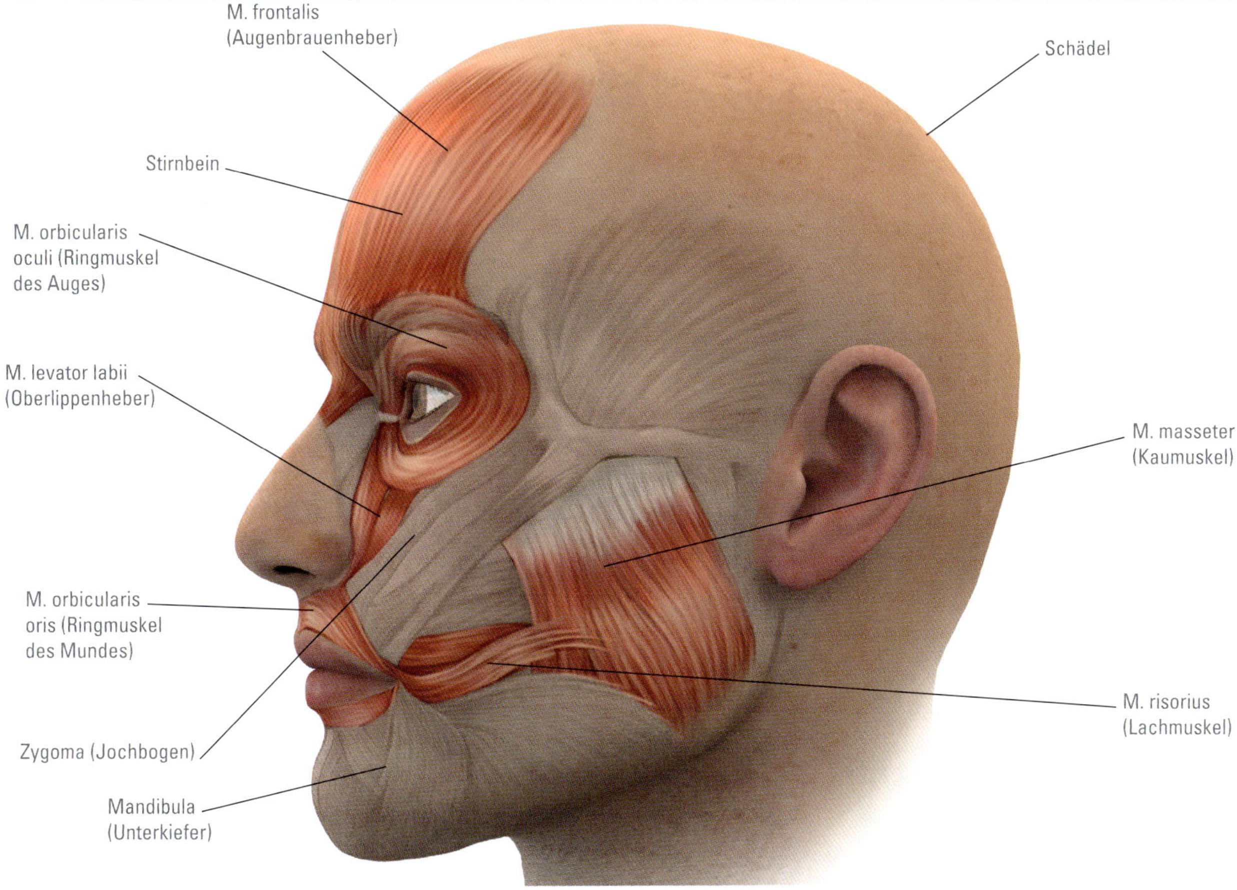
M. frontalis (Augenbrauenheber)
Schädel
Stirnbein
M. orbicularis oculi (Ringmuskel des Auges)
M. levator labii (Oberlippenheber)
M. masseter (Kaumuskel)
M. orbicularis oris (Ringmuskel des Mundes)
M. risorius (Lachmuskel)
Zygoma (Jochbogen)
Mandibula (Unterkiefer)

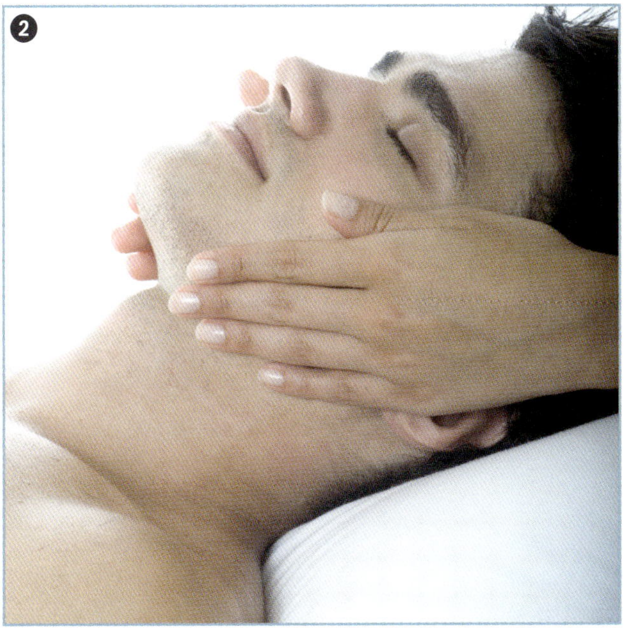
2

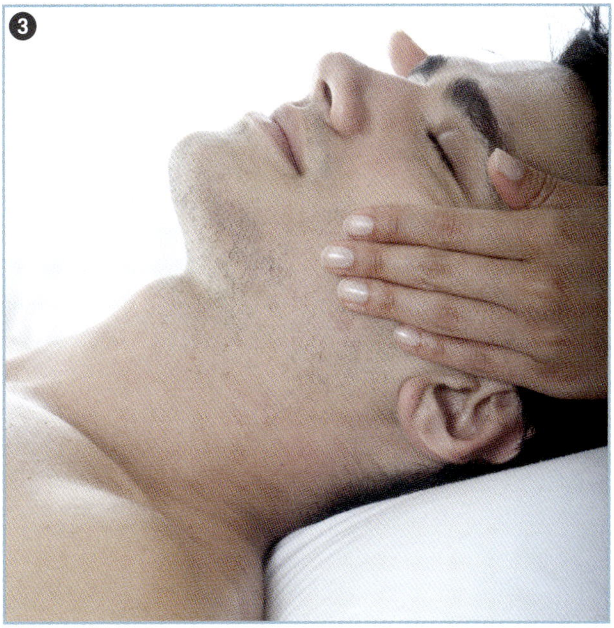
3

❶–❷ Beenden Sie die Gesichtsmassage, indem Sie die Ohrläppchen bearbeiten. Zeichnen Sie einfach mit den Daumen kleine Kreise; arbeiten Sie sich anschließend an der Ohrmuschel entlang nach oben vor.

❸ Greifen Sie schließlich noch einmal beide Ohrläppchen, und ziehen Sie sanft daran.

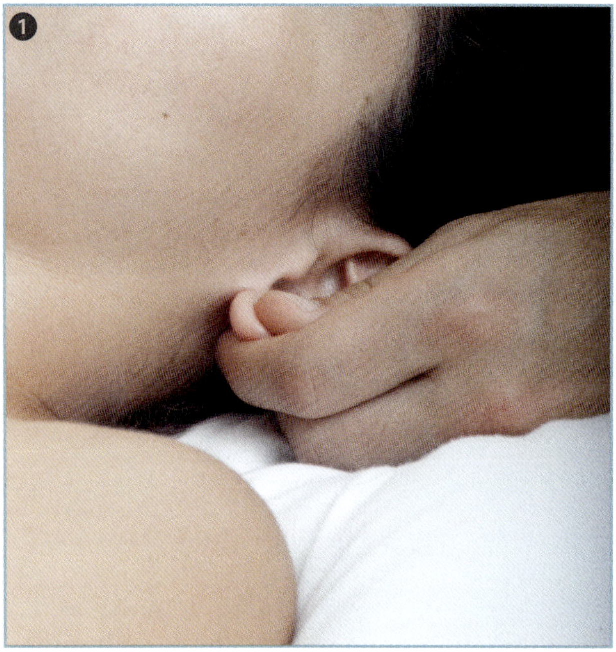

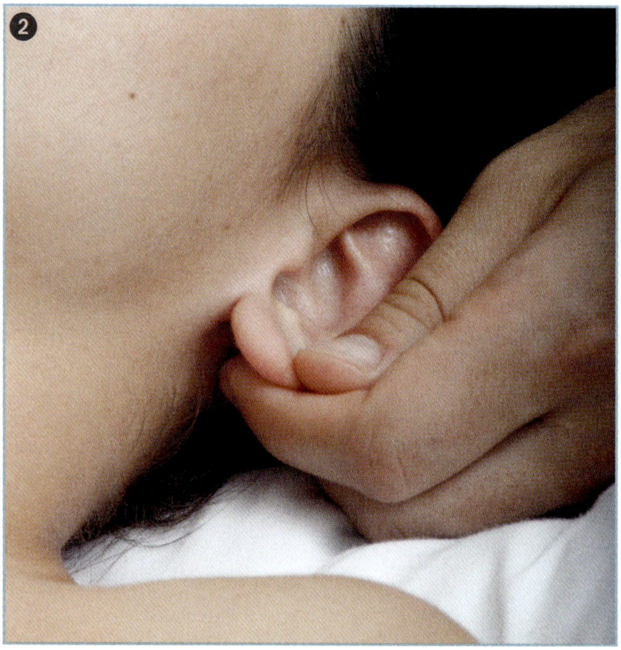

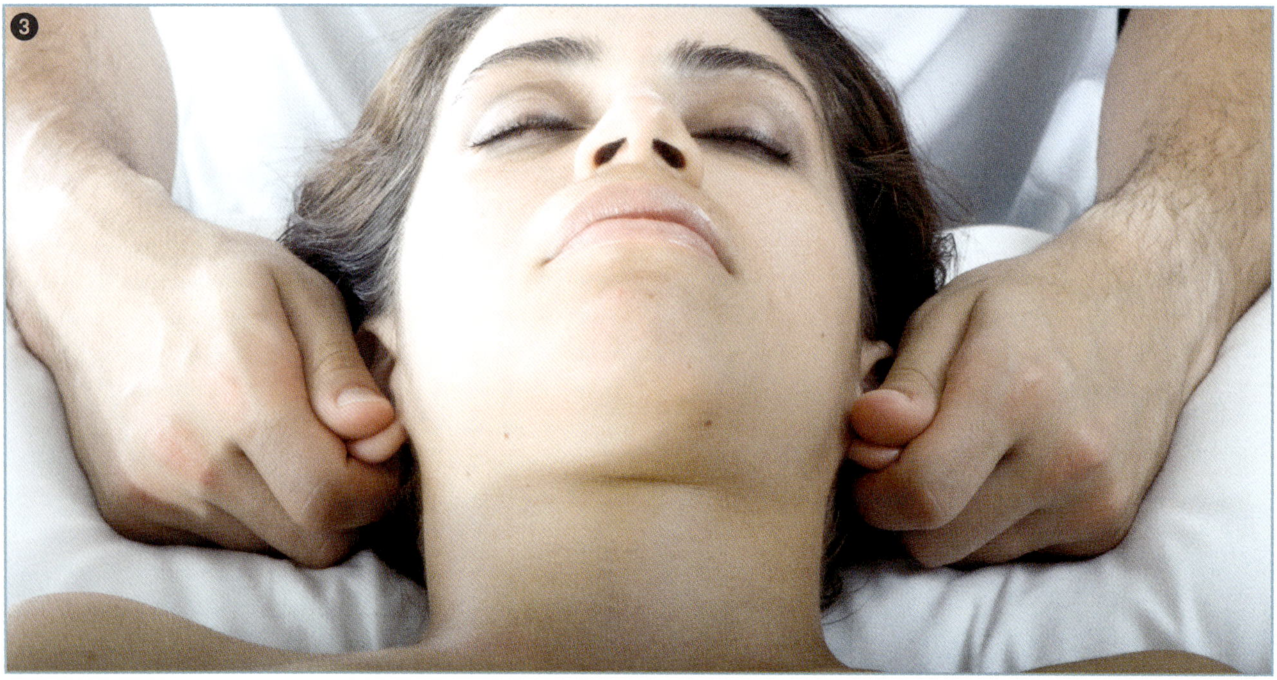

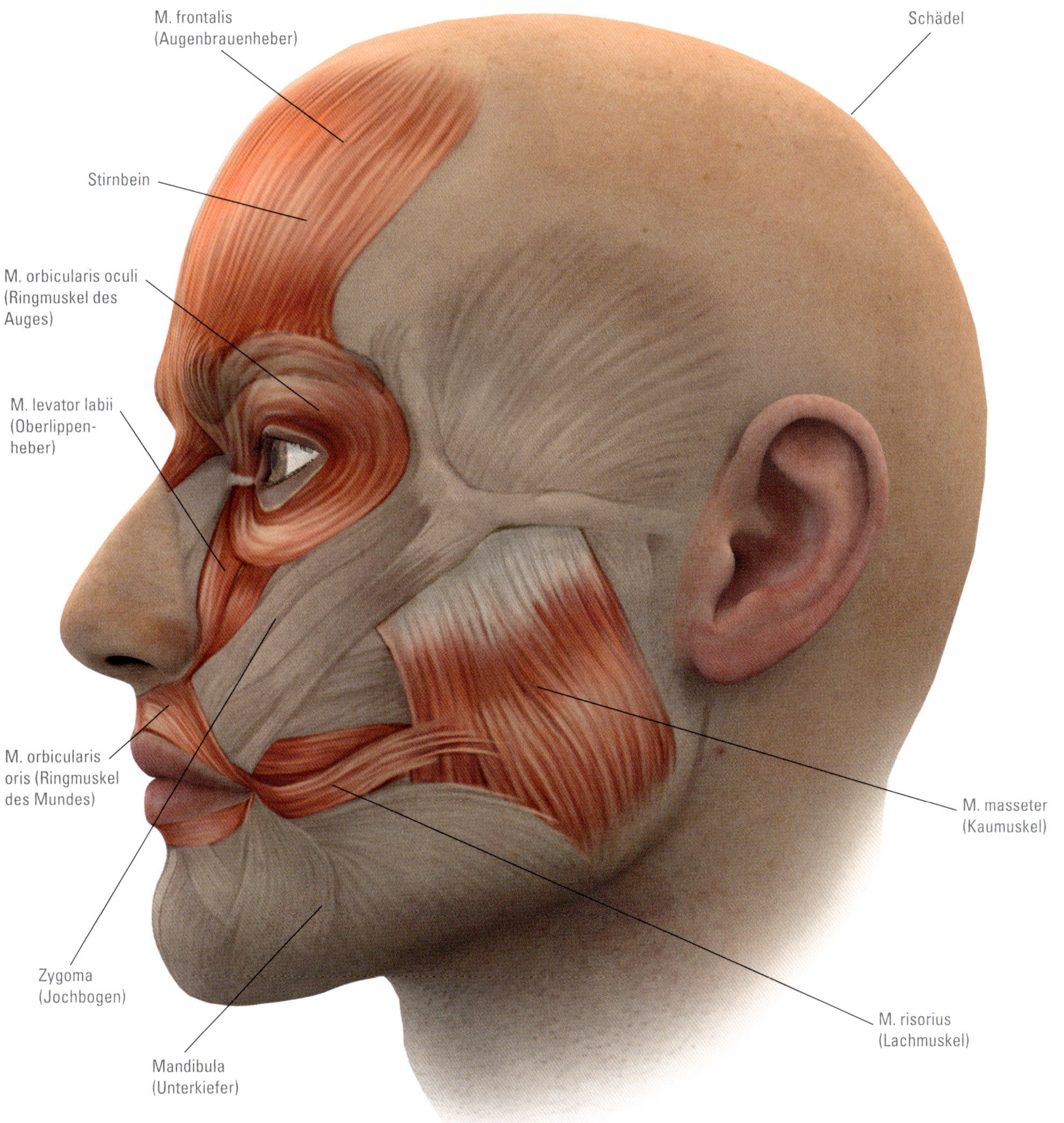
M. frontalis
(Augenbrauenheber)
Schädel
Stirnbein
M. orbicularis oculi
(Ringmuskel des
Auges)
M. levator labii
(Oberlippen-
heber)
M. orbicularis
oris (Ringmuskel
des Mundes)
M. masseter
(Kaumuskel)
Zygoma
(Jochbogen)
M. risorius
(Lachmuskel)
Mandibula
(Unterkiefer)

DER KOPF

Die meisten von uns kennen das angenehme Gefühl, beim Friseur die Haare gewaschen zu bekommen. Eine Kopfmassage leistet genau dasselbe. Wenn Sie also erst einmal die Techniken der Kopfmassage beherrschen, sind Sie und Ihr Partner nicht mehr auf Ihren Friseur angewiesen, um dieses Wohlgefühl zu erlangen.

❶–❷ Umfassen Sie den Kopf wie abgebildet. Üben Sie sanften Druck aus, während Sie mit den Daumen die Schädelmitte entlangfahren; beginnen Sie am vorderen Haaransatz, und arbeiten Sie sich dann so weit nach hinten vor, wie Sie kommen, ohne eine unbequeme Haltung einnehmen zu müssen.

❶

❷

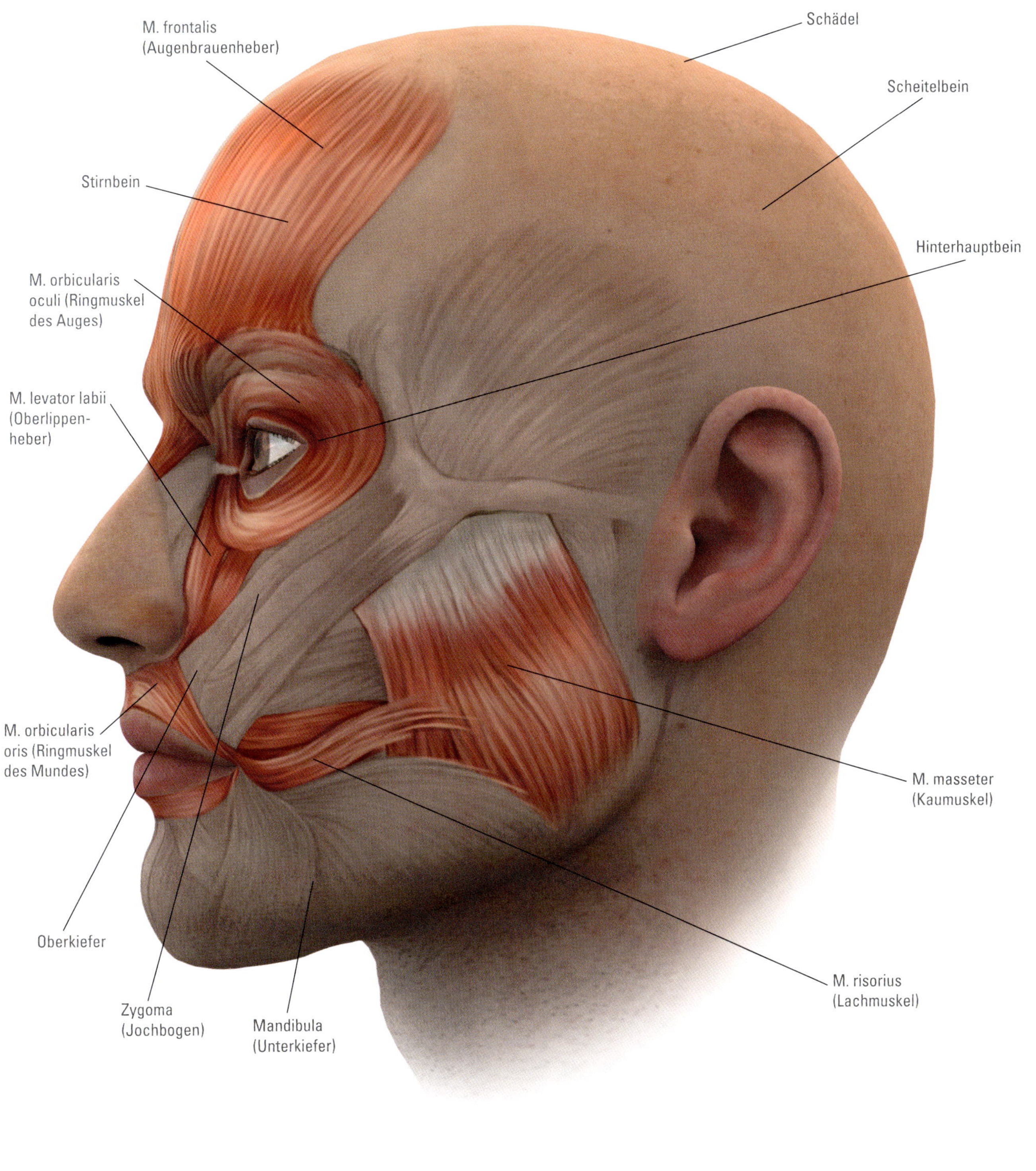
M. frontalis
(Augenbrauenheber)
Schädel
Scheitelbein
Stirnbein
Hinterhauptbein
M. orbicularis
oculi (Ringmuskel
des Auges)
M. levator labii
(Oberlippen-
heber)
M. orbicularis
oris (Ringmuskel
des Mundes)
M. masseter
(Kaumuskel)
Oberkiefer
M. risorius
(Lachmuskel)
Zygoma
(Jochbogen)
Mandibula
(Unterkiefer)

Beenden Sie die Massage, indem Sie über die gesamte Kopfhaut kleine Kreise zeichnen, als würden Sie die Haare shampoonieren.

Denken Sie bitte daran, dass Ihr Partner nach der Massage voraussichtlich sehr entspannt ist. Schalten Sie also nicht unvermittelt das Licht an, und lassen Sie die Vorhänge vorläufig geschlossen. Teilen Sie ihm mit, dass Sie nun fertig sind, und bieten Sie ihm ein Glas Wasser oder eine Tasse Tee an. Geben Sie ihm einige Minuten Zeit, und lassen Sie ihn erst aufstehen, wenn er sich dazu bereit fühlt.

Nach einer ausführlichen Ganzkörpermassage kann es gut sein, dass man ein wenig wacklig auf den Beinen ist. Bitten Sie Ihren Partner also darum, sich langsam aufzurichten und erst nach einer kurzen Pause im Sitzen ganz aufzustehen.

Um die entspannende Wirkung Ihrer Behandlung möglichst lange aufrechtzuerhalten, sollten Sie außerdem den Raum auch nach der Massage möglichst frei von störenden Reizen und intensiven Sinneseindrücken halten. Starten Sie keine laute Konversation, und lassen Sie Radio oder Fernsehgerät ausgeschaltet. Sofern im häuslichen Umfeld möglich, sollte man der massierten Person in den nächsten Stunden noch etwas Ruhe gönnen und größere Aktivitäten vermeiden.

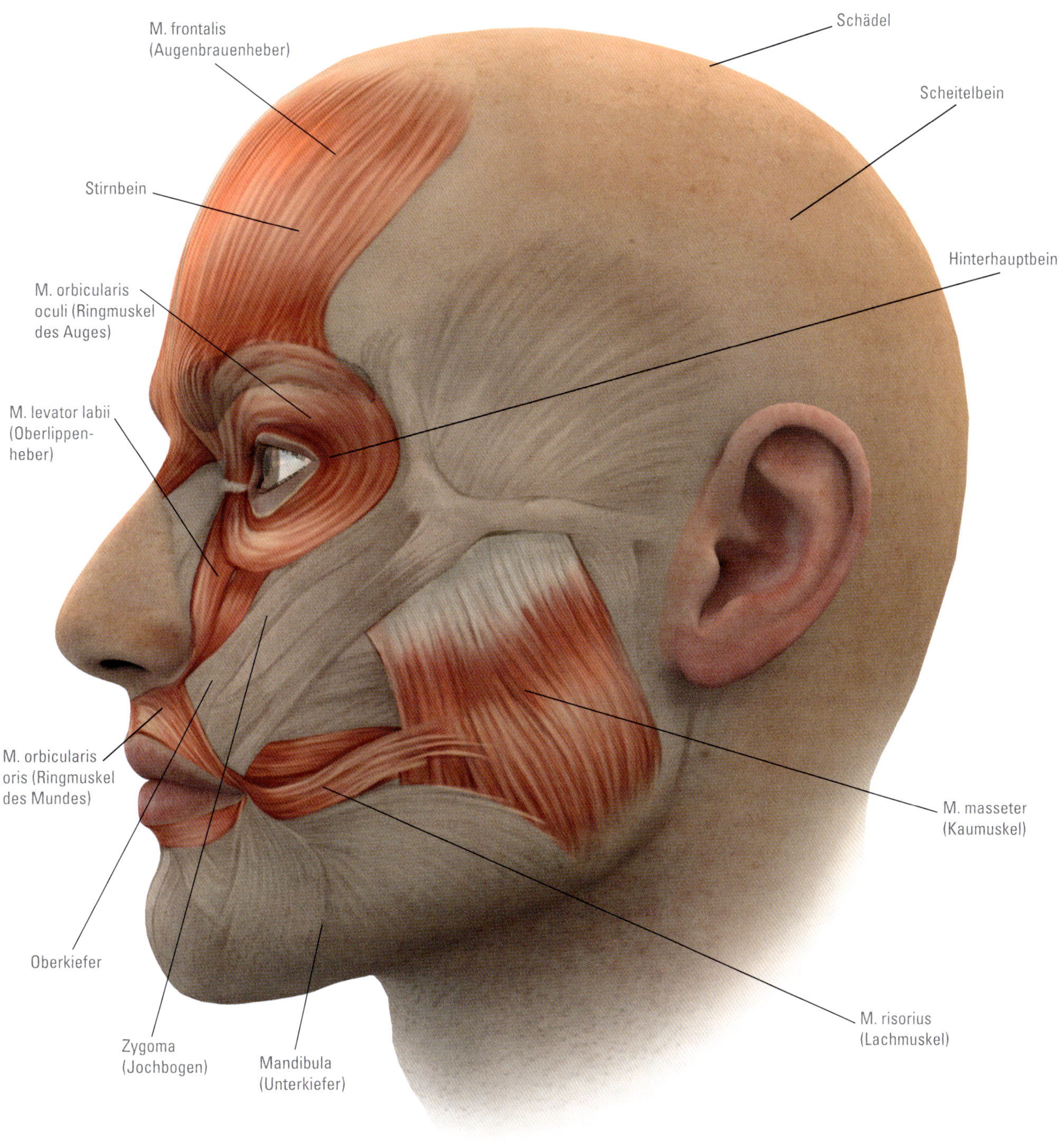
M. frontalis (Augenbrauenheber)
Schädel
Scheitelbein
Stirnbein
Hinterhauptbein
M. orbicularis oculi (Ringmuskel des Auges)
M. levator labii (Oberlippenheber)
M. orbicularis oris (Ringmuskel des Mundes)
M. masseter (Kaumuskel)
Oberkiefer
M. risorius (Lachmuskel)
Zygoma (Jochbogen)
Mandibula (Unterkiefer)

AUF EINEN BLICK

Das Schöne an unserer Massage ist, dass sie vielseitig und variabel anwendbar ist. Falls Sie einmal keine Zeit für eine ausführliche Ganzkörperbehandlung haben, können Sie getrost auf eine der folgenden kürzeren Sequenzen ausweichen, die auf die jeweiligen Partien jedoch ebenso belebend wirkt wie eine Ganzkörpermassage.

FÜR COMPUTER-ANWENDER

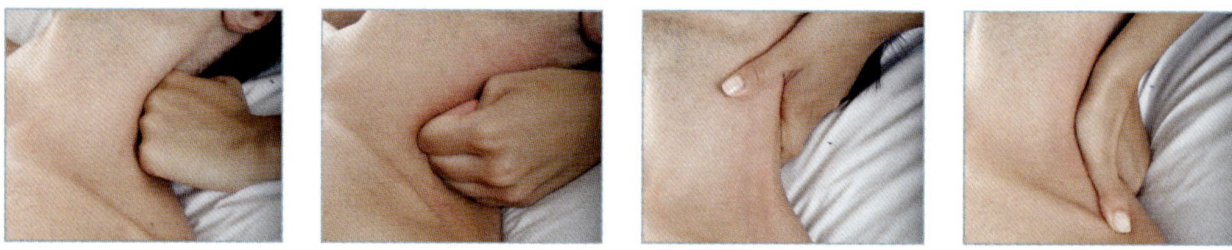

Der Nacken
(Seiten 130–135)

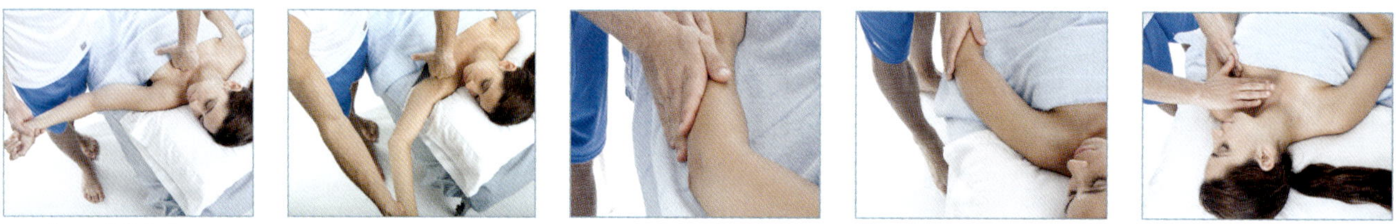

Arme & Schultern
(Seiten 108–119)

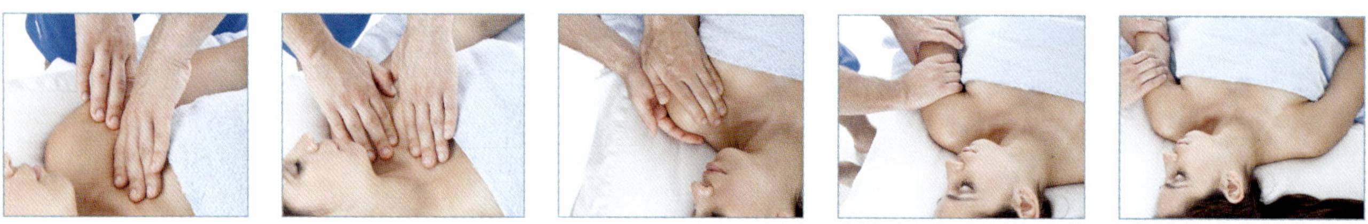

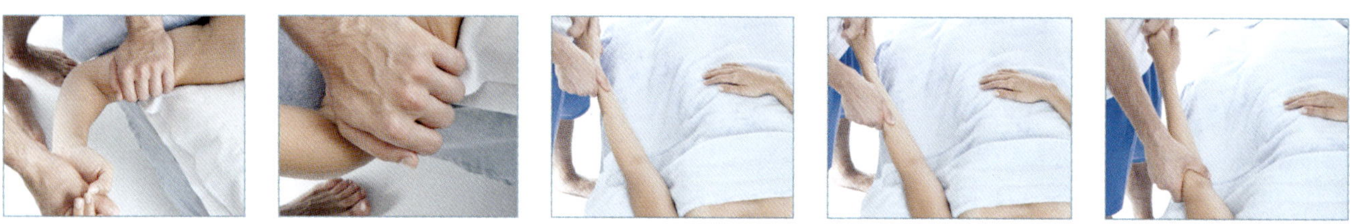

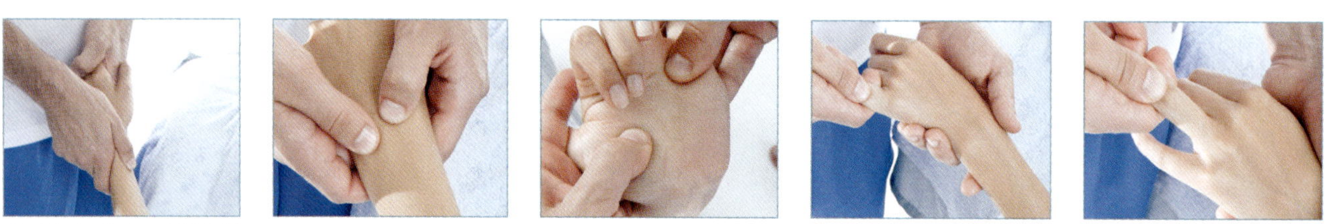

Die Hände (Seiten 120–127)

BEI VERSPANNUNGEN IM OBERKÖRPER

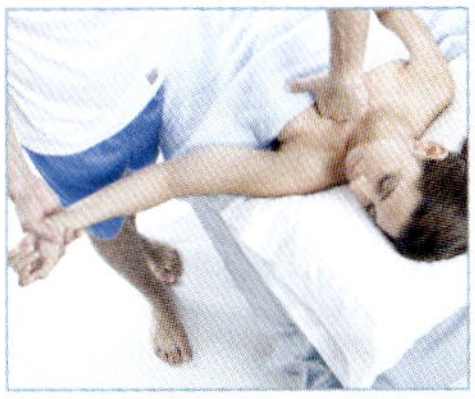

Schultern (Seiten 108–119)

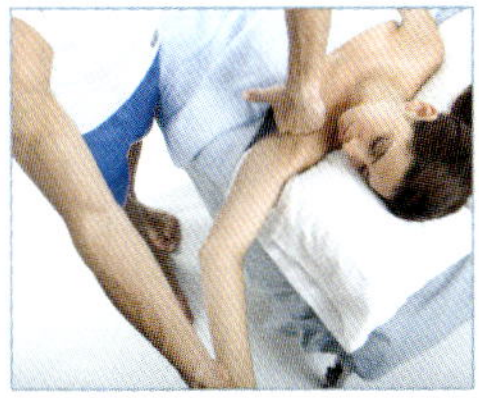

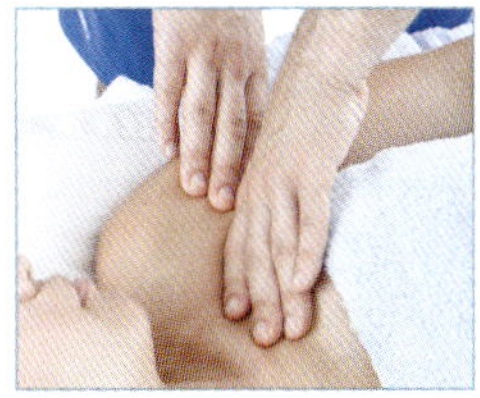

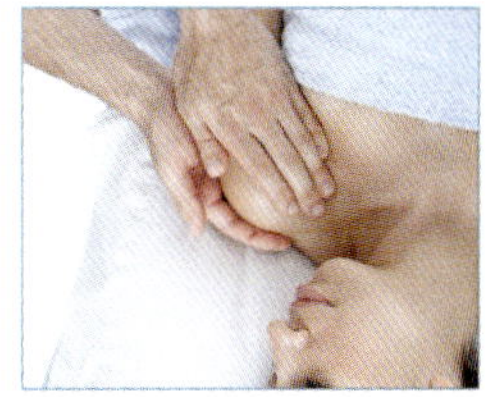

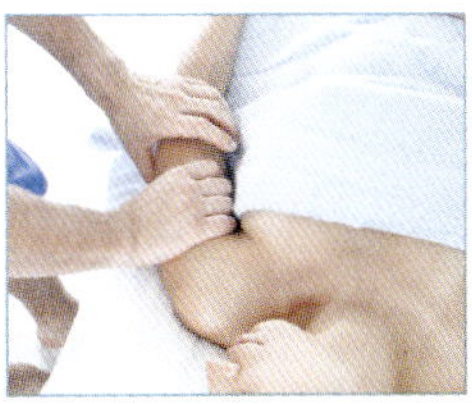

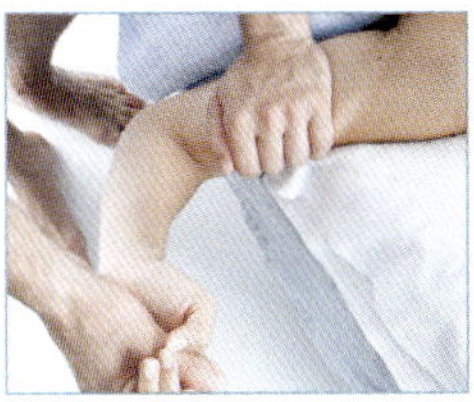

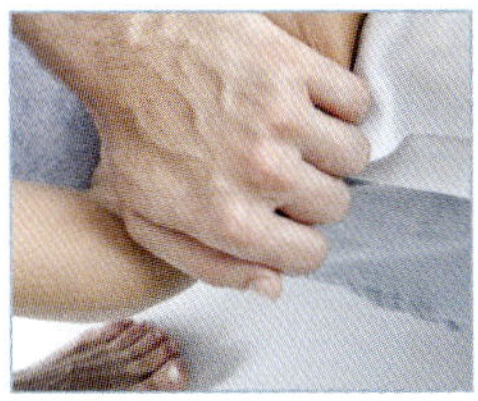

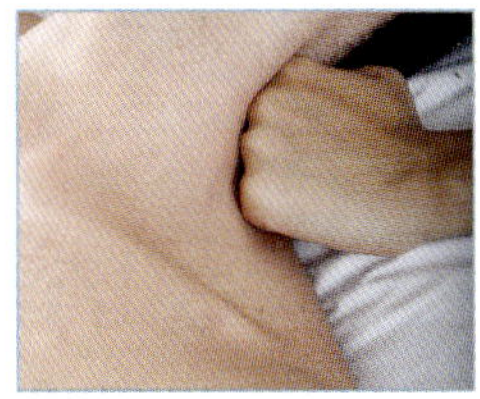

Gesicht & Kopf (Seiten 136–153)

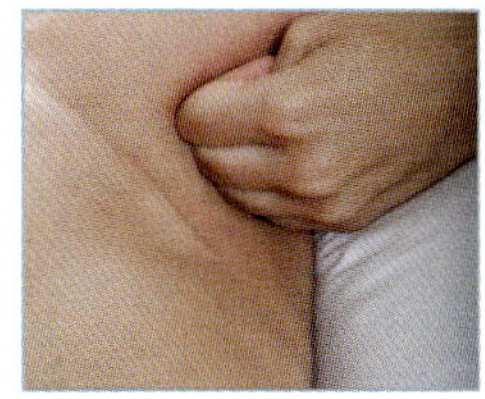

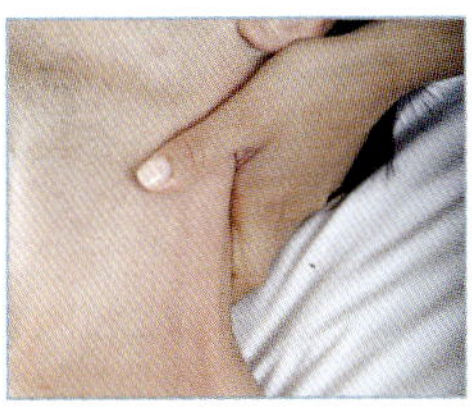

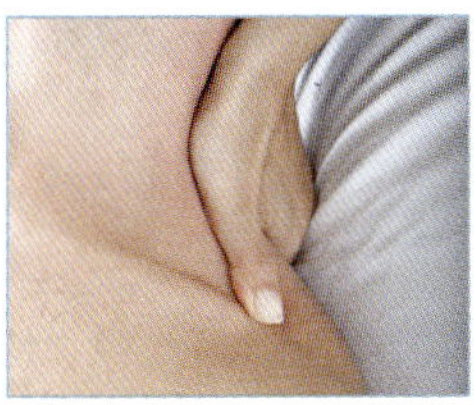

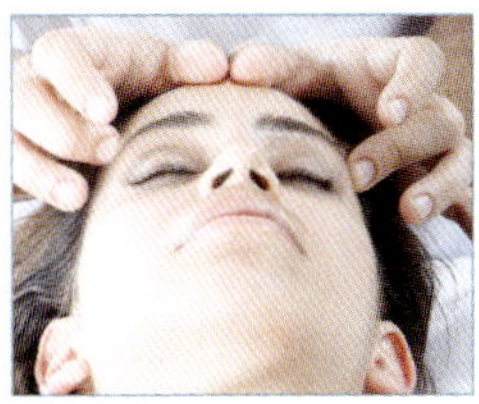

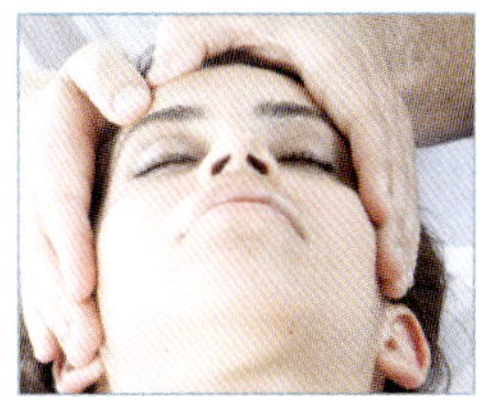

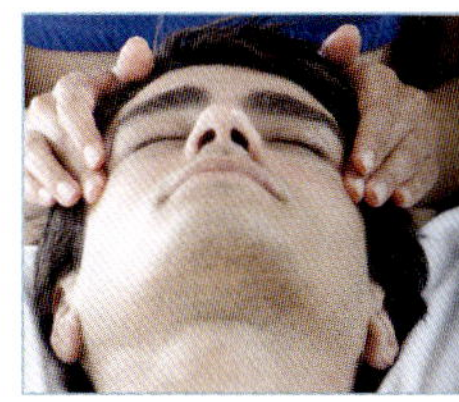

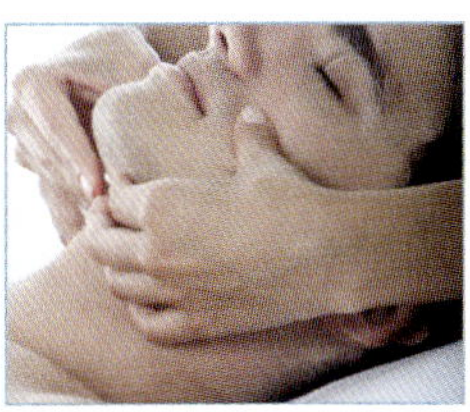

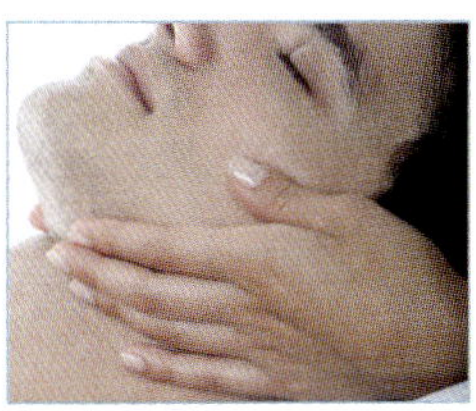

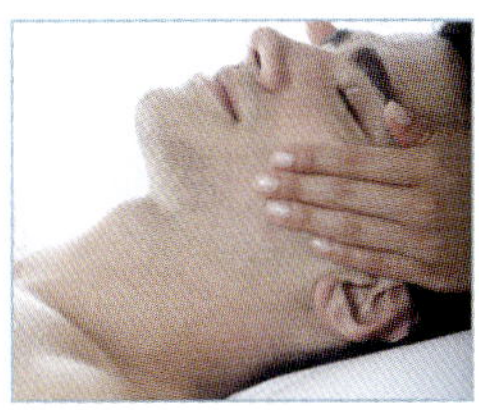

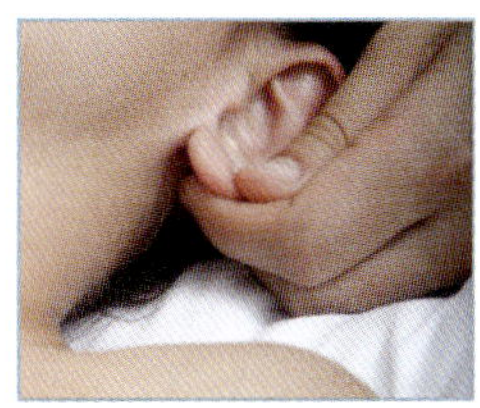

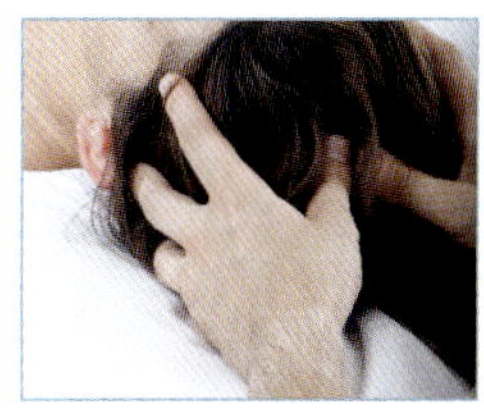

BEI MÜDEN BEINEN UND FÜSSEN

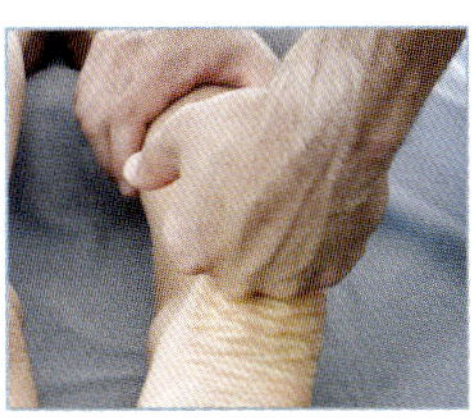

Füße & Beine (Seiten 56–93)

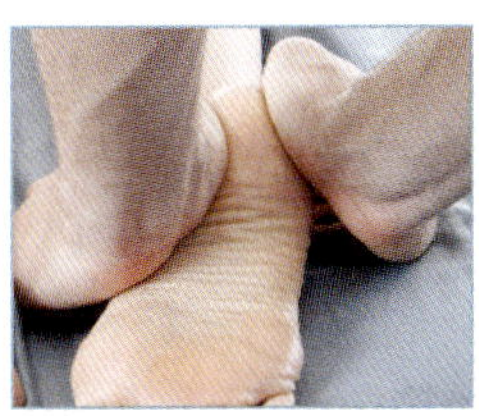

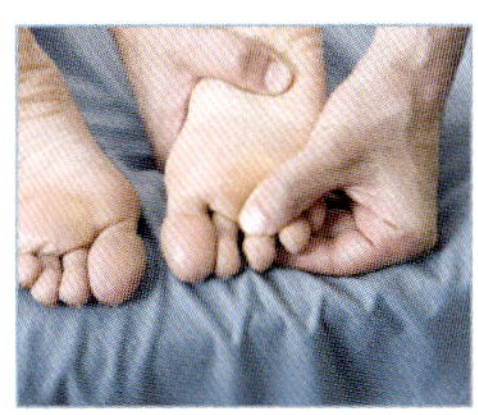

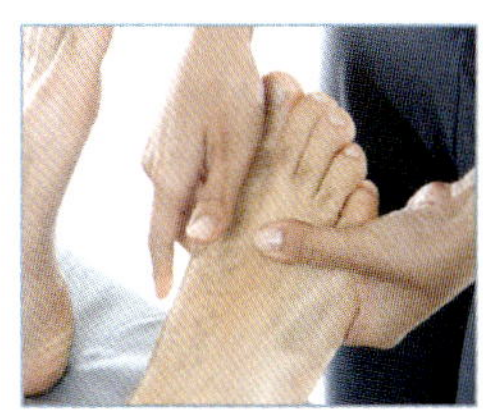

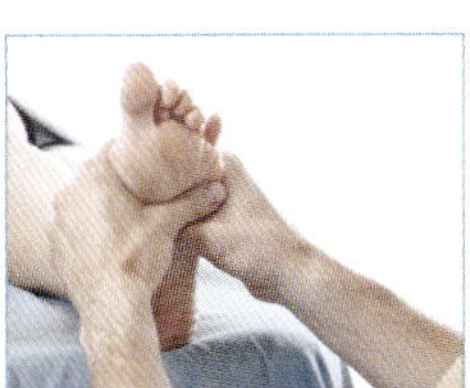

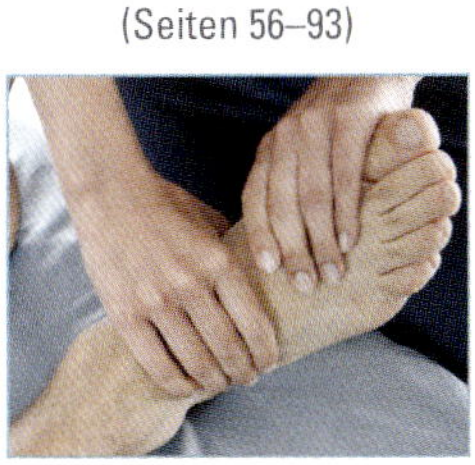

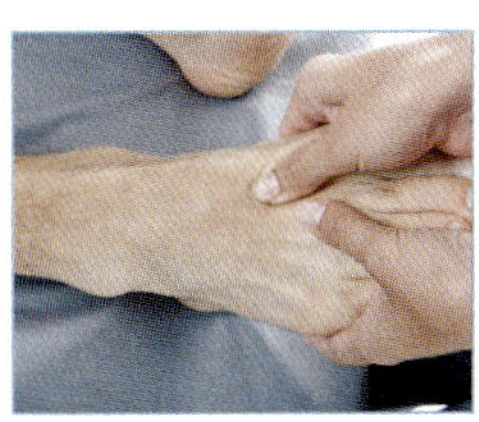

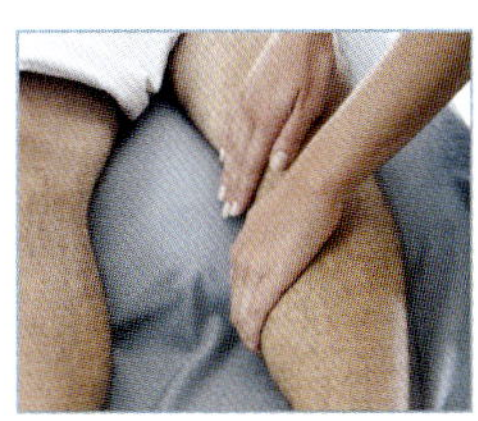

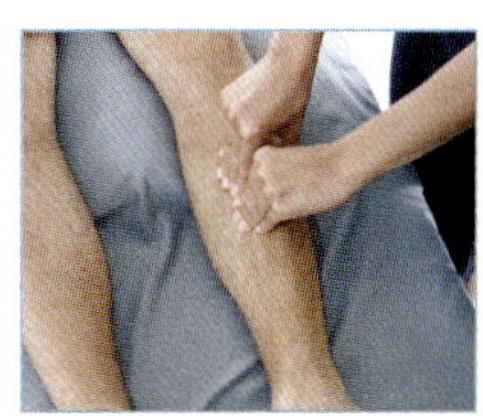

WEITERFÜHRENDE INFORMATIONEN

GLOSSAR

anterior: ventral, vorn liegend

Effleurage: Streichung, eine Massagetechnik, die in der klassischen schwedischen Massage zum Einsatz kommt. Effleurage, französisch für »leichte Berührung« oder »Streifen«, ist ein sanftes, gleitendes Streichen, das den Körper und das Bindegewebe entspannt, bevor die eigentliche Massage beginnt. Die Effleurage wird an jedem Körperteil angewendet, bevor man ihn massiert.

Friktion: die tiefste Grifftechnik in der klassischen schwedischen Massage. Dabei werden die Muskeln mit tiefen, kreisförmigen Bewegungen bearbeitet, um Narbengewebe zu reduzieren und die Durchblutung anzuregen.

Meridiane: in der Traditionellen Chinesischen Medizin (TCM) Energiebahnen, die durch den Körper verlaufen

neutrale Position (Wirbelsäule): eine S-förmige Krümmung der Wirbelsäule, gekennzeichnet durch eine Lordose im unteren Rücken, wenn man ihn im Profil betrachtet

Petrissage: In der schwedischen Massage bezeichnet der Begriff Petrissage das Walken, Rollen und Kneten der Muskeln.

posterior: dorsal, hinten liegend

medial: zur Körpermitte hin gelegen

lateral: von der Körpermitte abgewandt, zur Seite hin gelegen

Scapula: Schulterblatt

LATEINISCHES GLOSSAR

Das folgende Glossar erklärt die lateinische Terminologie, die verwendet wird, um die Muskulatur des Körpers zu beschreiben. Bestimmte Wörter stammen aus dem Griechischen, was an entsprechender Stelle vermerkt ist.

Oberschenkel

Vastus lateralis: *vastus*, »riesig, weit«, und *lateralis*, »seitlich«

Vastus medialis: *vastus*, »riesig, weit«, und *medialis*, »in der Mitte befindlich«

Vastus intermedius: *vastus*, »riesig, weit«, und *intermedius*, »dazwischen gelegen«

Rectus femoris: *rectus*, »gerade, aufrecht«, und *femur*, »Oberschenkel«

Adductor longus: von *adducere*, »heranführen«, und *longus*, »lang«

Adductor magnus: von *adducere*, »heranführen«, und *magnus*, »groß«

Gracilis: *gracilis*, »schlank, schmal«

Tensor fasciae latae: von *tenere*, »halten«, *fascia* »Binde«, und *latae*, »breit, weit«

Biceps femoris: *biceps*, »zweiköpfig«, und *femur*, »Oberschenkel«

Semitendinosus: *semi*, »halb«, und *tendo*, »Sehne«

Semimembranosus: *semi*, »halb«, und *membrum*, »Körperglied«

Sartorius: von *sarcire*, »flicken« oder »reparieren«

Unterschenkel

Gatrocnemii: griechisch *gastroknémía*, »Wade«, mit lateinischer Endung

Soleus: *solea*, »Sandale«

Tibialis posterior: *tibia*, wörtlich »Flöte«, und *posterus*, »folgend«

Tibialis anterior: *tibia*, wörtlich »Flöte«, und *ante*, »vor«

Peroneii: *peronei*, wörtlich »der Fibel«

Flexor hallucis: von *flectere*, »beugen«, und *hallux*, »großer Zeh«

Extensor hallucis: von *extendere*, »dehnen, ausstrecken«, und *hallux*, »großer Zeh«

Hüften

Gluteus medius: griechisch *gloutós*, »Gesäß«, mit lateinischer Endung und *medialis*, »mittlerer«

Gluteus maximus: griechisch *gloutós*, »Gesäß«, mit lateinischer Endung und *maximus*, »größter«

Gluteus minimus: griechisch *gloutós*, »Gesäß«, mit lateinischer Endung und *minimus*, »kleinster«

Iliopsoas: *ilia*, Variante von *ilium*, »Leiste«, und dem griechischen *psoa*, »Leistenmuskel«

Iliacus: *ilia*, Variante von *ilium*, »Leiste«

Obturator externus: von *obturare*, »verstopfen«, und *externus* »äußerlich«

Obturator internus: von *obturare*, »verstopfen«, und *internus* »innerlich«

Pectineus: *pecten*, »Kamm«

Superior gemellus: von *super*, »über«, und *geminus*, »Zwilling«

Inferior gemellus: von *inferus*, »unten befindlich«, und *geminus*, »Zwilling«

Piriformis: von *pirum*, »Birne«, daher »birnenförmig«

Quadratus femoris: *quadratus*, »viereckig«, und *femur*, »Oberschenkel«

Rumpf

Transversus abdominis: *transversus*, »quer«, und *abdomen*, »Bauch«

Rectus abdominis: *rectus*, »gerade, aufrecht«, und *abdomen*, »Bauch«

Obliquus internus: *obliquus*, »schräg«, und *internus*, »innerlich«

Obliquus externus: *obliquus*, »schräg«, und *externus*, »äußerlich«

Serratus anterior: von *serra*, »Säge«, daher »sägeförmig«, und *ante*, »vor«

Rücken

Trapezius: griechisch *trapezion*, wörtlich »kleiner Tisch«

Rhomboid: griechisch *rhembesthai*, »sich drehen«

Latissimus dorsi: *latus*, »breit, weit«, und *dorsum*, »Rücken«

Erector spinae: *erectus*, »aufrecht«, und *spina*, »Dorne«

Quadratus lumborum: *quadratus*, »viereckig«, und *lumbus*, »Lende«

Brust

Pectoralis [major und minor]: *pectus*, »Brust«

Coracobrachialis: griechisch *korakoeidés*, »rabenartig«, und *brachium*, »Arm«

Schultern

Deltoideus [anterior, posterior und medialis]: griechisch *deltoeidés*, »deltaförmig«

Supraspinatus: *supra*, »über«, und *spina*, »Dorne«

Infraspinatus: *infra*, »unter«, und *spina*, »Dorne«

Subscapularis: *sub*, »unterhalb«, und *scapulae*, »Schulter[-blätter]«

Teres [major und minor]: *teres*, »abgerundet«

Levator scapulae: von *levare*, »heben«, und *scapulae*, »Schulter[-blätter]«

Oberarm

Biceps brachii: *biceps*, »zweiköpfig«, und *brachium*, »Arm«

Triceps brachii: *triceps*, »dreiköpfig«, und *brachium*, »Arm«

Brachialis: *brachium*, »Arm«

Unterarm

Brachioradialis: *brachium*, »Arm«, und *radius*, »Speiche«

Extensor carpi radialis: von *extendere*, »dehnen, ausstrecken«, griechisch *karpós*, »Handgelenk«, und *radius*, »Speiche«

Flexor carpi radialis: von *flectere*, »beugen«, griechisch *karpós*, »Handgelenk«, und *radius*, »Speiche«

Extensor digitorum: von *extendere*, »dehnen, ausstrecken«, und *digitus*, »Finger, Zeh«

Flexor digitorum: von *flectere*, »beugen«, und *digitus*, »Finger, Zeh«

Nacken

Sternocleidomastoideus: griechisch *stérnon*, »Brust«, griechisch *kleís*, »Schlüssel«, und griechisch *mastoeidés*, »brustartig«

Scalenus: griechisch *skalénós*, »ungleich«

Splenius: griechisch *splénion*, »Überzug, Flicken«

QUELLEN

BÜCHER

Braun, Mary Beth, und Stephanie J. Simonson. *Introduction to Massage Therapy*. Philadelphia: Lippincott Williams & Wilkins, 2007.

Downing, George. *The Massage Book: 25th Anniversary Edition*. New York: Random House, 1998.

Lidell, Lucinda. *The Book of Massage: The Complete Step-by-Step-Guide to Eastern and Western Technique*. New York: Fireside, 2001.

Maxwell-Hudson, Clare. *The Complete Book of Massage*. New York: Random House, 1988.

INTERNET

American Massage Therapy Association
http://www.amtamassage.org/
Fachverband für Masseure; bietet ausführliche Informationen über Massagen für Endverbraucher

Best Massage
http://www.bestmassage.com
Tragbare und fest installierbare Massageliegen; Zubehör wie Decken, Kissen und Kissenrollen, DVDs, Bücher und Musik

Core Products
http://www.coreproducts.com
Massagekissen, Nackenrollen sowie Holster für Öle und Lotionen

Gaiam
http://www.gaiam.com
Kleidung, Zubehör und Hilfsmittel für Massage, Yoga und Fitness

Massage King
http://www.massageking.com
Massageliegen für den Heimgebrauch; Geschenke und Accessoires

Massage Warehouse
http://www.massagewarehouse.com
Bietet eine große Vielfalt an Massagezubehör – vor allem Aromatherapie-Produkte (ätherische Öle und Mischungen, Zerstäuber und Sprays, Kerzen), Massageausstattung (Liegen und Stühle, Zubehör und Hilfsmittel) sowie Musik

OmStream
http://www.omstream.com
Herunterladbare Musik für Massage und Yoga

One Touch Massage
http://www.1massagestore.com
Massagemöbel (Liegen, Nackenrollen, Laken, Tücher, Stühle und Hocker) sowie Hilfsmittel und Zubehör (Lotionen und Öle)

Pristine Planet
http://www.pristineplanet.com
Umweltverträgliche, ökologische Massageöle

Scandle
http://www.abodycandle.com
Sojakerzen in einer Vielzahl von Duftnoten, die beim Abbrennen Massageöl freisetzen

Sequoia Records
http://www.sequoiarecords.com
Musik für Meditation, Yoga, Wellness und Entspannung

BILDNACHWEIS/DANKSAGUNG

BILDNACHWEIS

Alle Fotos stammen von Jonathan Conklin/Jonathan Conklin Photography – mit Ausnahme der Bilder auf folgenden Seiten:

8 vnlit/Shutterstock
9 Matt Antonio/Shutterstock
11 Night and Day Images/Shutterstock
11 Jerko Grubisic/Shutterstock
13 Gunnar Pippel/Shutterstock
15 Igumnova Irina/Shutterstock
15 viviamo/Shutterstock
16 GG.Image/Shutterstock
61 Perkus/Shutterstock
87 Wolfgang Amri/Shutterstock
108 Anatoly Khudobin
Models: Monica Ordonez und Roland Szegi

Alle Illustrationen von Hector Aiza/3D Labz Animation India

DANKSAGUNG

Autor und Verlag bedanken sich ausdrücklich bei all jenen, die an der Entstehung dieses Buchs maßgeblich beteiligt waren: Sean Moore, Präsident von Moseley Road; Lori Baird, Herausgeberin; Lisa Purcell, Chefredakteurin; Brian MacMullen, künstlerischer Leiter; Holly Lee und Neil Dvorak, Grafiker; sowie Jon Derengowski, Redaktionsassistent.